ミネルヴァ日本評伝選

日本にかくれなき弓取

武田勝頼

笹本正治著

ミネルヴァ書房

刊行の趣意

「学問は歴史に極まり候ことに候」とは、先哲荻生徂徠のことばである。

歴史のなかにこそ人間の智恵は宿されている。人間の愚かさもそこにはあらわだ。この歴史を探り、歴史に学んでこそ、人間はようやくみずからの正体を知り、いくらかは賢くなることができる。新しい勇気を得て未来に向かうことができる。徂徠はそう言いたかったのだろう。

「ミネルヴァ日本評伝選」は、私たちの直接の先人について、この人間知を学びなおそうという試みである。日本列島の過去に生きた人々の言行を、深く、くわしく探って、そこに現代への批判を聴きとろうとする試みである。日本人ばかりではない。列島の歴史にかかわった多くの異国の人々の声にも耳を傾けよう。

先人たちの書き残した文章をそのひだにまで立ち入って読み、彼らの旅した跡をたどりなおし、彼らのなしとげた事業を広い文脈のなかで注意深く観察しなおす――そのとき、はじめて先人たちはいまの私たちのかたわらによみがえってくる。彼らのなまの声で歴史の智恵を、また人間であることのよろこびと苦しみを、私たちに伝えてくれもするだろう。

この「評伝選」のつらなりのなかから、列島の歴史はおのずからその複雑さと奥ゆきの深さをもって浮かび上がってくるはずだ。これを読むとき、私たちのなかに新たな自信と勇気が湧いてきて、その矜持と勇気をもって「グローバリゼーション」の世紀に立ち向かってゆくことができる――そのような「ミネルヴァ日本評伝選」にしたいと、私たちは願っている。

平成十五年（二〇〇三）九月

上横手雅敬
芳賀　徹

武田勝頼・同夫人・信勝画像

（高野山持明院蔵／高野山霊宝館提供）

長篠合戦図屛風（大阪城天守閣蔵）右は織田・徳川連合軍。左端は長篠城。

武田勝頼
（二扇部分）

長篠合戦古戦場
（愛知県新城市）

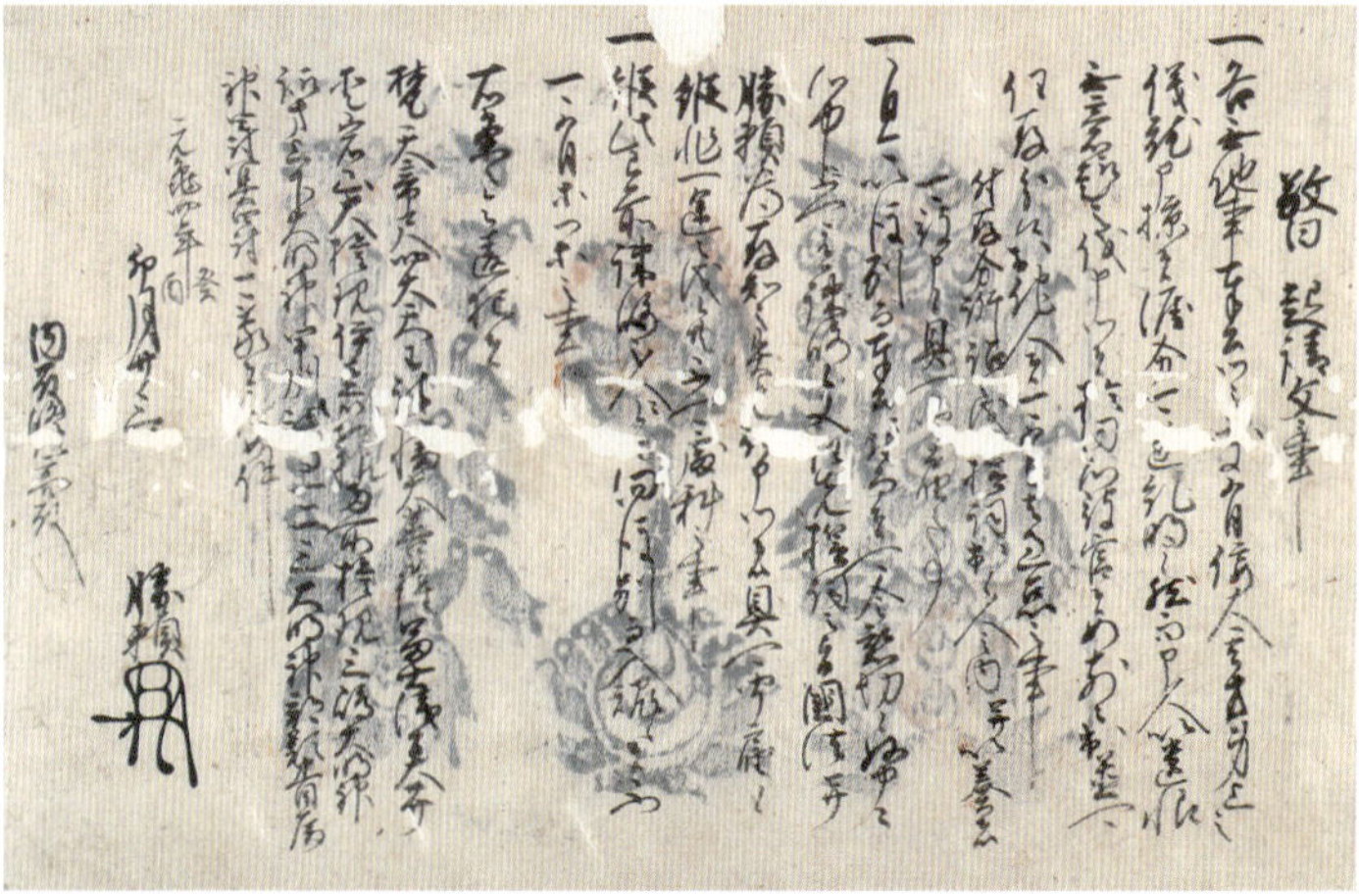

武田勝頼起請文（京都大学総合博物館蔵）

上空から見た新府城跡（韮崎市教育委員会提供）

はしがき

武田勝頼《たけだかつより》の名前を聞いて多くの人が思い浮かべるのは、織田信長に長篠《ながしの》合戦で敗れた戦国大名、甲斐の名門武田家を滅ぼした張本人という程度のことではないだろうか。

口絵に掲げた「武田勝頼・同夫人・信勝《のぶかつ》画像」（和歌山県高野山・持明院蔵）を見ていただきたい。勝頼とその嫡男である信勝が着ている肩衣《かたぎぬ》の両身頃《みごろ》には花菱《はなびし》が描かれ、武田家の人であることが明示されている。夫人は小袖《こそで》の上に表着を打ちかけている。親子の顔はいずれも円満で、幸せにあふれている。これほど穏やかに戦国大名の一家を描いた画像が他にあるだろうか。この家族が天正十年（一五八二）には全員自刃して果てる不幸を、誰が画像から想像できようか。また、気品ある勝頼の顔からは、戦国の世の中を生きるため血みどろの戦いを繰り返した人物だとは、とても思えない。

この画像に固定された人物たちと時間は永遠のようであるが、やがて悲劇的な終焉《しゅうえん》を迎える。彼らはそのことを全く知らない。描かれた姿が平穏なだけに、結末を知っている私たちには、戦国の悲情がひしひしと迫ってくる。

この三人の関係は複雑である。勝頼は戦国大名の代表といえる信玄を父とし、父に滅ぼされた諏訪氏を母としている。夫人は関東の雄である北条氏の出で、生まれた家と嫁ぎ先の家とは上杉謙信没後の越後の混乱である御館《おたて》の乱を境に敵対関係に陥る。信勝は描かれている北条夫人の子でなく、武田家を滅ぼす織田信長の養女を母として生まれた。武田家、諏家氏、北条家、そして織田家の織りなす奇妙な関係と、この絵の静けさはどのようにつながるのだろうか。

口絵画像も本書も主人公は勝頼である。私は山梨県に生まれたが、故郷において彼の評判は決して良くない。勝頼のイメージは猪突猛進型の武力を重んじた若大将、父親の信玄が築きあげた領国を崩壊させた駄目な息子といったもので、山梨県に限らず芳《かんば》しくない。しかし、この画像を見ると微塵《みじん》もそんなことは感じられず、戦陣を指揮する武将の風情はなく、むしろ知性あふれた文人に見える。勝頼という人物は本当にこれまで言われてきたような人間なのであろうか。

私がこんなふうに勝頼のことを考えるようになったのは、本書でも触れる江戸時代に入った寛永《かんえい》三年（一六二六）に信州筑摩《つかま》郡小池村（長野県松本市）の草間三右衛門尉《くさまみつうえもんのじょう》が、昔のことを思い出して書いた文書を読んでからである（本書二四七～二五五頁参照）。

それによると、小池の郷民は天正《てんしょう》八年（一五八〇）四月に内田（松本市・塩尻市）の領主桃井将監《しょうげん》によって内田山に入ることを禁止されたため、七月に甲府（山梨県甲府市）に訴え出た。この時はいったん帰り、十月に再度甲府に行った。裁判では甲府から検使（事実を見届けるため現地に派遣された者）が現地に派遣されたが、桃井将監が信玄の弟である信繁《のぶしげ》の子信豊《のぶとよ》にとって姪婿《めいむこ》にあたり、有力者として裁判を拒否したため一向に進展しなかった。郷民たちが翌年正月、さらに二月末と度々訴え出たので、奉行たちは検使の話を聞いたが、判決を出さなかった。

勝頼は天正九年三月十五日に志摩《しま》の湯（甲府市の湯村温泉）へ湯治に行った。さしずめ現代ならば、公務から離れた、休日のレジャーというところだろう。小池の郷民はそこまで押しかけて裁判を求めた。すると勝頼は、自身で裁判を行い、調査をもとにして親戚である桃井将監側を負けとする判決を下した。同時に関係者へ、帰りに御岳金桜《みたけかなざくら》神社（甲府市）の鐘を撞《つ》けと命じた。これに対して小池の者たちは、自分たちは信州人だからと信濃二宮の小野神社（塩尻市）で鐘を撞くことを求め、結局許された。

私はこの文書に接するまで戦国大名が人民と対立し、収奪する側面に目を奪われていた。戦国大名は極めて強大な力を持ち、領国民を意のままに使役するような幻想を抱いていたのである。けれども、ここに見える勝頼は全く逆で、民衆から求められれば、いやでも温泉から出て裁判をしなくてはならない。裁判はあくまで事実をもとになされ、縁故は関係ない。裁判を公平にすることは戦国大名の勤めであり、領国民は裁判を受ける権利を持っている。しかし、勝頼は最後に、お前たちの主張に嘘はないことを神に誓えと御岳の鐘を撞かせようとした。現在でも通じる裁判の事実主義と、現在では失われた裁判結果に対する神への誓いという交錯した世界が、勝頼の中に見られる。

ところで、もし私が、ゴルフか湯治に行っている首相、あるいは県知事のところに突然押しかけて、会見か裁判を申し出たら、首相や知事は会ってくれるだろうか。彼らは個人や有権者の縁故を捨てて、広い視野で政治などをしているであろうか。私にはそのように思えない。

戦国時代の武田勝頼の方が、はるかに庶民の方に目を向けて政治を行っていた。いや、戦国大名は民衆があって自分があること、自分の役割を今の政治家以上に知っていたようである。換言するならば、戦国大名は大名であるがゆえに、公としての役割を負わねばならなかった。だからこそ領国民も年貢を出したのである。人間は何の理由、何の関係も無しに、唯々諾々と自分の収益を領主に差し出さない。社会はギブアンドテイクである。世の中にはテレビの戦国大名を見本にして一方的に配下の者に威張る人がいるが、とんでもない戦国大名像である。

私なら休日に温泉に入っていたら公務をしたくないが、それをした勝頼を見上げたものだと感じ入った。これまで私はこのシリーズで『武田信玄』と『真田氏三代』を書いたが、研究者であることを心がけて、両書では自らの思い入れをなるべく排除してきた。しかし、今回はあえて思い入れをも込めて勝頼に迫ってみたい。

武田勝頼——日本にかくれなき弓取

目次

図版写真一覧

関係地図

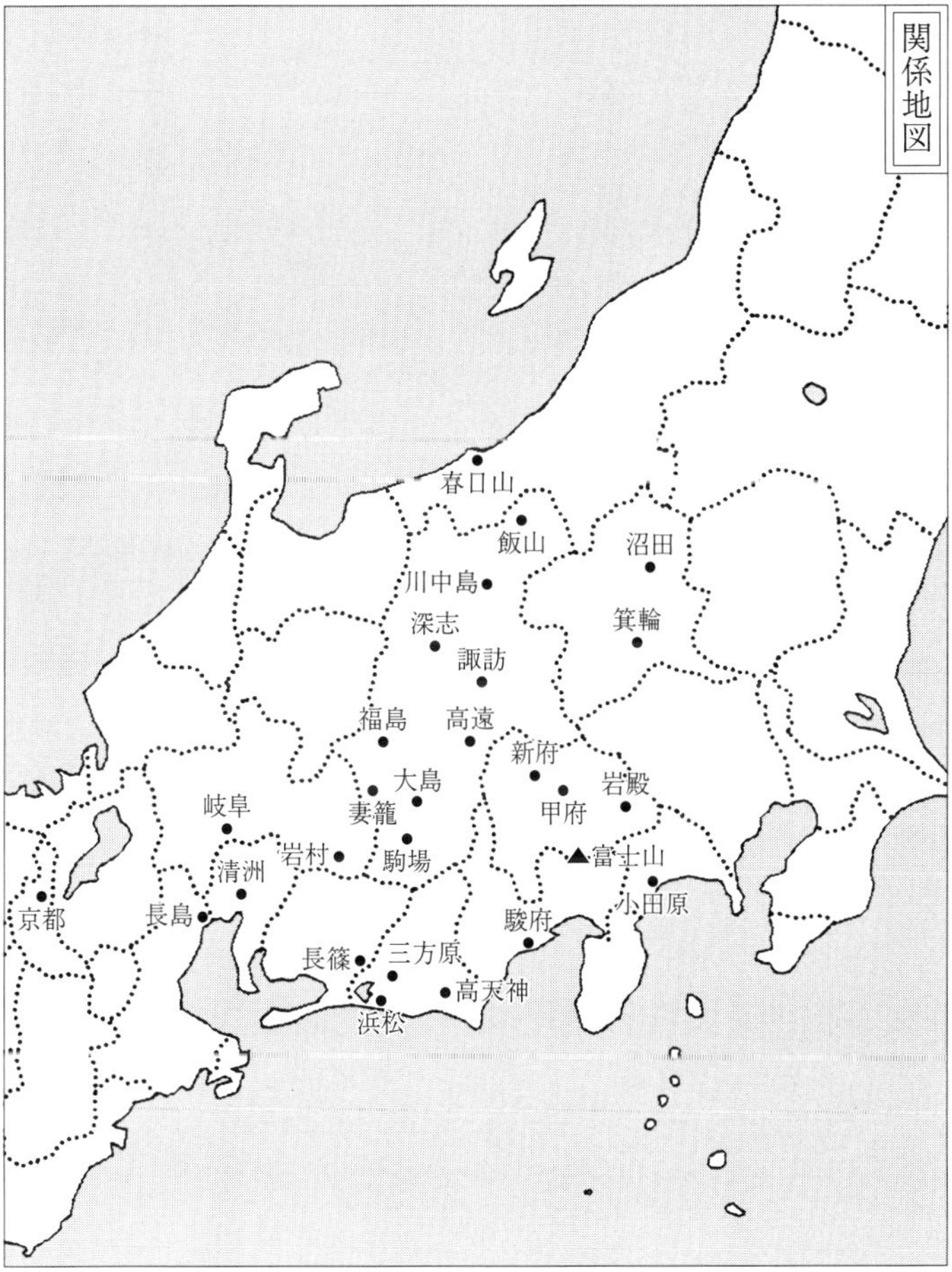
春日山
飯山
沼田
川中島
深志
箕輪
諏訪
福島
高遠
新府
岩殿
大島
妻籠
甲府
岐阜
岩村
駒場
富士山
清洲
小田原
京都
長島
駿府
長篠
三方原
高天神
浜松

武田氏略系図

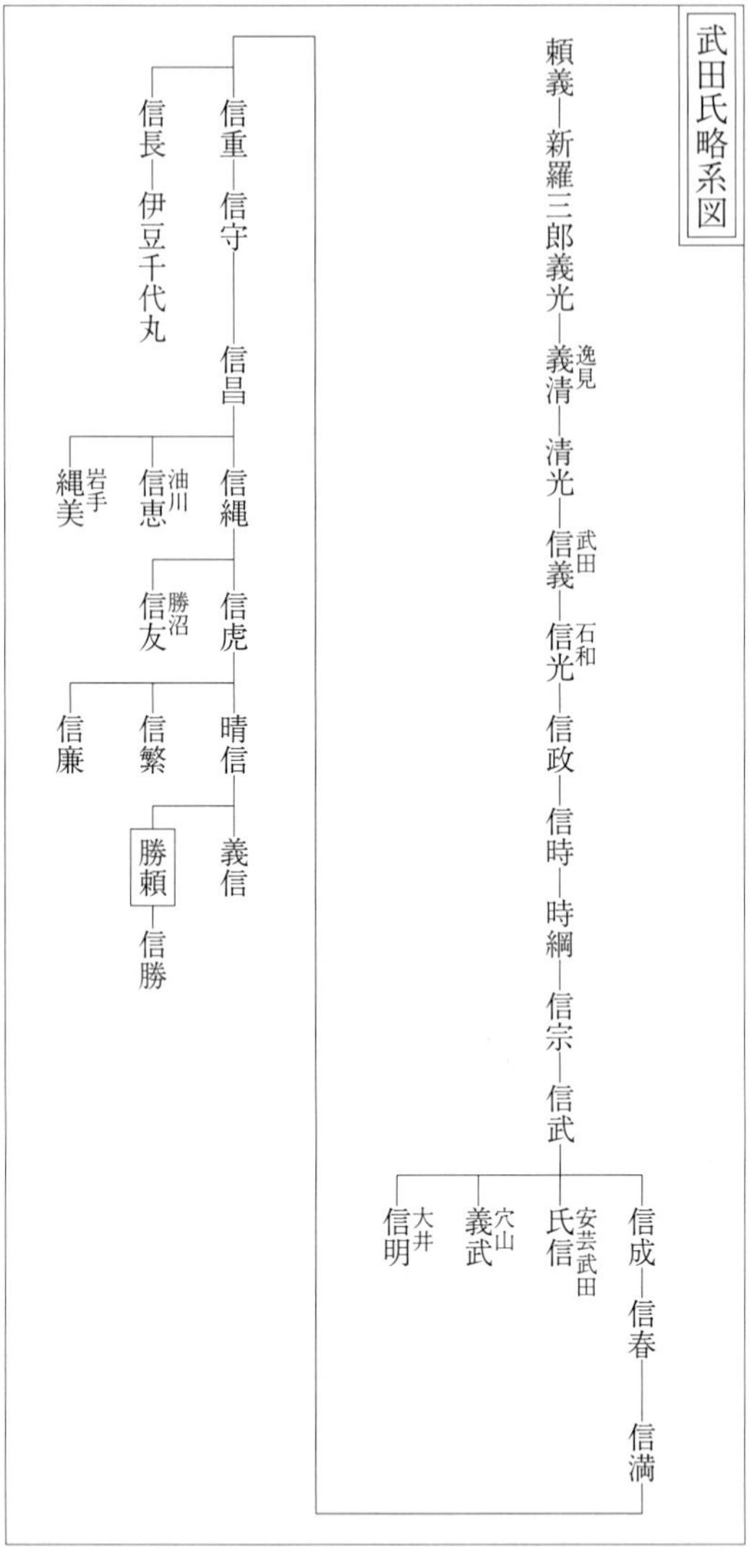
頼義
新羅三郎義光
義清（逸見）
清光
信義（武田）
信光（石和）
信政
信時
時綱
信宗
信武
信成
信春
信満
氏信（安芸武田）
義武（穴山）
信明（大井）
信重
信守
信長
伊豆千代丸
信昌
信縄
信恵（油川）
縄美（岩手）
信虎
信友（勝沼）
晴信
信繁
信廉
義信
勝頼
信勝

戦国時代の武田三代系図

- 信虎
  - 晴信
    - 義信
    - 海野勝重（龍宝）
    - 信之（早世）
    - 勝頼
      - 信勝
      - 女子
    - 仁科盛信
    - 葛山信貞
    - 信清
    - 女子（北条氏政室）
    - 女子（穴山梅雪妻）
    - 女子（木曾義昌妻）
    - 女子（早世）
    - 女子（織田信忠と婚約）
    - 女子（上杉景勝妻）
  - 信繁
    - 信頼（早世）
    - 信元（信豊）
    - 望月太郎
    - 女子二人
  - 信基
  - 松鶴軒信綱
  - 松尾信是
  - 恵林寺僧宗智
  - 一条信龍
  - 信実
  - 信友
  - 女子（今川義元室）
  - 女子（穴山信友妻）
  - 女子（禰々御料人）
  - 女子（浦野母）
  - 女子（大井次郎妻）
  - 女子（下条信氏妻）
  - 女子（根津神平妻）
  - 女子（葛山信貞妻）
  - 女子（菊亭大納言晴季側室）

第一章　若き日の諏訪勝頼

1　武田と諏訪の間で

誕生の裏に

天文《てんぶん》十五年（一五四六）、武田信玄《しんげん》と信濃諏訪《すわ》郡の領主諏訪頼重《よりしげ》の娘の間に男の子が産声を上げた。彼こそ本書の主人公となる武田勝頼である。

勝頼の生年月日などについて公式な記録は残っておらず、唯一誕生などについて触れているのは『甲陽軍鑑《こうようぐんかん》』である。この本は武田信玄の関係者によって近世初頭までに書かれたが、信玄の顕彰的な性格が強く、事実でない部分も多いので、慎重な扱いが求められる。一方で習俗などは当時の状況をよく伝えており、偽作と言い難い内容も多々含まれている。そこで、本書においても他に史料がない部分については、参考のためこの書を利用することを先にお断りしておきたい。

勝頼の父と母がいかにして縁を結んだのかについて、同書は天文十四年（一五四五）のこととして次のように記載する。

晴信《はるのぶ》（信玄を称するのは永禄《えいろく》二年〔一五五九〕からであるが、以下基本的には信玄とする）は天文十三年に、信濃国（長野県）諏訪郡の領主である諏訪頼重を攻撃して甲府へ出仕を求め、殺してしまった。このため諏訪家が絶えたが、頼重には十四歳になった世に隠れ無き美人の娘があった。晴信は彼女を側室に迎えようとしたが、板垣信方《のぶかた》・飯富虎昌《おぶとらまさ》・甘利虎泰《あまりとらやす》といった家老たちが、「退治した頼重の娘を召し置くことは、女だといっても敵《かたき》の関係になるので、いかがなものか」と反対した。

それに対して山本勘助《やまもとかんすけ》だけは、「晴信公に御威光がなければ、縁者になったのを幸いと、諏訪の者たちがあらぬ企《たくら》みをもするだろうが、公の御威光は浅くない。本知七百貫に過ぎなかった安芸《あき》（広島県）の毛利元就《もうりもとなり》は、現在中国地方のほとんどを切り従え、四国・九州まで威光が及んでいる。晴信公は二十五歳下ながら元就に劣らない。自分は晴信公を若手の弓取だと思って、甲府までやって来た。ここで二年余り生活し、御言葉を聞き、敵に対する様子を拝見すると、晴信公は長生きをすればきっと日本無双、文武二道の名将と言われ、諏訪家の親類や家臣どもも何の企みも考えないだろう。そうなれば、諏訪衆は頼重の息女が晴信公に召されたのを喜び、『彼女に晴信公の御曹司《おんぞうし》が誕生したら、諏訪の家も立つようになる』と出仕を望む。彼らが『武田の譜代衆《ふだい》（代々その家に仕えた家臣）に劣らないようにしよう』と奉公するように、頼重の息女を召し置かれた方が良いと思う」と主張して賛成した。

晴信は勘助の意見を聞き入れて、頼重の息女を召し置くことにした。勘助が考えたように、諏訪衆は彼女が晴信の側室になったのを喜んで、人質を甲府へ差し出した。
次の年の天文十五年に四郎殿（勝頼）が誕生した。これによって諏訪衆が屋形様（晴信）を大切にあがめ奉ることは、譜代衆と同じになった。さて、四郎様は頼重の跡日である。武田家では代々大方の人が「信」という字を付けているが、勝頼公にはこの字を使っていない。

『甲陽軍鑑』は勝頼を諏訪頼重の跡目だと主張する。そこで、「はしがき」で触れた家のうち、最初の鍵となる武田と諏訪との関係から語ることにしよう。

誕生日も不明

前述のように勝頼の母親は諏訪頼重の娘であるが、名前が伝わっていないので、諏訪御料人《ごりょうにん》（諏訪御寮人）などと通称されている。ちなみに、新田次郎《にったじろう》の小説『武田信玄』では湖衣《こい》姫、井上靖《いのうえやすし》の小説『風林火山』では由布《ゆぶ》姫としており、小説においては信玄を彩る女性の代表として描かれることが多い。

彼女について詳しいことはわからないが、信玄に輿《こし》入れしたのは頼重が死んだ（『甲陽軍鑑』は天文十三年に諏訪家が滅んだとするが、実際には天文十年）後の天文十一年十一月とする説が有力である。彼女は『鉄山録《てつさんろく》』（臨済宗《りんざいしゅう》の僧侶鉄山宗鈍《てつさんそうどん》（一五三二～一六一七）の語録。鉄山和尚語録）にある諏訪氏十七回忌頓写《とんしゃ》法華経銘から、弘治《こうじ》元年（一五五五）十一月六日に亡くなったことが知られる。

そして勝頼の生年について、『甲陽軍鑑』や『一本武田系図』などは天文十五年とし、『武田源氏一流系図』は天文十三年としている。いずれも天正十年（一五八二）に三十八歳で死んだとしているので、天文十五年に生まれたのであろう。

武田晴信画像
（高野山持明院蔵／高野山霊宝館提供）

当時の武田家に関する記録としては、信玄重臣の駒井高白斎《こまいこうはくさい》が記した『高白斎記』が有名だが、天文十三年条にも十五年条にも全く関連記載がない。同じく郡内《ぐんない》（山梨県の旧都留郡）の記録である『勝山記《かつやまき》』（写本が異なるものが『妙法寺《みょうほうじ》記《き》』）、武田氏関連記事が多い『王代記《おうだいき》』や『塩《えん》山向嶽禅庵《ざんこうがくぜんあん》小年代記』などにも全く姿を現わさない。関係した古文書も残っていないので、勝頼の生まれた月日などは知ることができない。勝頼は信玄の子供といっても四男で、武田家の家督を継ぐことなど誰も夢にも思わなかったため、記録する価値もなかったのである。

高野山持明院が所蔵する武田晴信画像は、若き信玄のおもかげを如実に伝えてくれる。その高貴な顔の輪郭と、口絵に見る勝頼の輪郭とは共通するものがある。諏訪社上社の生き神ともいえる大祝《おおほうり》を勤め、「神氏」を称する名族の血を引き、世に隠れ無き美人とされる母親と、名門武田家の若き当主との間に誕生した幼児は、双方の良いところを受け継いだかわいい子供だったに違いない。

ちなみに、勝頼が生まれた天文十五年、関東では四月二十日に北条氏康《うじやす》が川越夜戦で関東管領上杉（山内《やまのうち》）憲政《のりまさ》・上杉（扇谷《おうぎがやつ》）朝定《ともさだ》・古河公方《こがくぼう》足利晴氏《はるうじ》に大勝していた。父の信玄は二十六歳で、母の

諏訪御料人は十六歳だった。この当時、および次の時代を作っていく主役では、上杉謙信が十七歳、織田信長が十三歳、豊臣秀吉が|歳、徳川家康が五歳であった。この年、これから上田原合戦と砥石《といし》合戦で信玄に土をつける村上義清にも嫡男が生まれている。世界に目を転ずると宗教改革者のマルチン・ルターが没している。

上原城諏訪氏館跡（茅野市ちの上原）

信玄と諏訪頼重

勝頼の父信玄は、天文十年六月に父親の信虎《のぶとら》を駿河（静岡県）に追放して家督を継いだ。異常気候の中で家督を継いだ信玄は、領国民の領地や食料などの求めに応えるため、他国を侵略しようとしたが、南を今川義元《いまがわよしもと》、東を北条氏康という強大な大名領に囲まれていたため、狙うとすれば隣接する諏訪郡が最適だったのである。

信玄の軍は天文十一年（一五四二）七月一日に諏訪郡へ入った。甲斐国（一国）と諏訪郡（一郡）との戦いで、全体の軍事力や組織力、戦争の慣れにおいても、既に甲斐国を統一した武田軍の優位は明らかであった。翌日、同じ諏訪の一族である高遠《たかとお》城（伊那市高遠町）主の高遠頼継《よりつぐ》も、信玄と手を結んで杖突峠《つえつきとうげ》（伊那市と茅野市の境の峠）を越えて諏訪に乱入した。武田軍は四日に上原《うえはら》城（茅野市）から桑原《くわばら》城（諏訪市）へ移った頼重を捕らえ、翌日甲府へ連行し、二十一日に切腹させた。信玄の妹で頼重の妻として嫡男寅王《とらおう》（虎王）を産んでいた禰々《ねね》御料人は、寅王とともに甲府に引き取られた。

諏訪氏の拠点だった上原城には武田軍が入っていたが、そこを天文十一年九月十日に高遠頼継が攻めた。信玄は翌日に軍勢を諏訪へ向かわせ、自身も寅王を擁して、十九日に甲府を発った。寅王を出すことによって自分の行為の正当性を示そうとしたのである。武田軍は二十五日に安国寺《あんこくじ》門前宮川（茅野市）のほとりで高遠軍と戦い、圧倒的な勝利を得て、頼継を高遠へ追い払った。諏訪郡を平定した信玄は、翌天文十二年五月に上原城を修築し、板垣信方《いたがきのぶかた》を諏訪郡代にして在城させた。ちなみに、禰々御料人はこの年の正月十九日に没している。

信玄はその後、高遠頼継を降し、天文十六年三月八日に高遠城改修の地鎮祭を行った。

悲劇の母

勝頼の母である諏訪御料人は、諏訪頼重と側室の小見氏（麻績氏とも）との間に生まれた。『甲陽軍鑑』が記す天文十三年に十四歳だったとすると、享禄《きょうろく》三年（一五三〇）の生まれになる。没したのは弘治《こうじ》元年（一五五五）十一月六日とされる。墓は長野県伊那市高遠町の建《けん》福寺《ぷくじ》（当時は乾福寺と称した）にあり、法名が「乾福寺殿梅厳妙香大禅定尼」である。高野山の成慶院過去帳には、「十一月六日卒　乾福寺殿梅厳妙香大禅定尼　霊儀　信州高遠諏訪勝頼御母堂御菩提のため御立て　永禄十二己巳《つちのとみ》七月十三日」とある。

一般的に諏訪御料人の母は小笠原氏の家臣である「麻績《おみ》」の出で、東筑摩郡麻績村出身だとされる。しかしながら、小笠原氏の家臣の麻績氏とは、小笠原氏の勢力や住居との距離、地域に残る名字からすると考えにくい。小見が「コミ」だとすると、現在の長野県東筑摩郡朝日村に古見があり、距離的には比較的近い。いずれにしろ、小領主の娘が諏訪氏の側室になり、その娘が勝頼の母になったのである。

『勝山記《かつやまき》』によると、信玄の父信虎は享禄三年（一五三〇）に扇谷《おうぎがやつ》上杉朝興《ともおき》が甲斐へ送ってきた上杉憲房《のりふさ》の「上様《かみさま》」を側室にした。信玄は天文十六年八月に志賀城（長野県佐久市）を陥落させた後、

建福寺（伊那市高遠町西高遠）

勝頼の母の供養塔
（岡谷市湊，小坂観音院境内）

城主笠原清繁《きよしげ》の夫人を甲斐郡内《ぐんない》の領主小山田信有《おやまだのぶあり》に与えた。織田信長の妹であるお市は浅井長政《あざいながまさ》の妻になり、後に柴田勝家《しばたかついえ》の妻になっている。その子供である茶々《ちゃちゃ》は豊臣秀吉の側室、初《はつ》は京極高次《きょうごくたかつぐ》の正室、江《ごう》は徳川秀忠《ひでただ》の継室になっている。

こうした事例からすると、女性が家の継承に大きな意味を持っており、女性を通じて本来の領主の血をつなぎ、支配の正統性をはかろうとする動きがあったといえる。信玄もそうした意識のもとに、政治的な意図によって彼女を側室としたのであろう。

父を殺した敵に嫁がねばならなかった諏訪御料人の存在は、戦国時代の女性の悲惨さの一端を強く訴えかけている。

兄弟たち

勝頼の兄弟には、どのような人物がいたのであろうか。

長兄は義信《よしのぶ》で、信玄の正妻である三条夫人（公家の三条公頼《きんより》二女）を母として、天文七年（一五三八）に生まれた。同じく三条夫人を母として天文十年に誕生した次兄の龍宝《りゅうほう》（龍芳、海野信親）は、『甲陽軍鑑』によれば生まれながらの盲目であった（近年の研究では生まれつきでないとされる）。三兄の信之《のぶゆき》は三条夫人を母に生まれたが、わずか十歳で死去したという。

勝頼の弟の盛信《もりのぶ》は、油川《あぶらかわ》夫人（武田氏の支流油川信守《のぶもり》の娘）を母とし、弘治三年（一五五七）に生まれ、信濃の名族仁科氏を継ぎ、武田家滅亡の折に活躍した。次の弟が信貞《のぶさだ》で母は油川夫人、生年は明らかでないが、駿河駿東郡の葛山氏元《かつらやまうじもと》の婿養子となり、葛山十郎を称した。

その下の信清《のぶきよ》は禰津《ねづ》夫人（信濃国小県《ちいさがた》郡の豪族禰津元直の娘）を母として永禄六年（一五六三）に生ま

れ安田を名乗ったが、武田家滅亡後に異母妹の菊姫を頼って上杉家に寄寓し、武田に復姓した。

長姉（三条夫人が母）は天文十二年の出生で、天文二十二年正月に北条氏康の子供の氏政《うじまさ》と婚約、翌年十二月に輿入れしたが、永禄十一年に信玄が駿河に侵攻したため、北条と武田の関係が悪化して甲府に帰され、翌年六月十七日に死去した。

天文十四年生まれの次姉（三条夫人が母）は、河内領《かわうち》（甲斐南部の富士川沿い一帯）の穴山信君《あなやまのぶきみ》の妻となり、元和《げんな》八年（一六二二）五月九日に亡くなった。

勝頼の下の妹の万理《まり》姫は天文十九年に油川夫人を母として生まれ、信濃の木曾《きそ》を根拠とする木曾義《よし》昌《まさ》に嫁ぎ、正保《しょうほう》四年（一六四七）七月七日に木曾で亡くなった。

次の妹は永禄元年（一五五八）三月二十二日に早世した。永禄四年に油川夫人を母として生まれた三妹の松姫は、永禄十年十一月に織田信長の嫡男信忠《のぶただ》と婚約したが、その後破棄され、武田家滅亡後に武蔵八王子（東京都八王子市）の心源院《しんげんいん》で出家し、信松尼《しんしょうに》と号し、元和二年（一六一六）に没した。

四妹の菊姫は永禄六年に油川夫人を母として生まれ、天正六年（一五七八）十二月に越後の上杉景《かげ》勝《かつ》と婚約し、翌年嫁入りした。晩年は徳川家康への人質として京都伏見の上杉邸に住まわされ、慶長《けいちょう》九年（一六〇四）二月十六日に亡くなった。

このように勝頼は、諏訪御料人が産んだただ一人の子で、庇護してくれる母親も数えで十歳の時に死亡したので、複雑な兄弟関係の中で成長したことであろう。

2　要衝の高遠城主として

高遠支配と初陣

『甲陽軍鑑』によれば、勝頼は十七歳の永禄五年（一五六二）六月に諏訪頼重の跡目として伊那《いな》郡の郡代に任じられて、高遠城主となった。父の信玄が十六歳で元服して晴信を名乗ったことからして、彼はこの直前に元服して「勝頼」を名乗ったと推察される。

前年の永禄四年八月九日、信玄は高遠の新衆《しんしゅう》（新たに召し抱えられた人々）に知行を宛がい、戦功に励むよう命じた。これは勝頼を高遠に配置する布石であったかもしれない。ちなみに、同年九月十日には信玄と謙信の戦いの中で最も激しく、一般には一騎打ちで有名な第四回目の川中島合戦が行われた。信玄は軍事力を大きくするため、必死で人をかき集めていたのである。

高遠は杖突峠を越えて諏訪の南に位置し、高遠から長谷《はせ》（伊那市）、大鹿村《おおしかむら》、上村《かみむら》（飯田市）を通るフォッサマグナの上に開かれたいわゆる秋葉街道で遠江《とおとうみ》（静岡県）につながる交通の要衝なので、武田家の信濃南部支配の拠点にもなりえた。

信玄は次男の龍宝に信濃小県郡の名族海野《うんの》を称させ、五郎盛信《もりのぶ》を信濃安曇郡の名族仁科家の養子にし、名門の名跡を血縁者に継がせて領国統治を安定させようとしたが、勝頼も同様の意図で諏訪家を継がせたのであろう。

信玄は勝頼を単に諏訪頼重の跡目として諏訪に置いたのではなく、武田家の一員として諏訪の家名も利用しながら、領国統治の拠点に据えた。つまり、勝頼は自らの意志でなく、信玄の重要な持駒《もちごま》として、領域支配の布石として高遠に配されたのである。

勝頼は武田家相続が決まるまで、諏訪四郎勝頼を称していた。いつから諏訪氏を称したのかは不明だが、少なくとも諏訪勝頼と名乗った段階から、諏訪氏の血を継ぐ者としての意識を強く持たされたことであろう。

高遠城跡遠望（伊那市高遠町）

さて、信玄の諏訪侵攻の功績で旧諏訪領の西半分を支配していた高遠頼継は、天文十一年に伊那郡福与城《ふくよ》（上伊那郡箕輪町）の藤沢頼親《よりちか》らと武田領の諏訪郡へ侵攻し、同年九月二十五日に敗退した。その後、頼継の根拠地高遠城は武田軍の攻撃を受け、天文十四年四月十七日に落城し、頼継も武田方に降伏して甲府へ出仕した。高遠城は武田家によって改修され、伊那郡支配の中心となった。なお、高遠氏は天文二十一年八月十六日の頼継死去により滅亡した。

高遠氏の祖は南北朝時代に南朝に味方した諏訪社（上社と下社からなる）上社の大祝諏訪頼継の子、あるいは弟の諏訪継宗《つぐむね》の子ともいう高遠信員《のぶかず》（貞信）とされる。諏訪氏の惣領を頼継と継宗の弟である信嗣《のぶつぐ》の系統が継承しているので、高遠頼継には自分の血筋こそ諏訪の惣領だとの意識があり、惣領職を奪おうと諏訪に攻め込んだのであろう。

高遠は諏訪氏にとって極めて縁の深い場所で、諏訪社の御神体である守屋山が諏訪と高遠の境に位置することもあって、高遠信員が諏訪の反対側を押さえたものと推察する。信玄が母から諏訪氏の血を引く勝頼を諏訪に近く、伊那地方の拠点である高遠に配したことは、いかにも彼らしい広い視野からの統治といえよう。

当然ではあるが、若者の勝頼一人で高遠統治はできない。『甲陽軍鑑』によれば、永禄五年（一五六二）六月に信玄は次の者たちを附属させた。

跡部《あとべ》右衛門（昌忠）・向山出雲・小田桐（切）孫右衛門・安（阿）部五郎左衛門（加賀守勝宝《かつとみ》）・竹内与五左衛門《よござえもん》・小原《おはら》下総（広勝《ひろかつ》）・同弟丹後・秋山紀伊守（光継）

このうち安部五郎左衛門は後の加賀守で、弓矢の熟練者として知られ、信玄が勝頼の介添えとしたという。

『甲陽軍鑑』は勝頼の初陣を、永禄六年に武田軍が上野国箕輪《みのわ》城（群馬県高崎市）に長野業盛《なりもり》軍を攻めた時だとする。この時に勝頼は、物見《ものみ》（斥候《せっこう》）に出て帰る長野氏の家臣で有名な藤井豊後を追いかけ、組み討ちにした。これを見て飯富《おぶ》兵部（虎昌《とらまさ》）が「我らに腹を切らせるつもりか」と、勝頼を叱ったという。

『甲陽軍鑑』に勝頼は初陣の時から無謀なことをしでかす、武勇はあるが思慮のない人物として描かれる。一般には『甲陽軍鑑』が生み出したこの勝頼イメージが現在に至るまで綿々と受け継がれている。

ちなみに、信玄が上州箕輪城攻めを諏訪上社に祈願したのは永禄八年二月吉日で、実際の攻撃は翌年になってからである。したがって、『甲陽軍鑑』の記載は事実でなく、彼の初陣もはっきりしない。勝頼としては『甲陽軍鑑』によって最初からとんでもないイメージを負わされたものである。

最初の支配文書　高遠城主となった永禄五年の九月二十三日、勝頼は代官として年貢納入を請け負っていた埋橋《うずはし》弥次郎へ、保科《ほしな》源六郎知行分の伊那郡埋橋（伊那市貝沼）分を次のように納めさせた。

（勝頼花押《かおう》）

埋橋分

右の内

以上、合わせて四十七貫八百八十七文

拾七貫文、保科源六郎恩地に相済ますべし。残る分は蔵へ納むべし。この外いかけ分奉公致すべきの旨申し候の間、前々の如く引き得に出し置くものなり。仍《よっ》て件《くだん》の如し。

永禄五壬戌《みずのえいぬ》

九月二十三日
埋橋弥次郎

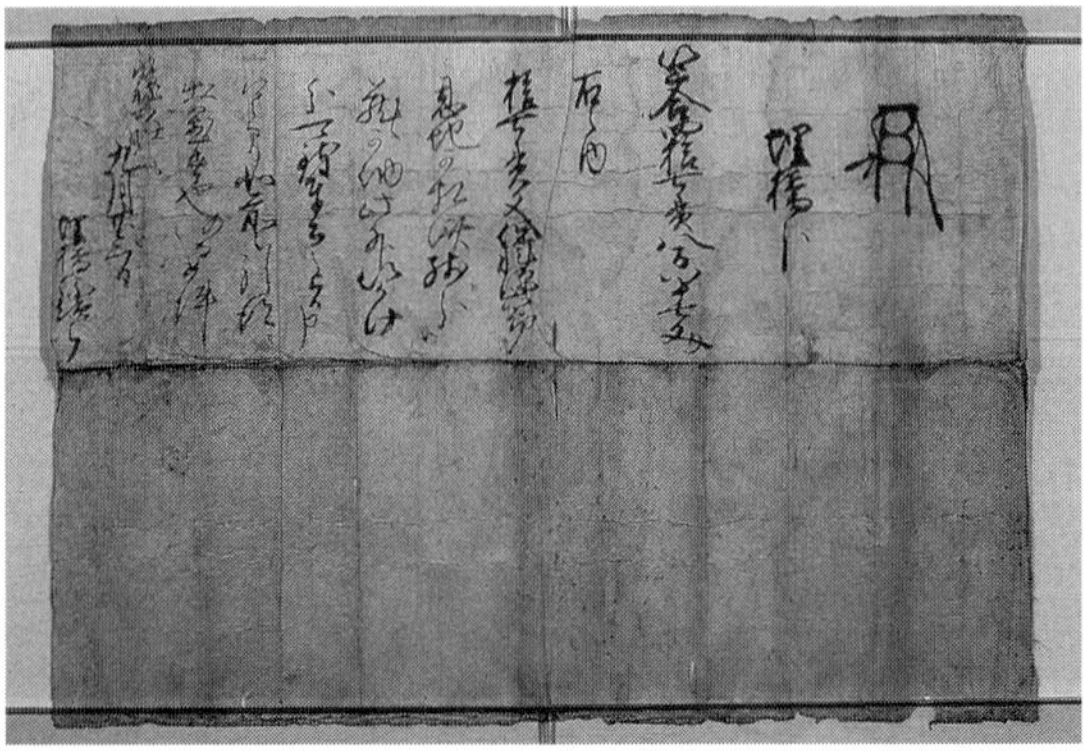

勝頼が高遠支配のために出した判物（埋橋家文書）

埋橋城跡（伊那市富県貝沼）

（埋橋家文書）

これが現在確認されている高遠城主としての勝頼が出した最古の文書である。埋橋全体の年貢四十七貫八百八十文のうち、十七貫文は保科源六郎の恩賞分で、残り全部を蔵へ入れるよう命じている。高遠城を経営するためには多くの費用が必要だが、それが蔵に集められていた。対象となっている埋橋は高遠城の南西に位置し、内容からしても高遠領の支配に関わる。井筋の管理にあたる井掛け分は、前々の例にならって差し引いておくようにと記されている。水の乏しい埋橋のある富県貝沼《とみがた》地方へは、新山川の水を北林から取水して、山裾を引水していたので、その管理費が「井掛け分」として差し引かれたのであろう。

年貢について細かい数字までが記されているのは、事前に検地をしたためと思われる。この検地は勝頼個人の意図というよりも、信玄の施策を承けてであろう。詳細にわたる土地掌握は日本全体の動きでもあった。勝頼も父の信玄も、時代の大きな渦の中に身を置いていたのである。

梵鐘にこめた意識

高遠城主だった勝頼は永禄七年（一五六四）十一月、信濃国二宮の小野《おの》神社（塩尻市北小野）へ梵鐘《ぼんしょう》を寄進した。その銘には次のようにあった（現状で梵鐘は多くの擦り傷を持ち割れていて、文字もほとんど読むことができないが、これは雨乞いで霧訪山《きりとうやま》から落としたためだとの伝承がある）。

信州小野大明神宮鐘の銘

それ海岸に一獣あり、これを蒲牢《ばろう》と謂《い》う。その声鐘の如くして性鯨を畏れる。故に鋳者蒲牢の形に作り、またまた鯨魚に造る。以て撃てば則ち大いに鳴る。叢林の古規、清廟《せいびょう》の一法器なり。朝に聞けば苦を停め悪を絶ち、暮に聞けば迷いを脱し厄を出づ。今茲《ことし》郡主神勝頼、小野神前に於いて、鳧氏《ふし》に命じ、大鐘を造る。仍て慈雲山主玄長（天柱）に就いて、この義を解かんことを請う。拙偈《げ》一篇、述べて以てその命に応ず。寸莛《すんえん》で巨鏞《きょよう》を撞くとは、それこの謂いか。偈に曰わく、

神廟の法鐘新鋳成り、蒲窂の形体は甚だ分明なり
森羅萬象《しんらばんしょう》廿功徳、月は霜天に白く百八声
永禄七甲子《きのえね》年仲冬（十一月）澣曰
大檀那諏方《すわ》四郎神勝頼

（小野神社所蔵）

意味は次の如くである。

海岸に蒲窂《ほろう》という獣がいる。その声は鐘の如くで、鯨を畏れる性質がある。そこで梵鐘を鋳造する者は、梵鐘を蒲窂の形に作り、撞木《しゅもく》を鯨魚の形とする。鐘を撃てば即座に大きな音で鳴る。梵鐘は大きな寺院に置かれる古くからの基準具であり、清らかな先祖を祀る廟所における一種の仏教道具である。鐘の音を朝に聞けば苦を停め、悪を絶ち、暮に聞けば迷いを脱し、厄から免れることができる。今年伊那郡の郡主である神勝頼は、小野神社の神前においていて、鳧氏《ふし》（鋳物師）に命じて、大鐘を鋳造させた。そこで慈雲山主（慈雲寺。下諏訪町）の天柱玄長に、「梵鐘の意義を解いて

欲しい」と求めた。そこで天長が偈を一篇述べ、命に応じた。「短い莛で巨鏞を撞くのと同じである」。その偈は次のようなものである。

神社の法となる梵鐘が新たに鋳造された。それが蒲牢の形体を成していることは、はっきりしている。宇宙空間に存在する一切のものはあまねくその功徳を受ける。月は霜の降りた冬の日の空にあって白く梵鐘の百八声が響く。

ここで勝頼は、「郡主神勝頼」「諏方《すわ》四郎神勝頼」と称している。当時、勝頼は自らの姓が諏訪で、大祝となる神氏の血を引く者だと意識し、主張していたのである。天桂との交りから勝頼の知識が並ではないことがわかる。そこには武将としての影は見受けられず、教養があふれ出ている。

ちなみに、梵鐘が寄進された小野大明神は当時南北に分かれ、一宮である諏訪大社に次ぐ、信濃国の二宮だった。小野神社は諏訪大社が上社と下社に分かれているように南北二社で一つとなり、上伊那五四ヶ村の総鎮守として崇められた。神社配置や神体山となる霧訪山と拝殿との位置は諏訪大社と守屋山との関係と同じで、小野神社は諏訪大社の変形ともいえる。現在は、かつての南北が弥彦《やひこ》神社と小野神社に名称も分かれ、弥彦神社は伊那郡として辰野町、小野神社は筑摩郡として塩尻市に所在している。

高遠を領している勝頼にとって郡主とは伊那郡の主との意味であり、小野神社のあり方からして、自らが関係する諏訪社と諏訪氏を強く意識しながら二宮へ梵鐘を寄進したといえよう。

小野神社（塩尻市北小野）

小野神社の梵鐘

小野神社の鐘楼

ちなみにこの年、イタリアではルネサンスの巨匠ミケランジェロが没している。

梵鐘銘によって、勝頼が天柱と学問上の師弟関係にあったことがわかる。では天柱とはどのような人物なのであろうか。

師の天柱

慈雲寺（諏訪郡下諏訪町東町）

『甲陽軍鑑』は、信州の天柱の下に鉄山《てつさん》（宗鈍《そうどん》）・大輝《たいき》（祥暹《しょうせん》）・大岳《だいがく》などという長老がおり、彼らの法灯は駿河の臨済宗東谷《とうこく》和尚の弟子だとする。天柱玄長は信州木曾福島（長野県木曽町）の竜源寺開山信叔紹允《しんしゅくしょういん》に入門し、天文初年（一五三二）頃に印可《いんか》（師僧から悟りを証明されること）を得たらしい。天文二十一年九月に信玄によって慈雲寺領を安堵されているので、その頃は既に慈雲寺（下諏訪町）の住職だったのであろう。天文二十三年五月七日には、恵林の小比丘《しょうびく》玄長の名で信玄の母大井夫人の三回忌に出席し、副師を勤めた。永禄元年（一五五八）九月三日には瑞龍寺《ずいりょうじ》（岐阜市）の入院法語（僧侶が住職となって寺に入る時に仏の教えを説いた語）を書いており、永禄九年十二月には武田信虎の娘で穴山氏に嫁いだ南松院殿葵庵《きあん》画賛に名を見せる。

年未詳二月六日付けで臨済宗の名僧である快川紹喜《かいせんじょうき》が禅昌寺（岐阜県下呂市）へ出した書状に、天柱は同門の快川が困窮しているのを察して信玄に招かせたとし、「彼の天柱は木曾の龍源寺、信州府中慈雲寺、甲州恵林寺《えりんじ》、この三ヶ寺の住持なり。甲州より今月十四五日時分龍源寺へ御越し候て愚が発足を相待つべく候なり」（「明叔慶浚等諸僧法語雑録」）とある。

天桂は快川を恵林寺に招聘させるくらい信玄に影響力を持った人物で、快川の学識と人となりを推奨できるほど交わりが深かった。十九歳の勝頼は諏訪の慈雲寺にいたこの人物と深い親交を結び、師と仰いだ。高遠にいても諏訪との関係は極めて深く、天桂からも多くを学び続けていたのである。

宿坊を定める

永禄十一年十一月一日、勝頼は高野山成慶院《せいけいいん》（和歌山県高野山町）を高遠領の高野山宿坊として、「高遠領の貴賤、この已然《いぜん》に高野山に宿坊無き仁、向後は成慶院へ寄附せしむ」（桜池院所蔵文書）と定めた。高遠領の住民が高野山に参詣する際、宿舎を持っていなければ身分の高下に関係なく、これから後には成慶院に宿泊するよう命じたのである。

「成慶院」は永禄三年七月十三日に信玄が宿坊と定めた、武田家と関係の深い宿坊である。その成慶院を高遠領の人々の宿坊と決定しているのは、勝頼が父の影響を受け成長してきたことを示していよう。また高遠領という表現に、勝頼の支配意識が強く出ている。彼は高遠の領主としての道を着実に歩んでいたのである。

永禄十一年には三月二十七日に正親町《おおぎまち》天皇が東大寺大仏殿再興の綸旨を諸国に下した。十一月十二日には大村純忠が大村にヤソ会堂を建立しており、日本にキリスト教が根付き始めていた。戦国に生きた人々にとって宗教は重要な問題だったが、勝頼にとっても神仏が大切だったのである。

第二章　武田家相続

1　義信廃嫡

父と兄の対立

天文七年（一五三八）に誕生した信玄の嫡男である太郎義信は、天文十九年十二月七日に元服して、二年後の天文二十一年正月八日に具足《ぐそく》召し始めをした。天文二十二年七月、彼は将軍義藤《よしふじ》（後に改名して義輝《よしてる》）の偏諱《へんき》（将軍や大名が自分の名前の一字を功績のあった臣下などに与えた）を得て義信と名乗り、翌年八月に十七歳で初陣し、伊那郡の平定にあたった。弘治《こうじ》二年（一五五六）には足利義輝より三管領《さんかんれい》（室町幕府の重職である管領に補せられる家柄）に準じられた。義信は弘治三年十二月二十八日に父と連名で、向嶽寺《こうがくじ》（甲州市）塔頭《たっちゅう》の東陽軒の淵才茂庵主《えんさいも》に判物を出した。

このように、義信は姻戚関係のみならず名前や地位からも、武田家の次期当主として格付けされ、着実に信玄の後継者として階段を上っていたが、信玄によって永禄八年（一五六五）頃に甲府の東光寺《とうこうじ》へ幽閉された。これが契機になって勝頼の人生は大きく変わった。

『甲陽軍鑑』は親子の仲が悪くなった理由として、永禄四年（一五六一）の川中島合戦で義信が上杉軍を支えきれなかったこと、永禄五年六月に信玄が勝頼を諏訪氏の跡目として信州伊那郡の郡代として高遠に置いたのを義信が恨んだこと、を挙げている。

一般に父子が対立した原因として指摘されるのは信玄の、義元が永禄三年の桶狭間《おけはざま》（愛知県豊明市）の戦いで戦死したのを契機に駿河を奪取しようとした、義元の仇敵である織田信長の養女を勝頼の妻に迎えようとした、の二点に義信が反対したことだとされる。

『甲陽軍鑑』によれば、永禄五年八月に両者の仲が悪くなったので、翌年の二月に信州龍雲寺《りゅううんじ》（佐久市）の北高《ほっこう》和尚と甲州大善寺《だいぜんじ》（甲州市）の高天《こうてん》和尚が、関係の修復を試みたが成功しなかった。そうした中で義信は長坂虎房《ながさかとらふさ》（後の釣閑斎光堅《ちょうかんさいこうけん》）の子息の長坂源五郎と悪事をたくらみ、武田家重臣で信虎追放を画策した中心人物の一人飯富虎昌《おぶとらまさ》を頼んで謀叛を企てた。永禄七年七月十五日の夜、義信は長坂源五郎と曾根周防守《そねすおうのかみ》を供に飯富虎昌のところで談合し、午前二時頃に隠密の体で帰った。これを御目付（非違を検察し主君に報告する役割）の坂本豊兵衛と横目付の荻原豊前が見て、十六日の朝に信玄へ注進した。さらに、飯富虎昌の弟昌景《まさかげ》は、信玄へ謀叛の証拠となる義信が自筆で書いた飯富虎昌宛ての書状を見せた。

信玄は永禄八年正月、若気で恨みもない義信が逆心を企てたのは、飯富虎昌が談合相手になったからであるなどの五ヶ条を理由に虎昌を成敗した。同年十月二十三日に信玄は小幡源五郎へ、「飯富兵《（虎昌）》部少輔所行を以て、信玄・義信の間相妨《さま》たぐべき隠謀《いんぼう》露見候条、生害を加えられ候。父子間の事は、元来別条無く候。心易かるべく候」（「尊経閣古文書纂」）と、信玄と義信の間を裂く陰謀を企てた飯富虎昌を成敗したが、親子の間には別条ないから安心しろと伝えた。

しかし、言葉と裏腹に親子の関係は回復できずに、追いつめられた義信は永禄十年十月十九日に三十歳で自害した。信玄は謀叛に関係した長坂源五郎や曾根周防守も成敗し、義信に附属した八十騎余りを処罰したり他国に追い払った。

信玄は飯富虎昌の三百騎の同心・被官のうち五十騎を弟の昌景に預けた。三百騎という数は虎昌がいかに大きな勢力を有していたかを示している。なお、昌景は名字を山県《やまがた》と改めた（信玄のもとで活躍した山県昌景その人である）。飯富虎昌の残りの人数のうち百騎は於曾《おぞ》氏に預け、於曾の名字を板垣と変えさせた。さらに百騎は跡部《あとべ》勝資《かつすけ》に、五十騎は信玄の弟である逍遙軒《しょうようけん》（信廉《のぶかど》）に付した。

信玄に従った者は信玄個人との関係が強い者が多い。これに対して、義信には信虎を追い出した経験を持ち、自分たちに不都合ならいつでも主君を変えうると考えた祖父・曾祖父時代からの老臣が多いようである。武田家旧臣からすれば、信虎を追放して軍役（武士が主君に対して負う軍事上の負担）の負担を少なくし、自分たちの力を大きくしようとして、信玄を登場させたにもかかわらず、意図と全く逆に負担が増大し、自分たちの力が相対的に弱まってきた。それゆえ、飯富虎昌が中心になって、信虎を追放したのと同様に、信玄に替えて操作しやすい義信を押し立てようと計画したのであろう。

信玄は父を追い出した経験があるだけに義信の動きに敏感で、飯富昌景などから義信擁立の動きがあるとの情報を得、先手を打って飯富虎昌や長坂源五郎を処罰し、義信を幽閉したと思われる。

跡継ぎに

戦国時代から江戸初期の政治や社会の動向を記した『当代記』には、「先年信玄の嫡男、武田太郎幸信（義信）をも生害しき、その故は幸信父を討ち家督を取るべきの由陰謀のところ、信玄これを聞き、遮《さえぎ》って幸信を籠舎《ろうしゃ》に行い、ついに鴆毒《ちんどく》（鴆の羽にあるという猛毒）をもって相果てられ」とあるが、この記載が事実に近いと推察する。

嫡男義信を幽閉した永禄八年頃、信玄は新たな後継者を考えねばならなくなった。その場合、次男の龍宝は盲目の上に海野民部丞《みんぶのじょう》の養子となっており、三男の信之《のぶゆき》は早世したため、頼りになるのは諏訪家を継いでいた勝頼のみだった。しかも、彼は父親の影響を強く受け継ぎ、学識も高かった。

勝頼は義信が自刃して自分が跡継ぎになる状況になった時、何を考えたのであろうか。能力のある人物なので武田家相続に誇りや野心を持ったことであろうが、同時に義信事件から信玄に刃向かったり、父に気に入られなければ兄と同様の運命に陥る危険があるとの恐怖心も抱いたことと思う。

信長の養女をめとる

勝頼の最初の妻は信長の養女であった。その経緯を『甲陽軍鑑』は次のように記す。

永禄八年（一五六五）九月九日に甲府へ信長よりの使者が来て信玄に対し、「去る永禄三年に信長は今川義元を破った。その勢いにより尾張が同年秋までに信長に従ったので、年の暮から美濃へ取りか

諏訪大社上社本宮（諏訪市中洲宮山）

かり、大方今年か来年には支配下に入るであろう。そうなれば信玄公がお持ちの木曾郡と織田の領分が接触するので、在々の往き来も互いに申し分がないように、伊奈（那）の四郎勝頼公へ信長の養子となっている娘（遠山氏）を進じたいと思う。信長の父が生きていた時に、美濃の国の苗木《なえぎ》甚太郎という侍を婿とした。すなわち信長にとっては妹婿である。彼は昔から美濃国の苗木（岐阜県中津川市）の城に居住しているが、その娘を幼少の時から信長が養っていた。姪とは言っても、実子より心を砕いて大切にしてきた。信長には娘もいるが、自身がまだ三十二歳なので、惣領の男子さえ十歳内外である。二十歳になられた四郎殿の奥方にするべき娘は他にいない」と伝えた。結局、武田家と織田家の同盟は成立し、永禄八年十一月十三日に信長の養女が高遠へ輿入れしてきた。彼女の実父は苗木城主遠山勘太郎で、信長の妹婿であった。

　織田方が勝頼を「伊奈の四郎殿」と表現しているように、外部から見ると勝頼は伊那郡の領主であった。これは先に触れた小野神社の梵鐘銘とも一致している。

　この結婚は相手の織田という家柄からして、武田家相続への布石となるものであったが、勝頼の気持ちは微妙であったろう。すなわち、信長の養女を娶り信玄の後継者としての立場を明示するものの、義信が今川義元の娘を娶ったのが遠因となって自刃したことを考えれば、今後の影ともなりえる。

同じ永禄八年十一月、信玄は俗に信玄十一軸と呼ばれる判物で、信濃の諏訪社の神事再興を命じた。背後には武田家が諏訪社の神事を司ることによって、勝頼が諏訪氏でなくなっても神事を行うと諏訪明神に示し、勝頼を武田家の跡継ぎにする了解を神に求めた可能性もある。

頼重没後の諏訪では頼重の従兄弟にあたる諏訪頼豊《よりとよ》が信玄に仕え、その弟の頼忠《よりただ》が大祝を勤めた。従来の流れでいうなら諏訪惣領家を頼豊、大祝家を頼忠が継いだ形であるが、おそらく立場的には勝頼が両者の上にいたのであろう。

2　信玄の継承者として

軍の先頭に立つ

義信が亡くなり、武田家を継承する可能性が高くなるに従って、勝頼は武田家中での地位が高まり、配下の人数も増えた。とりわけ彼の軍事的役割は永禄十二年（一五六九）から大きくなっていった。

『甲陽軍鑑』の「武田法性院《ほっしょういん》信玄公御代惣人数《そうにんずう》之事」は、永禄十年（一五六七）前後の武田家の軍事力の状況を伝え、おおむね信頼のおける記事とされている。その最初に出る親族衆では、武田典厩《てんきゅう》（信玄の弟の信繁《のぶしげ》の子信豊《のぶとよ》）二百騎、逍遙軒《しょうようけん》（信玄の弟信廉《のぶかど》）八十騎の次に、勝頼公二百騎とある。

勝頼は直属の武士を二百騎も従え、武田家の軍事力の中枢に位置するようになったのである。

信玄は永禄十二年五月十六日、再び駿河に攻め入り北条方の古沢新城（静岡県御殿場市）を攻撃したが、戦果をあげることができず、伊豆の三島（三島市）に向かい、先方隊が北条（伊豆の国市）で氏政の弟の氏規《うじのり》と戦って勝利を得た。その後、富士郡に入り二十五日（一説には二十三日）から大宮城（富士宮市）の攻撃を開始し、七月早々に陥落させた。

いったん甲府に戻った信玄は、八月二十四日に甲府を発って駿河と反対側の信濃佐久郡から碓氷峠《うすい》を越えて上野《こうずけ》（群馬県）に入り、九月十日に北条氏邦《うじくに》の守る武蔵鉢形城《はちがた》（埼玉県寄居町）を囲んだ。その後、北条氏照《うじてる》の居城である滝山城《たきやま》（東京都八王子市）に向かった。『甲陽軍鑑』によれば、この時に勝頼は大将分として滝山城三の丸を攻撃し、北条氏照の家老諸岡山城と槍を合わせた。

武田軍は南下して厚木（神奈川県厚木市）・平塚（平塚市）を経て、十月一日に北条家の本拠である小田原城（小田原市）に迫ったが、陥れることができずに、十月四日に攻撃をあきらめて退却を開始した。勝頼はこの際にしんがり（殿。軍を引き上げるにあたって、最後尾に位置して、追ってくる敵を防ぐ役割）を勤めたが、これを見て北条方が追撃を開始し、北条家重臣の松田の家老酒井十左衛門と互いに馬上で手と手を取り合うほどのやりとりが、小田原から狭川の間で四度あった。しんがりを果たしたというから、勝頼は戦の力量も既に認められ、家臣たちの信頼も厚かったのであろう。

勝頼は同年十月六日、相模国津久井郡と愛甲郡の境にあたる三増峠《みませ》において、馬場信春が小勢で敵ともみ合っていたところへ自身で横槍を入れ、敵を崩した。十二月六日の駿河蒲原城《かんばら》（静岡市清水区）

を攻め、翌永禄十三年正月の駿河花沢城（静岡県焼津市）攻撃においてもめざましい活躍をした。

永禄十二年四月二十八日に越後の上杉景虎《かげとら》（謙信）が北条氏に頼まれ、善光寺平北側にあたる長沼城（長野市）を攻撃した時、勝頼は信玄が馬を出すより先に伊那から夜がけをして、上杉軍一万五千の人数にわずか八百の人数で合戦を仕掛けたという。

こうして勝頼は義信の死後、武田家相続者の地位を確定し、軍事的にも信玄の片腕となって、広域にわたって戦場を駆けめぐった。それも、『甲陽軍鑑』では果敢に戦争を仕掛ける、武力一辺倒で思慮に欠けた武将として描かれているのである。

駿河侵攻

永禄十二年（一五六九）十一月九日、信玄は信濃の諏訪上社へ駿河・伊豆両国の併呑《へいどん》と越後の潰乱《かいらん》を祈った起請文を捧げ、二十二日に再度駿河へ侵入し、十二月六日に蒲原城を陥落させた。薩埵山《さったやま》（静岡市清水区）の北条軍も十二日の夜に自落《じらく》（自ら落城すること）した。その後、府中城（駿府城。静岡市）も開城し、信玄は駿河の主要部分を手に入れた。

十二月十日に信玄は徳秀斎《とくしゅうさい》に駿河国蒲原城攻略の様子を、「蒲原落居に就いて、早々御音問祝着に候。抑《そもそ》も去る六日当城の宿放火候き。例式四郎（勝頼）・左馬助聊爾《りょうじ》故、無紋に城へ責（攻）め登り候。まことに恐怖候の処、不思議に乗り崩し、城主北条新三郎（氏信）兄弟・清水・笠原・狩野介已下《いか》の凶徒、惣て当城に楯て籠もる所の士率（卒）、残らず討ち捕らえ候。当城の事は海道第一の嶮難《けんなん》の地に候。此の如く輒《すなわ》ち本意に達し候。人の作《な》すに非ず候。剰《あまつさ》え味方一人も恙《つつが》無く候。御心易かるべく候」（恵林寺文書）と伝えた。

十一月六日に我が軍は蒲原城の宿に放火したが、いつものように勝頼と甥《おい》の信豊とは無分別なので無闇に城へ攻め上り、見ている方は本当に冷や冷やものであったが、不思議にも乗り崩して城主以下を討ち取ることができた。この城は街道随一の通過するのに困難な険しい場所で、彼らの行為は人のできることではないとも記している。

両人を「聊爾《りょうじ》」（思慮が足りない）としながらも、実際には誇りに思っている様子が「人の作すに非ず」の文言に伝わってくる。確かに次に武田家の家督を継ぐべき者としては、闇雲《やみくも》に攻め込んで生命を危険にさらすべきでないが、常に戦争の先に立つことによって味方は士気を鼓舞され、家臣たちもついてくる。その意味で勝頼は誠に頼もしい若大将だったといえる。

一方、勝頼としては何としてでも信玄に気に入られようとした。また、家臣たちに自分の立場を明示するためにも頑張らねばならなかった。家督相続が決まってからの勝頼は毎日、信玄に試されていると感じていたのではないだろうか。

勝頼は十二月十六日に自らの氏神ともいえる諏訪社上社に宛て、「当陣の祈念、御玉会到来、則ち頂戴せしめ候。仍て去る六日、蒲原の城攻め落とされ、城主北条新三郎（氏信）を始めとし、千余人討ち捕らえられ、当表残す所無く御手に属し候。定めて大慶《たいけい》たるべく候。これ併せて各の御祈誓故に候」（矢崎家文書）と、蒲原城合戦での戦勝を謝した。

既に何度も記したように、当時の勝頼は諏訪氏を称し、諏訪社上社の大祝《おおはうり》（生き神）は諏訪氏であった。諏訪の神は勝頼にとって氏神であり、戦勝を約束してくれる神だったのである。そのこともあって、勝頼は諏訪社上社から祈禱札を持って戦場に臨んでおり、勝利は神官たちの立願のおかげだと感謝していた。神に対するこの感性は信長や秀吉と異なり、諏訪大明神を奉賽する諏訪氏の血を引き、その意識を強く持たされた勝頼独自のものであった可能性が高い。

同様の書状は十二月二十七日に諏訪社上社の神主と思われる人物へも、「当陣安全の祈念、丹精《たんせい》を抽んでられ、玉会送り給い候。則ち頂戴、目出たく珍重に候。仍て湯沢（富士市）の地落居、万事御存分に任せられ候。御心安かるべく候。いよいよ武運長久の懇祈《こんき》頼み入り候」（矢崎家文書）と出されている。

諏訪氏の血を引いた勝頼は、危ない戦いをしても無事に過ごせ、次々に勝利が転がってくることで、自分が諏訪の神によって特別に守護されていると理解した。そのことが、彼に信玄の後継者になる自信を深めさせたのではなかろうか。

諏訪四郎　勝頼は武田家の中枢に位置するようになっても、永禄十一年に成慶院を高遠領の高野山宿坊としたように、依然として高遠の領主であり、自らを諏訪氏として意識していたのである。

内容から永禄十一年もしくは十二年頃と思われる八月十六日、勝頼は栗原信友に次の書状を送った。

きっと飛札せしめ候。仍て駿東《すんとう》の陣触［　　］重ねて目付差し越され候や。その後如何とも御注進無く候。御心許《もと》なく存じ候。申すに及ばず候と雖《いえど》も、その御城の御用心等、普請以下御油断あるべからず候。案内者の儀に候間、美作・豊後両人に何事も御尋ね、御注進然るべく存じ候。恐々謹言。

諏方（訪）四郎　勝頼（花押）

八月十六日

栗原伊豆殿

御陣所

（窪田家文書）

勝頼は諏訪四郎と明記し、駿河駿東郡の状況について尋ね、城の普請等に油断するなと命じている（ただし、文書そのものに問題がないわけではない）。

同じく永禄十二年頃のものと推定される三月十三日付けの跡部九郎右衛門尉への書状では、「御出馬以後は、当府御留守何事もなく罷り在り、御心易《やす》く思し召さるべく候。近日西上野へ御越山候や、承りたく存じ奉り候。ここもと駿州境目本栖《もとす》・河内《かわうち》御用心等、油断あるべからずの由申し遣わし候。美（美濃）・尾（尾張）・三（三河）・遠（遠江）の様子も承り届け、言上致すべき為、大嶋にも飛脚差し越し候。定めて一両日の内罷り帰るべく候間、きっと注進申すべく候。これらの旨宜しく御披露に預かるべく候」（保阪潤治氏所蔵文書）と文章をしたため、「四郎勝頼」と署名した。

跡部（九郎右衛門尉昌忠。『甲陽軍鑑』で勝頼が高遠城代になった時に信玄から付されたとする跡部右衛門）が出陣して以後、甲府は何の変わることもないので安心するように、近日中に西上野に攻め入るか報せよ。駿河と甲斐の境目に近い本栖（南都留郡富士河口湖町）や河内の用心等において、油断してはならないと申し遣わした。美濃・尾張・三河・遠江の状況についてもこちらに言上せよ。大島城（長野県下伊那郡松川町）へ送った使いはきっと一日か二日の内に戻って来るであろうから、すぐに報告する。これらの旨を信玄公に御披露してほしいと記している。明らかに信玄に次ぐ人物として指示を出していたのである。

勝頼の目配りは大変広く、配慮もたいしたものである。彼が単に武辺だけの将でなかったことは明らかである。政治家としての視野の広さは、父信玄の血筋を引いているといえよう。

高遠から甲府へ

信玄が亡くなったのは元亀《げんき》四年（一五七三）四月十二日であった。『甲陽軍鑑』は永禄十一年に発病したとしており、信玄は病気を抱えながらの軍事行動であった。同書は永禄十三年の北条氏康の没後、家臣たちが小田原攻めを主張したのに、信玄が「皆の意見ではあるが、三年先の辰年（永禄十一年）に医師の板坂法印《いたざかほういん》が我が脈を取って、『大事の煩いです』といったように、それ以来次第に気力が衰えて、心地よいことがまれである。このような状態なので十年も生きていられないだろう」と反対したとする。

信玄が病を自覚していたのなら、後継者問題に決着を付け、勝頼へ政権委譲する必要がある。そのためには勝頼を高遠から甲府に呼び寄せ、身近で跡を託す準備をせねばならなかった。

勝頼が高遠から甲府へ移ったのは、元亀二年（一五七二）の二月から三月頃とされている。前年の四月十日、信玄は将軍足利義昭《あしかがよしあき》の近臣一色藤長《いっしきふじなが》に、駿州山西（現静岡市と焼津市の境に高草山より西側）において義昭へ京着万疋《きょうちゃくまんびき》の御料所《ごりょうしょ》（京都に着く収入で一年間に万疋分の土地）、藤長へ五千疋の所を進上すると約束した上で、「愚息四郎官途《かんと》ならびに御一字の事」（榊原家所蔵文書、『玉英堂古書目録』一一四号）を願った。信玄は将軍から官途（官吏の職務または地位）と、義昭からその名前の一字（偏諱《へんき》）を得て勝頼の名前を改名し、正式に武田家を継がそうとしたのである。

残念ながら信玄の意図は達せられなかったが、この時を契機に勝頼は諏訪から武田の名字を名乗るようになったのだろう。勝頼の気持ちがいかなるものであったかを伝える史料はないが、武田家を継ぐことのできる幸運と重責、将来への希望とこれまでの諏訪氏との決別で、複雑だったと思われる。ともかく、父の信頼を勝ち得、武田家相続のレールが敷かれ、勝頼の将来が決定した。

勝頼が入った武田氏館跡（甲府市古府中町）

勝頼は甲府に移ると対外交渉でも政権の前面に出るようになり、信玄の後継者であることを明示し始めた。

こうした武田家の動きに応じるように、元亀三年正月十四日、大坂の本願寺第十一世顕如《けんにょ》は、信玄と勝頼のそれぞれに太刀や黄金などを贈った。勝頼は顕如によって武田家第二の実力者で、信玄の跡を継ぐ者として意識されたのである。

この頃から勝頼は単独でも、領国全体の支配に関わる文書を出すようになり、信玄の代わりに軍の先頭へ立つことも多くなった。信玄が元亀三年十月から最後の作戦である西上の軍を動かした時、勝頼は副大将の役割を負っていた。信玄としても後を託すに足る子供だとの意識があったのである。

勝頼が高遠に住んでいた永禄十年（一五六七）十一月一日、勝頼の長男として高遠城に武王丸（信勝）が生まれた。母である織田信長養女の遠山夫人は、難産によって死去した（上野晴朗『定本武田勝頼』七二頁）。上野晴朗が記すように同じ月の二十一日、信長の子信忠と信玄の娘松姫との婚儀が急に持ち上がっているのは、遠山夫人の死によってそれに変わる政略結婚が模索されたのであろう。

側室と子供

成慶院の「武田家過去帳」には、元亀二年（一五七一）九月十六日に亡くなった「勝頼公御簾中」の「龍勝寺殿花萼《かがく》春栄大禅定尼」が記されている。「武田御位牌帳」にも見えるこの名前は、年号からして遠山夫人と別の側室であろう。「龍勝寺」の名を持ち、勝頼と関係がある寺として、高遠の龍勝寺があるが、残念ながらこの人物との関係を示すものはない。

天正五年（一五七七）三月三日付けの諏訪社下社神宮寺宝塔の供養の棟札には、「武田逍遙軒信綱、様、御前様、御料人様、武田左馬助様」などとある。伊藤富雄は「様は勝頼のことで、御前様は勝頼の妻室、御料人様は勝頼の娘である」（『伊藤富雄著作集』第五巻三六〇頁）とする。勝頼が北条夫人と結婚するのは天正五年なので、この御前様も遠山夫人とは別の人と考えられる。そして、御料人様は元亀二年に亡くなった女性か、ここに御前様と見える女性の子供であろう。

当時の戦国大名の例に漏れず、勝頼にも何人かの側室が存在したのである。

再度時間をさかのぼらせよう。信玄在世中の勝頼の行動は信玄の意を受けることが多く、関連史料も少ないので、しばらく信玄を中心に据えることにしたい。

3　父の死と課題

領国の拡大

永禄十二年十二月六日に蒲原城を陥れた信玄はいったん甲府に帰り、翌元亀元年（一五七〇。改元は四月）正月早々に四度目の駿河侵攻を行い、花沢城（焼津市）を手に入れた。武田軍は五月十四日に吉原（富士市）と沼津（沼津市）で北条氏政・今川氏真の連合軍と戦い、八月に伊豆の韮山城（伊豆の国市）や駿河の興国寺城（沼津市）を攻めたが、守りが堅く、落とせなかった。

元亀二年正月十六日、武田軍は北条綱成《つなしげ》らが守る深沢城（御殿場市）を落城させた。二月、信玄は反転して遠江に攻め入り、三月に高天神城《たかてんじん》（掛川市）を攻撃したが、陥落させられずに引き上げた。翌月、勝頼は父とともに信濃から三河に入り、足助《あすけ》（豊田市）を攻め落とした。山県昌景・小笠原信嶺らの主力は、野田城（新城市）を攻撃し、さらに吉田城（豊橋市）まで迫った。その後、信玄は東三河を侵略し、五月上旬へ甲府に帰った。

信玄は織田信長や上杉謙信を牽制するために一向一揆と結び付き、大坂本願寺との連係を密にした。同時に将軍足利義昭《よしあき》との関係も強化し、元亀三年五月十三日には将軍から軍事行動を起こして天下静謐《てんかせいひつ》（世の中が静かに治まる）のため尽力せよと命じられた。

野田城跡（愛知県新城市豊島）

元亀三年八月頃、信玄は木曾義昌家臣の山村良利《やまむらよしとし》・良候《よしとき》父子らを飛騨に侵入させ、謙信に味方していた江馬輝盛《えまてるもり》を攻撃した。輝盛が九月十七日に越中の上杉謙信の陣に入ったので、当面飛騨での反武田方の動きは無くなった。

こうして、信玄は謙信の動きを封ずるとともに、信長に対しても足利義昭・本願寺の顕如・越前の朝倉・近江の浅井《あざい》・伊勢の北畠・大和の松永の各氏、さらには延暦寺《えんりゃくじ》・園城寺《おんじょうじ》などと結んで包囲網を固めた。

この動きの中で、勝頼は次期当主となるべく信玄の手足となって働いていたのである。

三方原合戦

元亀三年（一五七二）九月二十九日、信玄は遠江を攻撃するため三河衆を主体とする先方衆《せんぽうしゅう》を率いた山県昌景を甲府から出発させ、十月一日に信長と対戦中の浅井長政と朝倉義景へ、本日甲府を出たと書状で連絡した（実際には三日）。武田軍は諏訪から秋葉街道を通って南に進み、十日に遠江北部に乱入した。また、山県昌景の軍は下伊那から東三河へ、秋山信友の軍は東美濃へとそれぞれ侵入した。

信玄は犬居《いぬい》城（浜松市）で軍を二つに分け、一隊には只来《ただらい》（浜松市）を占領させ、二俣《ふたまた》城（同）へ向かわせた。自身が率いる軍は天方《あまかた》（周智郡森町）・一ノ宮（同）・飯田（同）を進んで、さらに南下を続け、やがて浜松城（浜松市）を出て迎え撃とうとした徳川家康を見附《みつけ》（磐田市）の西の一言坂《ひとことざか》で破った。信玄は袋井（袋井市）・見附方面を確保し、山県軍も加わって二俣城を攻撃して落城させた。別に秋山信友の率いる軍は、十一月十四日に織田信長方の岩村城（恵那市）を奪取した。

一方で勝頼は十一月二十四日、正親町天皇の意を受けて駿府の臨済寺再興のため、寺領などについて指示をした。

二俣城を押さえた信玄は、十二月二十二日に天竜川を渡り、南下して家康が逃げ帰った浜松城を突く構えを見せ、浜松城の北方に位置する三方原《みかたがはら》（浜松市）へと進み、三方原において信長の援軍とともに攻撃してきた家康を撃破した。信玄は翌日、兵をまとめて刑部《おさかべ》（浜松市）に陣を取り、そのまま越年した。

巨星墜ちる

三方原合戦における武田軍の勝利は、家康を助けた織田軍を破ったという側面も有した。当時信長は浅井長政と朝倉義景を攻撃していたが、信玄の軍が三河まで迫り、秋山信友が東美濃に侵入し、長島（三重県桑名市）では一向一揆が起きたため、作戦を継続することができずに岐阜へ戻った。

信玄としては信長を追いつめる絶好の状態になった。しかし、朝倉義景は信長が引き上げると、十二月三日に越前に軍を引き、信玄の重なる出陣要請にもかかわらず、再び軍を動かさなかった。一方、浅井長政は奮戦を続け、信玄の動きに期待を寄せていた。また、足利義昭も信長に対抗して、二条城の守備を固め、さらに本願寺も挙兵した。

天正元年（一五七三。改元は七月）正月、武田軍は三河の野田城（愛知県新城市）を包囲し、二月十五日に至って陥落させた。

『甲陽軍鑑』によれば、信玄はこれより先の天文十五年（一五四六）十月より病気になった。信玄が少し煩った折、永禄十一年（一五六八）十一月に脈を取った板坂法印は、「病気はやがてよくなるだろうが、一両年の内に膈《かく》という病気（胸の病気）になるだろうから、京都から薬師《くすし》を呼んで養生するのが良い」と診察した。

病魔に冒されていた信玄は、野田城より先に軍を進めることができなかった。二月中旬、信玄は灸をし、養生のために種々の薬を用い、だいたいよくなったように見えたので、二十七日に野田を発って長篠城（新城市）に入った。長篠に引き上げてからも一向に信玄の病状が好転の兆しを見せなかったため、やむなく兵を納めて帰国することにした。彼はその帰途、伊那の駒場（長野県下伊那郡阿智《あち》村）において四月十一日の午後二時頃より、病状が悪化し、脈がことの外に速くなり、十二日の午後十時頃に口の中にはくさ（歯の病気）が出て、歯が五、六本抜け、それから次第に弱り、十二日に死亡した。時に五十三歳だった。

父の死により二十八歳の勝頼がいよいよ武田家の家督を担い、武田家を率いていくことになったのである。

家臣への起請文

4　家臣たちの思惑

信玄が亡くなってから十日ほどたった四月二十三日、勝頼は武田家譜代《ふだい》の重臣で、箕輪《みのわ》城（群馬県高崎市）代の内藤昌秀《まさひで》（昌豊）へ同心（寄親に附属した寄子の下級武

武田信玄灰塚供養塔
（下伊那郡阿智村駒場，長岳寺境内）

信玄狼煙台から見た駒場（阿智村）

士）や被官（屋敷地の一部と田畑を与えられ、農耕しながら主家の家事や家政、農耕に従事していた者）を安堵し、これから後もその方を大切にするなどとした次の血判起請文を出した。

敬白　起請文の事

一、おのおの他事無く奉公候の処、佞人《ねいじん》有り、その方身上の儀、申し掠《かす》むるに就《つ》いては、涯分《がいぶん》に糺明を遂げるべく候。然して申す人、遺恨《いこん》を以て意趣無きの儀申し候はば、同心・被官においては、前々の如く出し置き、存分に任すべく候。他人においては、その過怠《かたい》あるべきの事。

付けたり。存分訴訟の儀、誓詞出し候の人の内、ならびに奏者を以て、申さるべく候。具《つぶさ》に聞き届くべきの事。

一、今より以後、別して奉公につきては、懇切にせしむべく候。努々《ゆめゆめ》心中に疎略あるべからず候。また先の誓詞の旨に任せ、国法ならびに勝頼存知のため異見申され候はば、具に聞き届くべく候。たとい一途の儀に非ず候共、科に処すべからずの事。

一、たといこれ已《（以）》前疎略の人に候共、向後別して入魂《じっこん》候はば、等閑あるべからずの事。

右条々に違犯せしめば、

梵天・帝尺《（釈）》・四大天王・殊に八幡大菩薩・冨士浅間菩薩・愛宕《あたご》山大権現・伊豆箱根両所権現・三島大明神・諏方《（訪）》上下大明神・甲州一二三大明神の部類・眷属《けんぞく》・神罰・冥罰《みょうばつ》を蒙るべきものなり。仍て件の如し。

元亀四年癸酉《みずのとり》
四月二十三日　　勝頼（花押）
内藤修理亮《昌秀》殿

（京都大学総合博物館所蔵文書。口絵参照）

差出者が信仰する神仏の名前を列挙し、約束を破った場合にはこれらの神仏による罰を受けるという罰文を除いて、条項の意味を取っておこう。

一、おのおのは別心無く奉公しきているのに、口先巧みにへつらう心のよこしまな者がいて、その方を悪し様に申し立てている。そのようなことがあったならば、私が力の及ぶ限り罪や不正を糾問し、真実を明らかにする。その人が深い恨みをもって仕返しにその方の意を曲げて中傷しているのであれば、その方の同心・被官については前々からのように出して置くので、思う存分にせよ。他人（中傷した者）は、刑罰を科す。

付けたり。その方が訴訟する場合、誓詞を出した人の内から、あるいは奏者（取り次ぎの人）を通して申し出るようにせよ。そうすれば詳細に聞き届けるようにする（換言すると、直接の訴えは許さない）。

一、今より以後、特別に奉公するならば、自分としても細かいところまで行き届くように親切にしてやろう。断じて疎かにするようなことはない。また先に出した誓詞の内容にしたがって、その方が国法や勝頼がよく知っているべきだと自分の意見を述べていさめてくれる場合には、詳細に聞き届けよう。たとえ身分を越えて直接いさめた場合でも、科に処するようなことはしない。

一、たとえこれ以前私との関係が粗略な人であったとしても、これから特別に親しく懇ろにするならば、いい加減に扱うようなことはしない。

中傷を受けた昌秀が誓詞に訴訟文を書いて勝頼へ提出したので、彼をなだめようとこの証文が書かれたのであろう。おそらく武田家臣団内部でもめ事があり、それを何とか収め、家督相続を円滑にするために、勝頼は信玄時代から家臣団の重鎮であった昌秀へ、この起請文を提出せざるを得なかったものと思われる。これはそのまま、勝頼と昌秀の間にもわだかまりがあったことを示している。

このように家臣に気を遣わねばならないほど、武田家の家臣たちの間に、そして彼らと勝頼の間にもすきま風が吹いていたのである。武田家を継承するとみなされていなかった諏訪勝頼が武田家を一つにまとめていくためには、こうしたことを処理する必要があった。勝頼が武田家当主になることを望んだかどうかはさておき、家臣たちの目に巨人と映っていた信玄の跡を継ぐのは並大抵の負荷ではなかったのである。

服喪と願文

勝頼は天正元年九月二十一日に甲斐の二宮である美和《みわ》神社（笛吹市）へ、次の願文を捧げた。

願状

それ惟《おも》うに日本は神国にして重服《じゅうふく》深厚の族、上聖より今の諱《いみな》に至る。この故に日限未だ満つる以前に、吾館中の徘徊《はいかい》一斎往来を禁ずべし。但し勝頼毫髪《ごうはつ》も存ぜず。則ち全く神明を汚すにあらざるべし。庶幾恕宥《しょきにょゆう》を賜り、もし信心の納受虚ならずんば、分国昇平して武名を天下において揚げ、四海において勝利を得、邦域の城堅固、分国の士勇猛にして怨敵の攸《ところ》を侵陵し、あるいは消滅、あるいは三千里を退き倒さば、当社神風の威烈とすべきや。急々如律令《きゅうきゅうにょりつりょう》。

元亀四年癸酉

菊月二十一日　源勝頼（花押）

奉納二宮御神殿

（坂名井家旧蔵文書）

同内容の願文が他の寺社に伝わっていないので、二宮との特殊な関係によって書かれたのであろう。文書の意味は次のようになる。

考えをめぐらせてみるに、日本は神国で神の深く厚き徳のもとにあり、上は天皇から下は一般人まですべての人々が父母の喪（重服）に服する。このために服喪があける以前に、我が館の中において徘徊や一切の往来を禁ずる。ただし、勝頼はいささかも服喪の禁を破った者があったことを知っていない。言い換えれば、そのようなことがあったことを承知していて、神様を汚すわけではない。

乞い願わくば神様の怒りをお許しいただき、もし私の祈願の趣旨が聞き届けられ、我が分国の国運が盛んになり、世の中が平和になって、武勇の誉れを天下に揚げ、世の中で勝利を得、国境の城が堅固に守られ、分国に住む武士たちが勇ましく強く、恨みのある敵の領土を侵略し、あるいは敵が消滅したり、あるいは敵が三千里の彼方に退いたならば、当社の神様の威徳によって起こす風の勢いのおかげと心得ます。急々如律令（急々に律令のごとくに行えの意味で書き添える。後に呪文の終わりに添える悪魔祓いの語となった）。

美和神社（笛吹市御坂町）

勝頼は喪に服すべき人物を館の中に入れたとしてとがめられたが、自分はそれを知らなかったので、神明を汚すものではないと弁明している。「重服深厚」は、四月十二日に信玄が亡くなって喪に服することを前提にしているのかもしれない。おそらく二宮から服喪すべき者を館に入れたので神変があったなどと連絡があり、それに対応する形でこの誓約がなされたのであろう。勝頼の相続に反対する勢力が大きな力を持ち、二宮を通じて彼に圧力をかけていたと思われる。

勝頼は、「分国昇平して武名を天下において揚げ、四海において勝利を得、邦域の城堅固、分国の士勇猛にして怨敵の攸を侵陵し、あるいは消滅、あるいは三千里を退さ倒」すことを願っている。敵国があれば国の中はまとまる。そして戦争で勝利すれば大きな利益があり、利益を分配すれば家臣たちは勝頼の命令を聞くようになる。勝頼としては家督相続を確実なものにするために、戦争で勝利することが必要だったのである。

この文章の重厚さとその内容は、勝頼の学識の深さを示し、彼がどのような気持ちで家督を継ごうとしていたかをよく伝えてくれる。

二つの家臣団

武田家の家臣中で波風が生じた最大の理由は、勝頼が永禄五年（一五六二）に高遠城主となり、甲府に移る元亀二年（一五七一）まで、九年をかけて独自の家臣団を形成し、彼らを伴ってやって来たので、勝頼手飼いの家臣団と甲府の信玄家臣団との間に軋轢《あつれき》が生じたことにあるだろう。

勝頼は甲府に移ってきてからわずか二年で家督を継いだ。義信が自害した永禄十年からでも六年でしかない。永禄十二年頃から武田家の前面に立ったとはいっても、信玄から十分な家督相続の教育を受けたわけでもなく、手探り状態の相続だった。

信玄のもとには個性的な家臣が存在した。彼らは自分たちが信玄を支えてきたとの自負心があり、それまで諏訪四郎勝頼だった若い勝頼を当主として認め難かった。そのような動きの一端が、勝頼が内藤昌秀に出した起請文や二宮宛ての願文の背後にあったと私は推察する。

もっとも信玄家臣団にも大きく二つの性格の集団がいた。一派は信玄とともに刀や弓を持って戦い、領国を拡大させてきた者たちで、もう一派は官僚的な役割を担った者たちであった。後者は領国の拡大とともに統治のために形成され、その地位が相対的に上がっていった。豊臣秀吉没後、加藤清正や福島正則などの武断派と石田三成や小西行長などの文治派が対立したが、同じようなことが武田家中にもあったのである。文治派は官僚として主が変わっても容易に対応できたが、戦場で生命を分け合うといった個人的な経験で信玄を信奉した武断派は、急に他所からやって来た若造の勝頼になじめなかった。

一方、勝頼は煙たい信玄家臣団よりも、自分にとって気安く、扱いやすい高遠時代からの家臣を重用した。

見方を換えるならば、勝頼の武田家相続は高遠で独自の家臣団を形成した諏訪氏の勝頼が、信玄の家臣団の上に立って武田家の家督を継ぐことであった。となれば、双方の家臣団の間に反目が生じるのはやむを得なかった。勝頼は高遠の家臣団に官僚的な信玄の家臣を取り込むことで統治をするしかなかったのである。

代替わりの証文

四月二十五日、飛驒の江馬家家臣である河上富信《かわかみとみのぶ》は上杉家家臣の河田長親《かわだながちか》に書状を送り、信玄は甲府へ馬を納めたけれども煩っているらしい、死去されたとの話もあると連絡した。これをもとに四月二十九日、河田長親は上杉謙信へ、美濃や遠江で「信玄遠行《えんこう》必定の由」（吉江家文書）と、信玄が死んだことは確実だとの噂が流れており、少なくとも煩っているのは間違いないと伝えた。謙信は六月二十六日に長尾憲景《のりかげ》へ、「信玄果て候儀、必然に候」（赤見家文書）

と報せた。

織田信長も九月七日に毛利輝元《もうりてるもと》と小早川隆景《こばやかわたかかげ》へ、「甲州の信玄病死候。その跡の体は相続き難く候」（「乃美文書正写」・『武家事紀』）と、信玄病死により跡が続かないだろうと述べている。おそらく、長年信玄の影におびえていた信長の眼中に、新たに武田家当主となった勝頼はなかったのであろう。

信玄死すの情報はこうして全国に広がっていった。

しかし、武田家は信玄の死を隠そうとしていた。信玄死後の五月六日に本願寺坊官の下間頼廉《しもつまらいれん》に信玄の名で「晴信」の朱印を捺した書状を送り、遠江国の平定を伝えた（「中越史徴」）。五月十日には本来なら信玄が出す内容について、信玄弟の信綱が千野左兵衛尉（昌房）に書状を出している。十七日にも勝頼は信玄の名前で大和の岡周防守へ、義昭の命を奉じて上洛すると伝えた。二十八日に信綱が、千野神三郎（忠清）へ名跡を安堵した。さらに武田家は、六月二十一日に大藤与七へ「晴信」朱印で、親父式部丞の軍功を賞した。朱印状ならば、信玄が花押（サイン）を書かなくても文書を発給できるからであった。

五月十三日には将軍義昭が信玄から反信長の誓書を受け取った（大槻家文書。年号の推定は鴨川達夫『武田信玄と勝頼』による）。武田家は将軍にまで信玄が生きているように見せかけていたのである。

勝頼が独自に文書を出すのは、信玄が没してから二カ月以上もたった六月二十七日以降で、この日勝頼の名前で三輪次郎右衛門尉へ次の判物を与えた。

定
法性院殿《信玄》御直判《じきはん》をもって、本領当知行宛がわれ候の上は、自今以後いよいよ相違あるべからず候。この旨を守り、なおもって忠節を抽んずべき事、肝要たるべきものなり。仍て件の如し。
元亀四年癸酉《みずのとり》
六月二十七日　勝頼（花押影）
追って、申し掠《かす》める旨の者あらば、重ねて聞き合うべきもの也。
三輪次郎右衛門尉殿
（「集古文書」）

これは明らかに信玄から勝頼へという、武田家当主の代替わりによる知行安堵状である。勝頼もやっと当主として独自に文書が出せるようになったのである。

ついで六月三十日には、三河の山家三方衆《やまがさんぽうしゅう》の奥平貞能《さだよし》などに遠江国新所《しんじょ》（湖西市）・高部《たかべ》（袋井市）のうちを、菅沼刑部丞《ぎょうぶのじょう》に同国高部のうちを安堵した。さらに同日に、遠江国における菅沼伊賀の軍功を賞し、所領を与えた。七月五日には天野小四郎に知行を宛《あて》がった。以後こうした文書が次々に出されていく。

七月十四日に北条氏政は、上杉憲政の一族で上杉家没落後に武田信玄の呼びかけにより甲斐にやってきた長延寺《ちょうえんじ》の実了師慶《じつりょうしけい》へ書状を送り、勝頼が家督を継いだが、自分は彼と運命を共にして、攻守同盟を結んで、誓書を交換したことを伝えた。氏政はいち早く武田家の新たな主、勝頼と手を結んだのである。

七月二十三日、長篠へ徳川勢が来襲したので、勝頼は援軍を派遣した。

勝頼は八月十九日に至って高野山成慶院へ、「家督相続について、精誠を凝らされ、巻数《かんじゅ》送り給い候、頂戴せしめ畢《おわ》んぬ」（成慶院文書）と礼状を送った。勝頼から家督相続が報された成慶院が、今後の武田家繁栄を祈禱した巻数（祈禱のために読誦した教典・陀羅尼《だらに》などの名と回数を書いた目録）を送ってきたので、礼を述べたのである。少なくともこの文書の日付以前に、正式に家督相続が各所へ伝えられた。九月二十一日には本願寺の顕如《けんにょ》（光佐）が、勝頼の家督相続を祝して太刀一腰と馬一疋を贈ってきた。

勝興寺（富山県高岡市伏木古国府）

十月一日に勝頼は信玄と連名の形で、越中にある浄土真宗の勝興寺《しょうこうじ》（富山県高岡市）に書状を出した。この文書は従来元亀三年のものとされてきたが、鴨川達夫氏が信玄の死後に書かれたものだと主張している（『武田信玄と勝頼』）。

武田家がどれだけ信玄の死を隠しても、情報は世間に流れ、事実は知られていった。勝頼は信玄の死の直後から起請文などを出して重臣たちの支持を取りつけ、死後二カ月後にはほぼ後継者の地位を確立し、七月の終わり頃までに正式な家督相続をしたのである。

人々の期待

『甲陽軍鑑』が勝頼の武田家相続は信勝へ継ぐための名代だとするなど、ややもすれば勝頼の相続が正式でないと考えられているのは、結果的に彼の代に武田家が滅亡したことに帰因する。結果責任をとらされた形で、後世の人による勝頼評価である。それでは家督を継いだ当時、世間で彼の評判はいかなるものであったのだろうか。

向嶽寺《こうがくじ》（甲州市）の歴代住職により書き継がれた年代記である『塩山向嶽禅庵小年代記』には、次のようにある。

> 維時《これとき》に天正元年癸酉、武田信玄公御嫡男勝頼公位に至る。二十八歳の年なり。人民快楽国土安穏、至祝《ししゆく》々々。同年十月十四日、当寺山図ならびに代々正判(証)御披見に入れられ、即ち勝頼公御直判これ在り。取り続ぎ朴心《ぼくしん》和尚、奏者《そうしや》跡部美作守(勝忠)なり。

勝頼が当主になったことによって、人民は快楽、国土は安らかで穏やかになる、目出たい限りだと記している。そして向嶽寺では、領していた山の図とそれまで武田家の代々から得ていた寺領の証拠となる判物などを見せて、勝頼から代替わりの判物を得た。この時に寺側で取り次いだのは朴心和尚で、武田家の側で勝頼に奏上したのは跡部勝忠だった。『甲陽軍鑑』は勝忠を長坂光堅と並ぶ姦臣《かんしん》だったとするが、事実はともかく勝頼が家督を取るとすぐに、彼が政権中で大きな役割を負っていたのである。

少なくとも当時の人々は、勝頼の武田家相続を否定的にとらえておらず、歓迎していたといえよう。

第三章　食うか食われるか

1　小康状態

天正元年（一五七三）五月九日、徳川家康が大井川を越えて駿河に入り、久能城の根小屋や駿府城近くに放火した。ついで長篠城の近くまで侵入して、岡崎に引き返した。一連の軍事行動は信玄の死を確かめる瀬踏みで、これによって家康は信玄の死を確認した。

長篠の動き

家康は七月に東三河に侵入し、長篠城を取り囲んだ。対する勝頼は七月晦日、三河の道紋《どうもん》（奥平貞勝）・奥平貞能へ次の内容の書状を送った。

敵が今も長篠（愛知県新城市）に在陣しているので、私は去る二十三日より今日まで、連日軍勢を出している。小笠原信嶺《のぶみね》や甲府より先日今福・城景茂・横田康景などを派遣した。今日も武藤昌幸

（真田昌幸）・山県善右衛門尉（三枝守友《さえぐさもりとも》）が出陣したので、あらゆる事柄を皆で話し合い、堅固に守備せよ。自分も上野と信濃の人々を引き連れて、三日の内にそちらに着くようにする。家康は長篠の難所を越えて出陣してきているが、これこそ天の与えた好機である。彼を討ち留めることは簡単で、勝利の歓喜は大きい。いずれにしろ自分が着陣するので、家康を彼の地に留めおくようにせよ。
（「松平奥平家古文書写」）

長篠城跡（愛知県新城市長篠）

勝頼は徳川家康を簡単に討ち留めることができると考えたが、実際には思うようにならなかった。追いつめられた奥平貞能・貞昌（信昌）父子は八月二十日に家康と起請文を交わし、作手《つくで》城（新城市）を出て臣従した。

八月二十五日に勝頼は山県昌景へ、以下の内容の書状をしたためた。

敵を攻略するてだてがどうなっているか知りたい。敵は今も在陣しているとのことだが、長篠の後詰めが成功するよう穴山信君・逍遙軒（武田信綱）・朝比奈信置・岡部元信・岡部正綱などと相談をして、策略を練るように。二俣（浜松市）へ飛脚を出し、家康が引馬《ひくま》（同）まで退散したかどうかを聞き届けて、攻撃を仕掛けることが肝要である。長篠表の後詰めが二十三日か二十四日に敵陣の近辺まで陣を寄せるというので、きっと今日か明日の間に決着がつくだろう。これを理解した上で、策略を示し合わせる世話をせよ。

（尊経閣文庫所蔵文書）

武田軍は元亀二年（一五七一）に三河侵攻の一環として徳川家康に属していた長篠城を攻めたが、落とすことができなかった。その後、長篠城はいったん武田の支配下に置かれたが、元亀四年に信玄の病気により武田軍が甲斐に戻った間隙を縫って徳川軍に攻められて八月に開城し、家康によって拡張された。勝頼は三河侵攻のため、何としてもこの城を取りたかったのである。

九月八日に勝頼は真田幸隆の長男信綱へ、遠江に出陣している者たちにすぐに二俣を通って長篠に軍勢を出すよう命令を下した、長篠での勝利は疑いないなどと報せた。配下にある者たちへの連絡で、景気づけという意味もあるが、勝頼は間もなく長篠城が手に入るだろうと考えていた。しかし、後述するようにそう簡単にことは運ばなかった。

軍役の強化

勝頼にとって最も大事なのは、武田軍の軍事動員を統一的に、かつ効率よく賦課して、兵力を大きくすることだった。

そうした中で、武田家は天正元年（一五七三）十一月一日に、駒井肥前守へ次の内容の軍役条目を出した。

第一条、城内の用心、破損した箇所の普請等を疎略なく申し付けよ。

第二条、城内の仕置について先の壁書を守り、厳重に申し付けよ。少しでも相違があってはならない。

第三条、地元の衆に対して、非分や狼藉がないように、堅く申し付けよ。

第四条、野に出て狩りをしたり、河狩りをするなどの山野に出て遊ぶことに没頭し、ほしいままに城外を歩き回ることを禁ずる。

第五条、喧嘩や口論、博奕をしてはならぬ。

第六条、戦争に臨むに際して、武具は定められた以上に支度すべきである。

第七条、馬に乗る武者の具足や甲に関しては、ここに書き載せる必要がない。手蓋《てがい》・頬当《ほおあて》・脛当《すねあて》・臑当（衍か）、その外の諸道具を着して従軍せよ。鉄砲の射手や自分自身で鉄砲を撃つ者の頬当は本人の心のままで良い。

第八条、威容を盛んにするため兜の鉢の装飾とした付け物が二種類あってはならぬ。同じ集団に属さないで同類の立物《たてもの》を指すことを禁止する。

第九条、二十貫より三十貫に至る知行役の者は、黒付き朱紋金の馬介《うまよろい》、三十貫より上は、すべて金の馬介を用いよ。

第一〇条、小旗持ちを始めとして、知行役の人数は甲・具足・手蓋・咽輪《のどわ》以下の諸道具を、欠けることがないように着せ。

第一一条、定められた知行役の人数について、今より以後とりわけ武勇の輩を選んで戦場に召し連れよ。軍役を補うために、柔弱の族を扶助することは一切禁ずる。

第一二条、分国内においては、同じ紋の小袷《あわせ》を完全に禁止する。

第一三条、各々の持ち場を持っている責任者たちは話し合わずに、他人の陣場に入ってならぬ。一般の兵の場合、書面に載せる必要はない。

第一四条、戦争になった時、武田家当主の用事でない場合、他の陣立てに使者を出してはならぬ。

第一五条、各部署の責任者や老者・病者の外は馬に乗ってならぬ。ただし、責任者の考えにしたがって、右以外の人であっても、乗馬をする者に加えることができる。

第一六条、これから後に合戦になった場合、おおよそ歩兵であるべきなので、武具等は状況に応じて身体にあった物を支度せよ。

第一七条、各部署の責任者以外の者は一切口を閉じておれ。一隊からは五騎か三騎ずつ、奉行を通じて兵に命令せよ。

第一八条、兵が兵糧・武具・着替え用の衣装の外に、無用の荷物を持っていくことを禁止する。

第一九条、各々は戦場において敵から分捕ることを捨て置き、敵の首を取るようにせよ。敵を討たずして、専ら分捕りだけをしている者は即座に死罪に処す。

第二〇条、戦場で大小の手柄をした者は、寄親や主人に許可を得ずして、自分が取った首を大将のいるところへ持参してはならぬ。

第二一条、大小にかかわらず下知に背いてはならない。たとえ使っている者が無類の忠臣であっても、戦功にしてはならぬ。

第二二条、武具の内ではとりわけ弓・鉄炮などの用意が大切である。

第二三条、食事の用意などについては、先に決められた通り二汁五菜にせよ。ただし他国からの来客がある時には、人品により馳走せよ。

第二四条、朝夕出勤する時の指刀が空鞘では余りに外観がどうかと思うので、これからはひかえよ。戦争で用いる刀は、武具の上に着して、抜いたり指したりすることが自由にできるように、体つきにしたがって拵えよ。

第二五条、戦争で働く時、定法として陣屋から甲・具足・手蓋・脛楯・指物以下の諸道具については、一物も残さずに着せ。

第二六条、指小旗《さしこばた》や大小の刀等を持つ小者について、思案をめぐらす必要はない。これからは陣屋から自分自身の小旗を指すようにせよ。

第二七条、持ち道具の外に三間柄の鎗を各々支度せよ。資産の分量にしたがって鎗の数は用意すべきこと。

第二八条、鉄砲を数多く持っている人は、油断なく身分の低い侍や雑役に使う者などを訓練し技能を磨いておくべきである。ところが近頃は一向にその趣旨が実行されていないので、隣国の覚えがよくない。

第二九条、同心や被官の弓については、一月に一度宛、保証人となっている侍がもてなしをした上で、稽古をせよ。

右の条々に違犯してはならぬ。これから以降、法に背くことがないように。法に背く輩は、愚かであろうが、親しかろうが疎かろうが、科の軽重によって、あるいは所領を召し放ち、あるいは死罪に処す。このことについては少しも虚説があってはならぬ。そこでこの如くである。

（東京国立博物館所蔵「駒井治左衛門文書」所収文書）

同日、武田家は浦野宮内左衛門尉へ軍役条目を出したが、それは次のように内容が異なっている。

第一条、おのおのが統一した甲に着ける飾り物を支度せよ。もし自分のしたいようにして命令に背いたならば、寄親の役割としてこれを改め、相当の処罰を科せ。

第二条、とりわけ主君・大将の馬の廻りを警護する騎馬集団の場合、立物は一つの組織として定めるようにせよ。小さな立物は禁止する。

第三条、鉄砲の火薬は、大将から陣ごとに配当する。しかしながら、近年の状況ではいざという時に火薬が欠乏すると、凶事のもとになってしまうので、知行役に相当する弾丸や火薬を用意せよ。

第四条、これから後、身分の低い奉公人が烏帽子《えぼし》を着けることを禁ずる。すべて金属製の甲《よろい》を身につけるように。もし求めることができないならば革の甲を着るようにせよ。

第五条、前々から弓を持っている人を詳しく調べて吟味せよ。新弓についても同様である。鎗持ちの内から弓を射るようになった時には、鎗の方を止めるようにせよ。

第六条、定納として一五〇貫文の所領を得分としている人は、乗り替え用の馬を一疋支度せよ。いうまでもないが、それより上の所領を持っている者は様子によって、馬の数を用意すること。一五〇貫文より以下の所領を持っている者は、乗り替え用の馬を支度したならば、忠節とする。

第七条、軍役として定められた知行が二〇〇貫文ある者は、雑役にあたる身分の低い侍一騎と、この外に乗り替え用の馬を一疋支度せよ。それより以上の用意については分量にしたがうように。

第八条、乗馬する人は、手蓋・脛楯・面頬・甲・指物について、先に決めた法のようにせよ。


（「新編会津風土記」所収文書）

三条において鉄砲の弾薬は大将から陣ごとに配当すると述べており、主君が弾薬の用意をしていたことがわかる。ただし知行役相当にも用意せよと命じており、完全に武田家が弾薬を準備し、配給システムができていたわけでもなかった。いずれにしろ勝頼は、このように細かい条目を発布し、均一的な軍事動員をかけることができるよう腐心していたのである。

2　信長との対決

織田信長（神戸市立博物館蔵）

西に向けて領域を拡大しようとしていた勝頼にとって、最大の敵は織田信長であった。両者は必然的に戦わざるをえなくなった。

岩村城攻撃

『信長公記』によれば、天正二年正月二十七日に勝頼が遠山氏の居城である美濃岩村（岐阜県恵那市）を攻撃し、明知城（同）を取り巻いたので、信長は二月一日に尾張・美濃の軍勢を先陣として、救援軍を派遣した。信長本人も二月五日に出馬し、御嵩《みたけ》（可児市）に陣を取り、六日には神篦《こうの》（瑞浪市）に陣を据え、翌日岩村へ向かおうとしたところ落城の報せが入った。

これより先の元亀元年（一五七〇）、武田軍は岩村城を攻撃したが、織田信長の支援もあって落とすことができなかった。信長は翌年城主の遠山景任《とおやまかげとう》が病没すると、五男の御坊丸《ごぼうまる》（後の織田勝長《かつなが》）を遠山氏の養子とし、信長の叔母にあたる景任夫人が幼少の養子に代わって差配を振るった。元亀三年十月、信玄は徳川家康を攻撃するため大軍を率いて出陣し、岩村城

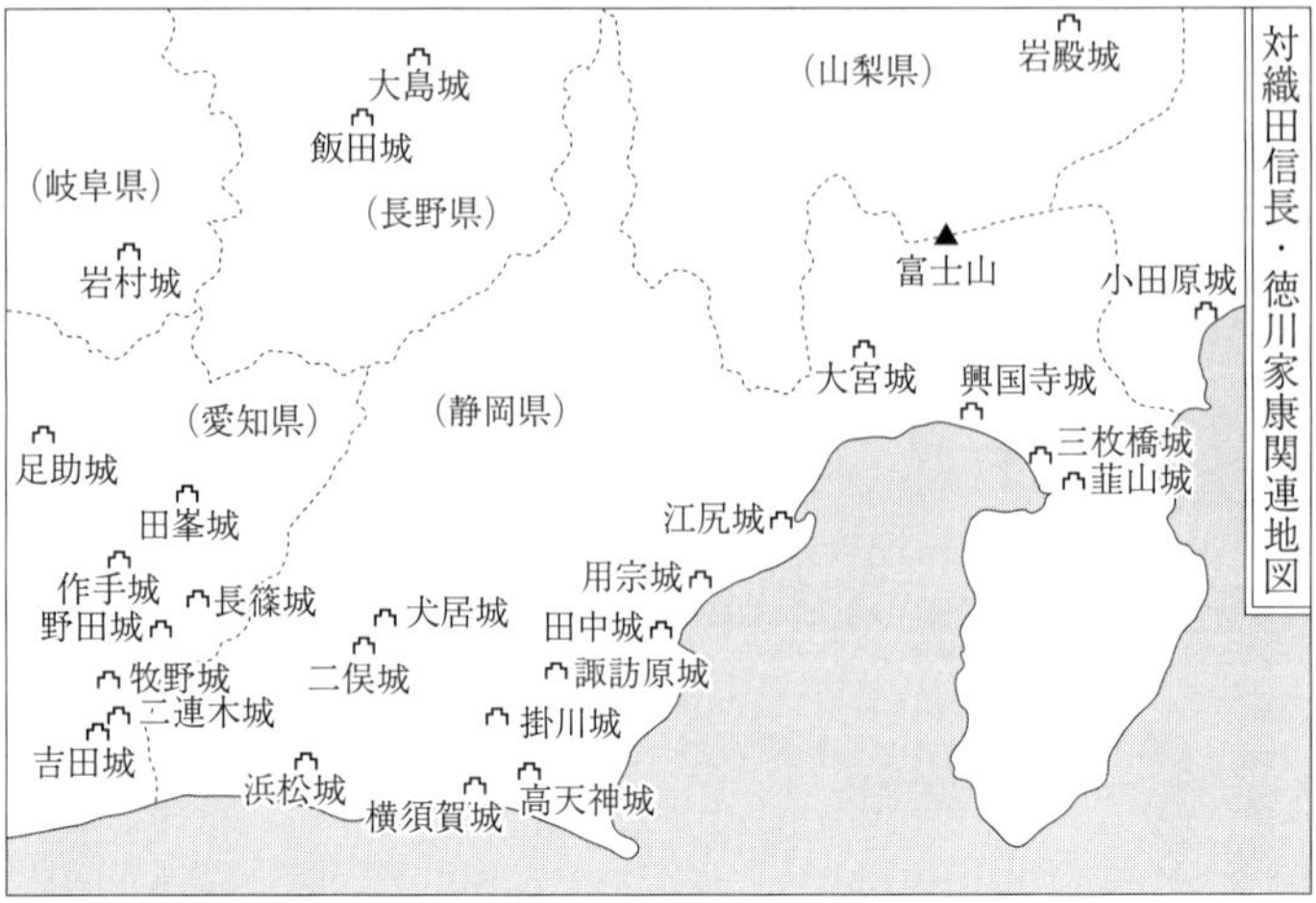

対織田信長・徳川家康関連地図

の攻略を秋山信友に命じた。『甲陽軍鑑』は信玄存命中の天正元年三月十五日、信友が夫人を説得し妻に迎えることを条件に落城させたとしているが、『信長公記』では天正二年に落城したとする。先に見た勝頼の書状からして、この時に武田軍が奪取したのであろう。勝頼にとって岩村城の奪取は、対信長の軍事上極めて大きな意味を持ち、勝利へ自信を持った。

この頃、家康は二俣城（浜松市）を包囲し、これに応じた上杉謙信も沼田（沼田市）に着陣した。

勝頼は信長との対立を深め、やがて来るであろう戦いを有利にするため、反信長の包囲網を作ろうとした。その一環として、二月六日に丹波国の豪族である荻野悪右衛門尉《あくえもんのじょう》（赤井直正）へ、「あなたは信長に対して恨みのある敵だと態度をはっきりさせ、既に戦いに及ばれたと聞いている。誠に武勇といい、戦功といい、比べるものがない。こちらはようやく信濃との境の雪が消えたので、これから尾張・美濃に向かって無二に乱入し、信長との勝負を試みるつもりなので、御安心いただきたい。なお詳しいことは釣閑斎（長坂光堅）と跡部大炊助（勝資）から申し届ける」（赤井家文書）旨の書状を送った。勝頼は反信長の色を鮮明にした直正を讃え、信濃境の雪が消えたならば、織田信長と戦うつもりだから安心せよと伝えたのである。

なお、長坂光堅と跡部勝資が使者になっていることは、勝頼が両人を重用し、既に彼らが勝頼政権中で特別な地位を確立していたことを示していよう。

勝頼はこの年三月下旬に、三河の足助口《あすけ》（愛知県豊田市）を攻撃した。武田軍は引き続き三河方面への軍事行動を続けていたのである。

祖父の死

天正二年三月五日、勝頼の祖父信虎が高遠において八十一歳で病没した。甲斐を統一した信虎は、嫡男の信玄によって駿河に追放され、今川義元の庇護を受けた。義元没後に上京して将軍とも深い関係を持ったが、天正元年に将軍足利義昭が信長に追放されると、京都を離れて高遠まで戻っていた。結局、甲斐に帰ることができずに、勝頼と縁の深い高遠で、波乱に満ちた一生を閉じたのである。信虎の法号は大泉寺殿泰雲存康庵主、墓所は甲府の大泉寺にある。

祖父が高遠で亡くなったと情報を得た時、不思議な巡り合わせで武田家当主になっていた勝頼は、さぞかし複雑な感情を抱いたことであろう。

勝頼は信虎の葬礼を執行するにあたって、三月七日に信濃龍雲寺（佐久市）の北高全祝《ほっこうぜんしゅく》へ、「一昨日信虎が逝去されたので、大泉寺において葬礼を執り行う。貴僧については、甲府まで遠路の上、御老体でもあるので、誠に御苦労の程は申し尽くし難いが、万端にわたって積極的に御指導いただきたい。早々にそちらを出発してお出でいただけるように、請い願うところである」（龍雲寺文書）旨の書状を出した。

その後、信玄の弟の逍遙軒《しょうようけん》（武田信廉《のぶかど》）が父の掛真《けしん》（絵）を描き、甲府の長禅寺《ちょうぜんじ》の住職春国《しゅんこく》が五月五日に賛を著して、大泉寺に納めた。ちなみに、信虎が亡くなった高遠の桂泉院にある墓は、高遠城内の法幢院《ほうどういん》にあったものを元和七年（一六二一）に現在の場所に移したものだという。

父信玄の方が祖父より先に亡くなっていたが、正式な葬儀はまだなされていない。そうした中で、父によって甲斐の国外に追放された信虎の葬儀を、執行した勝頼の胸中はどのようなものであったろうか。

知行安堵と禁制

天正二年三月二十四日、武田家は平尾三右衛門尉に信玄の出した判物内容を安堵した。勝頼は三月二十八日に逍遙院大益《たいえき》（謙室《けんしつ》）に寺の財産を安堵し、一蓮寺《いちれんじ》（甲府市）と某寺に禁制《きんぜい》を出した。さらに同日、跡部勝資に屋敷地を宛がった。禁制とは特定の行為を禁じた書類で、領域境の戦場にあっては安全確保のため受け取る側がお金を出して作成してもらうが、勝頼が膝元の寺院に出す目的は秩序の確認のためで、代替わりにあたって領主の公的な役割を示す意図であろう。

三月晦日になると勝頼は、木曾の山村良利《やまむらよしとし》・同良侯《よしとき》に信玄が美濃国で渡した知行分を安堵し、かつて今川氏に仕えていた岡部元信に知行を宛がった。なお同月には、正宗寺（甲州市）に禁制を出した。

四月十日に武田家は八日市場（甲府市）の町人等へ、伝馬役を厳重に勤めることを条件に、来る二十八日よりの市中諸役を免許した。これは宿中を繁栄させるための施策であった。

四月十三日、勝頼は箕輪城（群馬県高崎市）の城代であった内藤昌秀へ、「急度一筆を染め候。仍て明後十五出馬すべきの旨、覚悟候の処、駿州在陣の人衆帰陣遅々候の間、二十日まで延引せしめ候。行《てだて》等談合すべく候条、二十二日岩村田へ着陣待ち入り候。そのため早飛脚を越し候。恐々謹言。追って、その城用心堅固に申し付けられ、一騎の体にて、参陣尤もに候。また利根川橋瀬・田口の瀬已《い》下《か》の渡し、深浅見届けられ、早飛脚を以て、注進専一に候」（「諸州古文書」信州）と書状を送った。明日十五日に出馬するつもりでいたが、駿河に在陣した兵の帰陣が遅れているので、出陣を二十日まで延ばした。軍事行動などについて話し合いをしたいので、二十二日に岩村田（佐久市）へ着陣するのを待っている。そのために早飛脚を派遣した。なお、そちらの城の用心を堅固にするよう兵士に命じ、一人でやってくるように。また利根川の橋瀬・田口の瀬（ともに前橋市）以下の渡しについて、水深が深いか浅いかを見届け、早飛脚で報せるようにとの内容である。勝頼は、駿河とは反対側の関東でも軍事行動をしようとして動いていたのである。

このように天正二年になると、武田家の家督相続も落ち着き、武田家当主として勝頼は広い視野から様々な活動を行うようになったが、家臣を一つにまとめ上げ、彼等の要求に応えるためにも周囲への侵略が不可欠だった。

なお、五月一日に武田家は諏訪社上社の神長官等へ、来る五日より百ヶ日、代官として輪番で御神

高天神城跡（静岡県掛川市上土方・下土方）

前へ日参し、厳重に勤仕することを命じた。戦勝祈願をしたのであろう。

高天神城攻略

遠江の重要な城として、高天神城（掛川市）があった。信玄が元亀二年（一五七一）三月、二万五千の軍勢で襲いかかったが、攻めきれずに包囲を解いて帰った因縁の城である。家督相続を確たるものにした勝頼は、この城の攻略を目指した。おそらく父も攻め落とせなかった城の奪取が、家臣に自分の力を認識させ、武田家を一つにまとめ上げる契機になると判断したのであろう。

三月十九日に家康家臣の石川数正《いしかわかずまさ》は、対勝頼のため駿河攻撃の予定を示し、上杉謙信に協力を要請した。逆に足利義昭は家康に勝頼と和睦して信長と戦うように求めたが、受け入れられなかった。

勝頼は四月に遠江に出陣して、五月二十二日に高天神城を包囲した。二十三日、穴山信君に、「小笠原信興《のぶおき》の望みにしたがって、彼の生命の安全などについて勝頼が誓詞をしたため、信君を通じて手元に届くようにした。その外、彼に対する助勢や領地の安堵・宛がいなど、信興の要求をことごとく承諾したと誓詞の条目に書いたので、納得し今後とも然るべく意見をして欲しい」（山梨県誌本「巨摩郡古文書」）旨の書状を送った。勝頼は穴山信君を通じて、高天神城の小笠原信興（氏助）を味方に引きずり込んだのである。

しかしながら、城主は勝頼へなびかなかったので、高天神城に攻撃を加えた。勝頼が五月二十八日に真田幸隆へ送った書状によれば、五月二十八日段階で武田軍は高天神城の本曲輪・二の曲輪・三の曲輪の塀際まで攻め込み、あと十日もすれば陥落させる情勢になっていた（真田家文書）。城主はいろいろと懇望してきたが、勝頼は受け入れなかった。おそらく、交渉でいろいろ条件を出し、相手方の言い分を聞き入れたのに、状況が悪くなってから頭を下げても聞き入れないぞという意識だったのであろう。

六月十一日付けで勝頼が大井左馬允入道に宛てた書状には、「当城の儀去る十二日より取り詰め、諸口相稼ぎ候故、昨日塔尾と号す随分の曲輪乗っ取り候。本・二両曲輪ばかり指し構え候。但し三日の内に責《(攻)》め破るべく候。心安かるべく候。城主今日は種々悃望《こんもう》候と雖も、許容能わず候」（「武州文書」）とあり、依然として高天神城攻めが続けられていたことが知られる。やがて城主が降伏を申し出、開城した（開城の月日については諸説がある）。

『信長公記』によれば、六月五日に信長のもとへ勝頼が小笠原信興の籠もる高天神城を攻撃していると注進が入ったので、信長父子は十四日に岐阜を発ち、十七日に三河の吉田（愛知県豊橋市）に着陣した。六月十九日に信長父子が今切の渡（浜松市）を渡海しようとしたところ、逆心を企てた信興が「捴領《そうりやう》の小笠原を追出し、武田四郎を引入れたるの由申し来り候。御了簡《ごれうけん》なく、路次より吉田城迄引帰へさせられ候」という事態になった。信興が高天神城に勝頼を城中に引き入れたので、信長は致し方なく六月二十一日に岐阜に帰った。

ちなみに、六月二十九日に信長が謙信に宛てた覚書の中に、「四郎は若輩に候と雖も、信玄の掟を守り、表裏たるべきの条、由《（油）》断の儀無く候。五畿内をおろそかにして、信・甲にせい《（勢）》を入れ候様にと承り候。尤もに候」（上杉家文書）とある。このところの勝頼の動きを見て、信長は彼を容易ならざる敵と認識したのであろう。

勝頼はついに父信玄すら落とすことのできなかった、難攻不落の高天神城を攻め落とした。この勝利によって戦争に対する自信を深め、より積極的に遠江・三河方面への侵略を考えたことであろう。家督相続以後の勝利に慢心し、勝頼は織田軍を過小評価し、長篠での敗戦へと突き進むことになるのである。

遠州の統治

高天神城を攻撃しながら、勝頼は即座に近辺の統治を開始した。すなわち六月九日に岸平右衛門尉へ、遠州中村の郷（掛川市）の百姓で所々に沈淪《ちんりん》している者（落ちぶれてよその地に潜んでいる者）を集めて居住させるよう命じた。地域の復興と零落した住民の生活安定策である。六月十九日には、武田家の軍勢が横路《（地）》郷（掛川市）に郷中の人々に乱暴してはならないと高札を掲げ、華厳院（掛川市）にも同様の高札を出した。これらは公権力としての治安維持策といえよう。

勝頼が六月二十五日付けで穴山信君に宛てた書状には、「芋谷の慶三《（興忠）》儀に付いて、糊付けの芳札具に披見。則ち相尋ね候の処、一両日以前に帰国の由申し候の条、興津豊後守に申し付け、高天神まで早飛脚を遣わし候。定めて召し返すべく候。猶、山県《昌景》着城候はば、早速御帰陣尤もに候」（稲葉家文書）とある。信君から勝頼へ芋谷の慶三に関する手紙が来たので慶三を探したところ、既に数日前に帰国していたので、興津忠興に命じて高天神城まで早飛脚を出し、彼をきっと召し返すようにすると返事をした。なお、山県昌景が着陣したならば、早速帰陣せよと指示しているので、穴山信君は高天神城におり、彼の跡に山県昌景が入ることになっていたのであろう。

勝頼は七月九日に法多山尊永寺《はったさんそんえいじ》の一乗院（袋井市）へ、今川氏真・徳川家康の時の如くに寺領を安堵し、武田家の「武運長久の懇祈」（尊永寺文書）を疎略無くせよと命じた。また、白羽《しろわ》大明神（御前崎市）神主に神領を安堵し、同様に武田家への奉仕を求めた。寺社領安堵の条件は武田家の武運長久を祈ることで、武田家が私権ではなく公権だとの意識が背後にあった。

同日には高天神城で降伏した本間八郎三郎へ知行を安堵し、「畢竟《ひっきょう》武具を嗜《たしな》み戦功に抽《ぬき》んでるべきの趣」（本間家文書）を求めた。同様に伊達与兵衛尉にも知行を安堵した。知行の安堵は軍役負担との引き替えだったのである。

七月十四日には小笠原信興が宗禅寺（掛川市）に先判を安堵した。勝頼に味方した信興自身その所領を安堵されていた。なお彼は七月二十日に普門寺《ふもんじ》（掛川市）へ竹本坊に寺の再興をさせている。また、七月二十七日には華厳院（同）へ寺領を安堵した。

七月十八日、勝頼は和田城（高崎城。群馬県高崎市）主の和田業繁《なりしげ》に知行を与えた。文面には「近年駿・遠両国に至り出陣、勤労と云《い》い忠節と云い、謝するところを知らず。今度高天神手裏に属するの上は、当国静謐眼前の条、山口の内五百貫鶴見分相渡し候。なお勝頼の本意に随い重ねて領知すべきものなり」（『武家事紀』）とあり、高天神城が支配下に入ったからには、遠江が静かに治まるだろうとの意識を披露している。翌日には上野の小幡民部助（昌高）、浦野新八郎へも同じように、駿河・遠江出陣の功により知行を宛がった。上野の武士たちも駿河・遠江の戦場へ参加し、戦功によって多くの知行地を遠江に得ていたのである。一連の軍事行動は武田家領国をあげての作戦で、戦果によって武田軍の団結が強まり、ひいては勝頼に対する信頼感も増したといえよう。

こうして、遠江では勝頼による高天神城周辺の統治が進んだ。

周囲の情勢

遠江の反対側に位置する上野でも武田軍は動いていた。勝頼は八月一日に上野甘楽郡小幡（甘楽町）を根拠とする小幡信真《おばたのぶざね》へ、北条氏政が厩橋（前橋市）まで軍を動かしたので、「苦労痛み入り候と雖も、別して人数を相催され、箕輪まで打ち出され、工藤長門守と相談じられ、利根川染原の瀬に向かい、出られるべき儀憑《たの》み入り候。備えの様子委細工藤長門守所へ申し遣わし候の間、聞き届けられ御得心祝着たるべく候」（中村不能斎採集文書）と伝えた。大変御苦労だが特別に軍勢を編成して、箕輪（高崎市）まで出陣し、工藤昌祐《まさすけ》（内藤昌秀の兄）と相談して、利根川染原の瀬に向かい勢を繰り出して欲しいと求めたのである。

このように、勝頼は関東において北条の動きに対応せねばならなかった。

八月十四日、武田家は上州の一宮（貫前《ぬきさき》神社。富岡市）に対して、西上州での勧進を許可した。八月十八日には勝頼が上州一宮に太刀や甲、具足、馬などを寄進し、「武運長久当家繁栄の懇祈」（小幡洋資氏所蔵文書）を依頼した。既に、勝頼が諏訪社の造営などに尽力したことについて触れたが、彼の敬神の念は諏訪社に留まらなかった。ここでも一宮という国組織を前提にしており、一宮だからこそ公的な役割を持つ勝頼がその責任者だと理解していた。こうしたことを通して、勝頼は自分の領分である西上州の均一的な支配を目指し、上野の一宮に武田家の武運長久と繁栄を守ってもらおうとしたのである。

十一月四日に勝頼は、佐野（栃木県佐野市）の天徳寺《てんとくじ》（佐野房綱、宝衍《ほうえん》。佐野昌綱の弟）へ次の書状を送った。


　当口出馬について、昌綱（佐野）より態《わざ》と音問に預かり候。まことに御入魂の至り大慶に候。徳川（家康）楯籠もり候浜松を始めとして、在々所々の民屋一宇残らず放火、稲も悉く苅り捨て、毎事本意に達し候。御心安かるべく候。然らば久能・懸川等の敵城押し詰めるべきため、佐夜郡において、地の利に築き候普請、大略成就候間、籠め置く人数候はば、帰陣せしむべく候。随って出陣の砌《みぎり》、幡竜斎（水谷政村）着府候。内々敏に差し返すべくの処、相（北条氏）・佐（佐竹氏）和親の儀、小田原へ申し遣わし、回答相待ち候故、今に滞りあり候。氏政関宿に向かい詰め陣に及び候か。敵味方備えの様子、いかが承りたく候。

　恐々敬白。

　（天正二年）十一月四日　　勝頼（武田）（花押）

天徳寺（佐野宝衍）

回章　　　　　　　　　　　　　（滝口家所蔵文書）

諏訪原城跡（静岡県島田市金谷）

武田家と同盟にある北条氏政が関宿城（千葉県野田市）を攻めると、上杉謙信が背後から氏政の様子をうかがったので、勝頼は北条家と佐下野・陸奥方面に勢力を持っていた太田城（茨城県常陸太田市）の佐竹義重と結ぼうとしていたのである。

十一月十九日に勝頼は松鶴軒《しょうようけん》（禰津常安）と石雲斎、小山田菅右衛門尉（昌成カ）へ、「鉢形（藤田氏邦）より金井淡路守所への書状、具に披《ひ》閲《えつ》、仍てそれ已《い》後《ご》敵の模様いかがに候哉、心もと無く候。委細聞き届けられ注進待ち入り候」（『思文閣墨跡資料目録』三一一号）と連絡を取り、関東の情勢について注意を払った。

閏十一月九日に勝頼は浦野宮内左衛門尉へ書状を送り、北条氏政が沼田（群馬県沼田市）と厩橋（前橋市）の間にやって来て、一働きしてほしいと催促しているので、骨の折れることとは思うが内藤昌秀と相談して河東へ軍を進めるようにと求めた。

こうして勝頼は、上野で北条氏政と手を結びながら上杉謙信を牽制し、軍事活動を進めた。関東方面に兵力を割くことを避け、軍勢を遠江方面に集中させて家康・信長と戦おうとしていたのである。

伊勢長島（三重県桑名市）では、一向一揆が七月から織田信長の攻撃を受けていた。八月二十四日、勝頼は本願寺の執奏を行う上野法眼（下間頼慶《しもつまらいけい》）へ、「信長が長島に陣を張っているので、後詰めを出してほしい。年来の申し合わせの筋目や、願証寺《がんしょうじ》（桑名市）へ入魂の意向などもあって、見過ごしてはおけないと、貴門領より催促があった。ただし、今年の夏信長がそちらに軍を動かしたので、自分も遠州まで出張し、先月下旬に帰ってきたばかりで、諸卒はその労を休まざるを得ないため、そちらへの出陣が遅れて無念至極である。身の程に応じた兵力を招集し、近日尾張・三河表へ軍を動かす。御門主（顕如）にこれらのことを取り成しいただけたら満足である。なお、長島への後詰めについては少しも油断がないように、念を入れて欲しい」（第二回『西部古初代即売展目録』）旨の書状を送った。

勝頼は本願寺と手を結びながら織田信長に対抗しようとしたが、九月二十九日に長島の一向一揆が壊滅させられ、計画が大きな打撃を受けた。

九月に勝頼は遠江の諏訪原城（島田市）を修築して、遠江への侵攻を再開した。彼は十一月四日に下野の天徳寺（佐野宝衍）へ、久野（袋井市）・懸川（掛川市）攻撃のための付城《つけじろ》（敵城を攻める時にそれと相対して築いた城）がほぼ完成し、帰陣の見通しが立ったことを伝えた。

このように勝頼は、複雑な家臣団を何とかまとめ上げ、周囲の戦いでも実績を上げ、着実に戦国大名としての道を歩んでいた。

第四章　長篠合戦の真実

1　運命の日を前に

長篠に向けて

天正三年（一五七五）四月五日に勝頼は、上野の箕輪城を守っていた内藤昌秀へ、「岡谷因幡を始めとして、近辺の直参衆ならびに各の同心、十二日着府候様に参陣あるべきの由、堅く催促肝要に候。猶《なお》、そこもと留守中の用心以下、筑前守に申し置かれ、その方は早々出陣尤もに候」（工藤家文書）と書状を送った。勝頼は四月十二日に甲府に来るようにと、家臣たちに広く軍事動員をかけていたのである。

四月十二日といえば信玄が亡くなった日で、彼の三回忌にあたる。上野晴朗が主張するように、この日付には意味があろう（『定本武田勝頼』一六四頁）。「天正玄公仏事法語」の快川の記録からすると、信玄の三周忌に当たる四月十二日に府中の館で供養を行っている。ちなみに、高野山成慶院の「武田御日坏帳」によれば、山県昌景を代参として高野山に向かわせ、三月六日に三回忌の卒塔婆《そとば》を建てた。長篠合戦に向けて、勝頼は父への報告もしていたといえよう。

四月十四日に穴山信君は、犬居《いぬい》城（浜松市）主の天野藤秀に宛てた書状に、「尾・三両州に向かい出勢の趣相聞き、早々脚力をもって御申し念に入れらるるの由、一段祝着候」（天野家文書）と記しているので、周囲の者も勝頼が軍勢を動かす情報を共有していたようである。

それから間もなく、勝頼は兵を率いて信濃から三河に出た。四月十五日、武田軍は足助《あすけ》城（豊田市）を包囲し、十九日に開城させたので、付近の城が自落した。この時にはまだ勝頼自身は参加していなかったが、作手《つくで》（新城市）で合流した。その後、武田勢は菅沼定盈《さだみつ》の野田城（同）を奪取した。二十九日には吉田城（豊橋市）を攻め、二連木《にれんぎ》城（豊橋市）を開城させ、いったん引き返して四月二十一日に長篠城を取り囲んだ。

『三河物語』によれば、この時に大須賀弥四郎が謀叛を企て、徳川家康の岡崎城を取ろうと勝頼に内通し、岡崎城に来れば門を開けるので作手まで馬を出すようにと求めたが、内通が露顕したため武田軍は二連木を攻めたのだという。徳川勢の中に内応者が出るほど、勝頼の威勢は上がっていたのであろう。

勝頼は四月二十八日に越中の杉浦氏へ、「はからずも当表出馬三州足助城を始めとして、近辺の敵城あるいは攻め落とし、あるいは自落し、万方本意に達し候。安堵たるべく候。この上、三・尾国中へ乱入せしめ是非を決すべく候。このところ畢竟《ひっきょう》（信長）織田上洛の上、大坂へ取り懸かり候由に候の条、後詰め第一のてだてに候。然して当夏秋の間、輝虎《（上杉）》越中に向かい干戈を動かさば、無二に越後に至り動きをなすべく候。然らば則ち長尾《（上杉輝虎）》彼の表に張陣叶うべからず候の条、加・越両州の人衆相催され、用捨無く防戦を遂げらるべき儀専要に候」（正福寺文書）と書状を送り、状況について触れるとともに上杉謙信に対する加賀・越中・能登の守備を依頼した（この文書は従来元亀二年とされてきたが、鴨川達夫『武田信玄と勝頼』一七四頁により天正三年とする）。

四月三十日、勝頼は下条信氏に、「菅沼新八郎《（貞盈）》楯籠もり候野田《（新城市）》の城を責《（攻）》め落とし、凶徒百余人討ち捕らえ候。然して昨二十九日家康籠もり居り候吉田《（豊橋市）》の地に向かい相動き、槐木宿城を始めとし悉く放火、東三河の在々所々惣て撃砕、万方存分に任せ候。この上、長篠へ一動これを催すべく候」（水野寿夫氏所蔵文書）と戦果の華々しさを伝え、信長の様子を伝えるように求めた（年代推定は鴨川氏による）。同日、武田家は徳貞《（定）》郷（新城市）に高札を出し、軍勢が郷中で乱暴狼藉することを禁じた。

このように勝頼は書状を通じて、積極的に自分の信長や家康に対する優位性を広報していたのである。

合戦前夜

天正三年五月一日に武田軍は長篠城を包囲した。

勝頼は五月六日（年次比定は『信濃史料』『戦国遺文』による）に、小幡信真に次の軍役条目を出した。

条目

一[1]、定法の如く、陣屋より［　］武具を着すべきの事。

一、(2)自今以後、新軍法として、敵程近く陣取るの砌《みぎり》は、一手の内半分ずつ武具を着し、備え堅固に申し付けらるべきの事。
一、(3)向後一夜の陣所結構に作るべきの事。
一、(4)自今以後、陣屋において振る舞い一切禁法の事に候。然らば則ち定器の外の家具等の［　］、一切帯び来るべからずの事。
一、(5)諸事を抛《なげう》ち、陣中陣屋の廻り尺木、ならびに夜番篝火《かがりび》等厳重に致し、申し付けられるべき事。但し、尺木の事は、地形の体により重ねて下知を加うべきの事。
一、(6)小簱一本所持の人、螺《ほら》壱ずつ持参せしめ、番螺ならびに暁螺堅く申し付くべきの事。
一、(7)陣屋の前後左右、不浄禁制の事。
一、(8)陣中において或いは火事、或いは敵夜懸けを成すの時節、一切取り合わず、その場自分の用心堅く申し付け、簱本の下知を守らるべきの事。
一、(9)陣寄せの砌、小荷駄武具相交じる儀、一切禁法の事。付けたり、人数相当に小荷駄奉行申し付けらるべきの事。
一、(10)猥《みだ》りに陣払い禁制の事。付けたり、何時も陣場に一手の内より五騎三騎ずつ残し置き、大将陣の陣払いを見届け、一同放火致すべきの事。
一、(11)先の法度の如く、貴賤共に三巻の相験《あいじるし》申し付くべき事。

一(12)、喧嘩口論の砌、たとえ縁者・親類・入魂《じっこん》の間たると雖も、助勢すべからずの事。
一(13)、動の砌、晩日に及び勝《あ》げて人数を納むる時節、先立ってみだりに又小者等陣屋に返すべからずの事。
右かくの如く、向後厳重に申し付けらるべきなり。若《も》し疎略の人においては、事の体に随い過怠あるべきものなり。
（天正三年）五月六日　　勝頼在判
小幡上総介（信真）殿
（正安寺文書）

このように勝頼は、実に細部に至るまでの指示をしていた。同日、武田家は渋川郷（浜松市）へ高札を与えた。

五月六日に武田軍は、二連木・牛久保（豊川市）を攻めた。その後、吉田城（豊橋市）攻撃を中止して、五月十一日から城主奥平貞昌が五百人で守る長篠城を狙い、翌十三日の子刻《ねのこく》（午前零時）には瓢《ふくべ》丸《まる》を標的にした。やがて、金掘りを入れて二之丸まで掘り込んだ。鳥居《とりい》強右衛門《すねえもん》は長篠城から十四日の夜に抜け出して、十五日に岡崎城へ行き、城中の様子を信長に報せた。信長が救援に赴くことを約束したので、強右衛門は情報を城中に伝えようと帰城の途中で捕らえられ、十六日に磔《はりつけ》にされた。

一方、織田信長は十三日に後詰めのため出陣し、十八日には徳川勢とともに設楽原《したらがはら》に陣を張った。

五月二十日、勝頼は長閑（釣）斎（長坂光堅）へ、すべてうまくいっているから安心するように、「長篠の地、取り詰め候の処、信長（織田）・家康（徳川）後詰めとして出張候と雖も、指したる儀なく対陣に及び候。敵失行の術一段と逼迫《ひっぱく》の体に候の条、無二彼の陣へ乗り懸かり、信長・家康両敵共、この度本意を遂げるべき儀案の内に候」（神田孝平氏旧蔵文書）と書状を送った。敵はなすべき手だてに一段と行き詰まっているようなので、自分は遮二無二彼らの陣へ乗りかかり、信長・家康の両敵を討って、本懐を遂げるつもりだというのである。

戦いを前にして高ぶる気持ちがそのまま文面に出ており、勝頼は勝利を確信し、何の不安も感じていなかったようである。同日、勝頼は三浦員久《かずひさ》へも、ほとんど同文の書状を出した。

2　様々な合戦記載

『甲陽軍鑑』から

長篠合戦の状況について細部に至るまで記しているのは、『甲陽軍鑑』や『信長公記』など、文学性の強いものである。それを全面的に信用することはできないが、一応それぞれの側からの戦いの記述内容を確認しておこう。まずは『甲陽軍鑑』を取り上げる。

長篠での合戦について、家老の馬場信春（信房）・内藤昌豊・山県昌景・小山田信茂・原昌胤（正勝）は種々反対したが、長坂光堅・跡部勝資は「一戦しても良い」と賛成した。

三十歳であった勝頼は両人の主張が道理にかなっていると判断し、明日の合戦を止めることはしないと、御旗楯無《みはたたてなし》（武田家家宝の日の丸の御旗と楯無の鎧《よろい》。この二つに誓ったことは変えてはならないとされていた）に誓ったので、その後は誰も意見ができなくなった。その結果、五月二十一日に長篠において合戦になった。

武田軍は一万五千の人数であった。敵の信長は四十二歳、嫡男信忠が二十歳、次男信雄が十八歳、徳川家康が三十四歳、家康の長男信康が十七歳だった。織田・徳川の連合軍は十万もの軍勢で、柵を三重に結い、難所を三つ構えて待ち受けていた。勝頼はそのようなところへ一万二千の人数で攻めかかった。

戦は最初のうち、武田方の勝ちだった。すなわち馬場信春が七百の手勢で、佐久間信盛の六千ばかりの勢を柵の中へ追い込め、追い打ちにしたので二、三騎が討ち死にした。内藤昌豊は千人ほどの軍勢で滝川一益《たきかわかずます》の約三千人を、山県昌景は千五百人ほどの軍勢で家康衆の約六千を、それぞれ柵の中に追い込んだ。山県衆は味方を左の方に廻し、敵の柵の木が結われていない右の方に押し出し、後ろからかかろうと働いた。家康衆はこれを察知して、蝶の羽の指物を指した大久保忠世《おおくぼただよ》と金の釣鐘の指物を指した大久保忠佐《ただすけ》が、兄弟だと名乗って山県衆の小菅五郎兵衛・広瀬郷左衛門・三科伝右衛門の三人と言葉を交わし、追い入れ追い出し九度の競り合いをした。結局、九度目に三科も小菅も負けて退いた。その上、山県昌景は鞍の前輪がはずれ、鉄砲で後ろへ撃ち抜かれ即死した。彼の首は被官である志村が甲州へ持ち帰った。

その後、甘利衆、原昌胤衆、跡部勝資衆、小山田信茂衆、小幡信貞衆、逍遙軒信綱（武田信廉）衆、武田信豊衆、望月信雅衆、安中衆もそれぞれが敵勢と競り合って、みな柵際へ敵を追いつめて勝った。

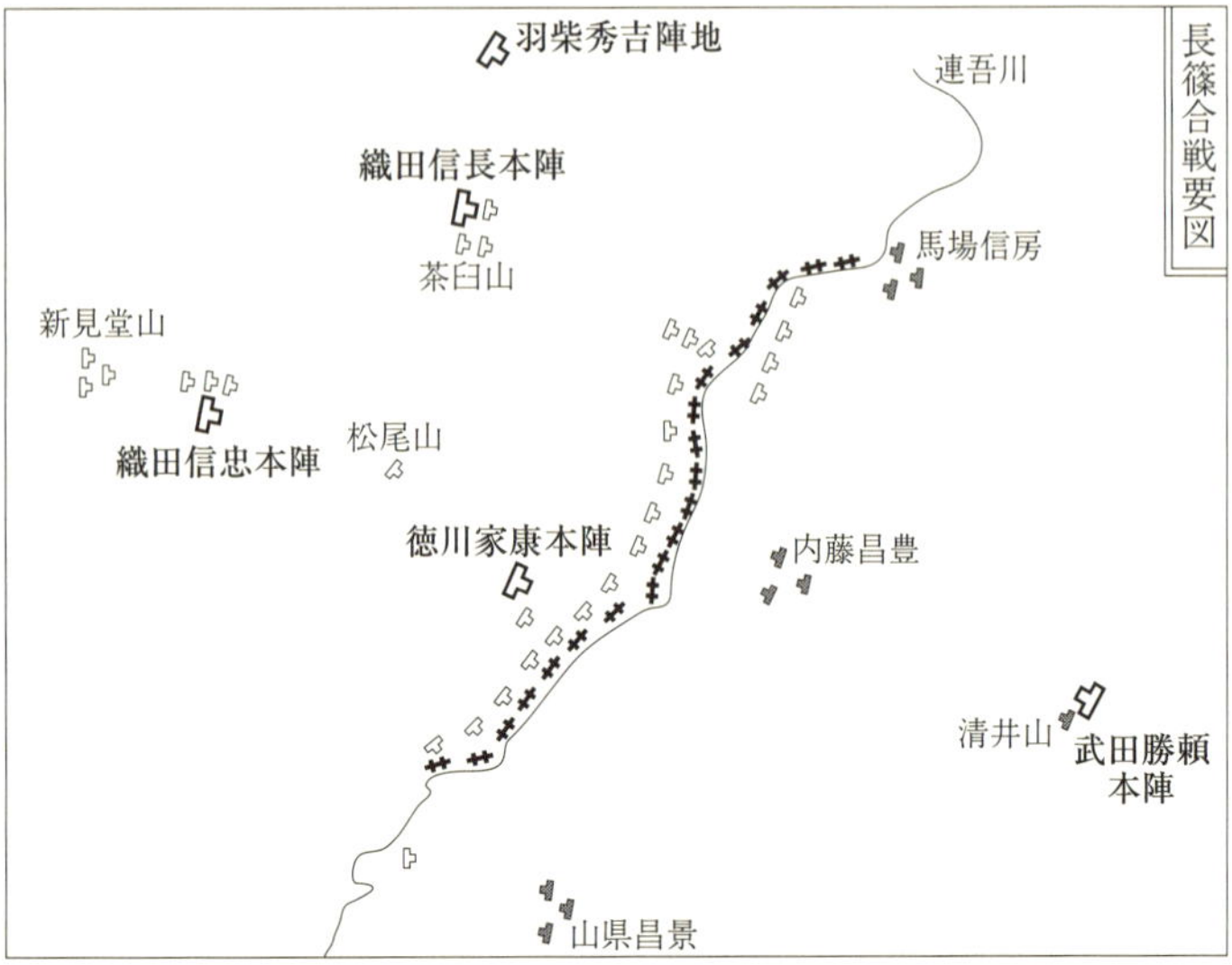

復元された馬防ぎの柵木（新城市川路）

中と左の備えはこのようであった。

さて、右の備えは真田信綱・真田昌輝・土屋昌続《まさつぐ》（昌次）の三頭が馬場信春衆へ入れ替わったけれども、上方勢《かみがた》（信長勢）は家康勢と異なって柵の外に出なかった。このために真田衆は、「柵を一重破る」と言って突撃し、大方討ち死にし、あるいは手負いになって引き退いた。真田兄弟はこの時に二人とも深手を負って亡くなった。

その次に土屋昌続が、「先月信玄の葬儀の際（『甲陽軍鑑』は天正三年四月十二日に信玄の葬儀があったとする）に追い腹を切るべきであったが、高坂昌信にこのような合戦まで待てと意見されて、命をながらえてきた。只今討ち死にする」と断って、三十一歳で戦死した。

馬場信春は手疵《てきず》も負わず、同心被官へ「皆退くように」と指示したが、さすが武田勢で信春を捨てて退くことをしなかった。穴山信君は競り合いもせずに退いた（武田家滅亡の折に穴山信君がいち早く徳川に属したことを暗示するような書き方である）。一条信龍《のぶたつ》は信春の側へ馬を乗り寄せ、一緒にいた時、彼の同心でその時三十歳であった和田という者が弓矢に優れていたので、信春に「下知して下さい」と言った。信春はにっこと笑い、「引き退くだけだ」と言って逃れた。しかしながら、彼は旗本が崩れない間は退かず、勝頼の「大」の字の小旗を敵に見せて後に退いた。その後、一条信龍も退いた。

馬場信春は退こうと思えば退くことができたけれども、長篠の橋場で少し後へ引き返し、高いところへ上がって、「馬場美濃である。討って覚えにせよ」と言って、敵が四、五人で槍をもって突き落としたのに、刀に手をかけず、六十二歳で亡くなった。先に勝頼に合戦を思いとどまるよう意見したのに聞き入られず、長坂光堅・跡部勝資に向かって、「合戦を勧めた者たちは自然逃れることもあろうが、留めた馬場美濃はおそらく討ち死にするだろう」と言った如くになった。忠臣は戦死し、姦臣が残ったという『甲陽軍鑑』の主張が、戦況とともに記されている。

引き続き、『甲陽軍鑑』の記載を見よう。

勝頼に付いていたのは三十二歳の初鹿野《はじかの》伝右衛門、土屋昌続の弟で二十歳の土屋昌恒《まさつね》であった。昌恒は若輩ながら剛の心を持っていたので、兄のことが気がかりで、二回にわたって後に下がった。勝頼は昌恒をいたわり両度にわたって馬を留め、彼を先にして退いた。

次には武田信豊が、徒者《かち》三十人ばかりと馬上三騎で退いたが、幌《ほろ》（鎧《よろい》の背に付けて飾りとし、流れ矢を防いだ）を指していなかった。勝頼が「信玄の時に典厩（信豊）の紺地金泥の幌に四郎勝頼と我が名を書いて先に進んだ、只今は自分がそのまねをする」と、幌を信豊に譲り、「これを捨てたならば、勝頼が指物を落として逃げたと言われ、信玄の一代後れを取らなかった御名をも汚す。とりわけ勝頼一人で武田家のこれまでの二十七代への不孝になる。この幌を捨てて退くな」と言った。

これを初鹿野伝右衛門が信豊へ伝えると、幌串を捨て布だけにし、信豊重臣の青木尾張守が「この幌衣を首に巻いて参れ」と言って伝右衛門に渡した。伝右衛門が受け取って勝頼へお目にかけると、彼はそれを腰に挟んで退いた。

使者に行った伝右衛門が「往来の距離が五、六町有りました」と言ったので、勝頼は馬を留めた。その節、馬が疲れて動かなかったので、馬に声をかけて追ったが、昔から今に至るまで勇猛な大将が敗戦する時、馬は進まないとされているように動かなかった。そこへ信玄の代から旗本の中でも指折りの剛の武者である河西肥後守が急いでやって来て、馬から飛び降り勝頼へ「この馬を使って下さい」と差し出した。勝頼は「この馬を使ったらその方が討ち死にしてしまう」と言ったが、肥後守は「命は義よりも軽いので、恩のために命を奉ります。自分の倅《せがれ》を取り立てて下さい」と述べ、馬に勝頼を乗せ手綱を取って進ませてから、後へ一町ほど戻って討ち死にした。

勝頼は、信玄から譲られた「諏訪法性上下大明神」と前立てに記されている諏訪法性の兜を伝右衛門に持たせたが、伝右衛門は忙しかったため兜を捨てた。これを小山田弥助という武士が後から来て見付け、名高い兜を捨ててはいかがなものかと取ってきた。

武田軍は侍大将・足軽大将・小身の者に至るまで、剛の武士が大方討ち死にし、敗戦となった。討ち死にしたのは、馬場美濃守（信春）・内藤修理（昌豊）・山県三郎兵衛（昌景）・原隼人佐（昌胤）・望月殿（当時望月氏の当主は武田信繁の三男の信永《のぶなが》なので殿がついている。従って前記の望月信雅衆との記載はこの部分と矛盾する）・安中左近・真田源太左衛門（信綱）・同兵部助（昌輝）・土屋右衛門尉（昌続）・足軽大将横田十郎兵衛（康景）であった。城伊庵（景茂）は深沢（御殿場市）へ、小幡又兵衛（昌盛）は足助（豊田市）へ行っていたので、足軽大将の内でこの両人だけが残った。彼らには飛脚で報せがあり、やがて甲府に召し寄せられた。

甲州勢がこの時小勢だったのには、前年の十二月に謙信が一向宗の長延寺を通じて勝頼へ、「遠州・三州・美濃の三ヵ国の間を来春御上洛していただきたい。自分は越前を罷り上りましょう」と断ってきたのに、了承したと返事を出さなかったので、腹を立てたことに遠因があった。勝頼は東美

長篠城本丸から見た鳶ノ巣山（新城市）

濃・遠江城東郡における武田の勝利を聞いて、謙信が自分を恐れていると評されることがないよう信濃へ攻撃を仕掛けるかもしれないと思い、上杉軍の備えとして、一万人余りの信州勢を高坂弾正に指し添えて置いたため、全勢力を長篠に向けることができなかったのである。

勝頼は一万五千の人数で出陣してきたが、長篠城の奥平の押さえのために鳶ノ巣山《とびのす》へ、武田（河窪）信実《のぶざね》（武田信玄の異母弟）を大将とする二千人、名和無理之介・飯尾弥右衛門・五味与惣兵衛の三人を頭とする牢人衆・雑兵の千人を配置した。彼らは兵庫助をはじめ、大方が討ち死にしてしまった。

このようにして一万五千の軍勢のうち、三千人が消え、信長・家康に立ち向かったのは、わずか一万二千人であった。

『甲陽軍鑑』は、織田方十万人に対し、武田方は実質一万二千人で戦ったというのである。

ちなみに、天正四年十月十五日、高野山にいた甲斐万福寺の教雅《きょうが》は、越後三条談義所（長福寺）へ宛て、「甲州衆は悉く去年三州にて討ち死に候。相残る衆は武田四郎（勝頼）・同孫六（信廉）・彦五郎・穴山（信君）・小山田（信茂）・跡部又八郎（勝資）、この六人までに候。野々山道空が子供兵部は先年果て候。相残る三人皆々死亡候。飯富源四郎（山県昌景）・工藤源左衛門（内藤昌秀）、少しも名のある者は一人も残らず候」（「歴代古案」）と記した。実際、この時の戦いで信玄時代から武田家に仕えてきた、有名な武将の多くが討ち死にしている。

織田信長の動きは、記録としての信頼性が高いとされる『信長公記』から確認していきたい。

『信長公記』から

三月下旬に武田軍が三州足助口を攻撃したとの情報を得て、信忠が尾張衆を召し連れて出陣した。四月二十八日に京都から岐阜（岐阜市）に帰城した信長は、五月十三日に後詰めとして長篠に向けて出立し、十四日・十五日と岡崎に逗留、十六日に牛窪（牛久保）の城（豊川市）に泊まり、十七日には野田原（新城市）に野陣を構えた。

信長は十八日に設楽郷の極楽寺山に陣を据えた。ここは地形がくぼんでいたので、武田軍に見えないよう段々に三万人ばかりを配置した。家康は高松山に陣を置き、滝川一益・羽柴秀吉・丹羽長秀は有海原《あるみはら》（新城市）に上り、勝頼に打ち向かい東向きに備え、家康と滝川が陣取った前に、武田軍の馬《ば》防柵《ぼうさく》を付けた。

勝頼は長篠の上の鳶ノ巣山に陣を設け、長篠へ七人の大将を差し向け、自身も有海原に三十町ばかり踏みだし、前に谷をあてて一万五千人ばかりの勢で進んだ。

五月二十日の戌刻《いぬのこく》（午後八時頃）、信長は家康の人数の内から弓矢・鉄炮に優れた者二千人ばかり、それに信長の馬廻り鉄砲五百挺など、合計四千人ほどで乗本川《のりもとがわ》（宇連川・大野川）を越えた。彼らは二十一日辰刻《たつのこく》（午前八時頃）に鳶ノ巣山へ上り、旗頭を押し立ててときの声を上げ、数百丁の鉄砲をどっと放し、武田勢を追い払って長篠城へ入り、城中の者と一緒になって、敵陣の小屋を焼いた。籠城

長篠合戦の死者を祀った大塚（新城市竹広）

していた者たちが援軍の到着によって一気に元気になり武田軍を攻撃したので、武田方の七人の大将は敗北して鳳来寺《ほうらいじ》（新城市）を目指して退却した。

　信長は家康の陣所の高松山に登り、敵の様子を見て、鉄砲千挺で攻撃を仕掛けた。前後から仕掛けられた武田勢も人数を出し、一番に山県昌景が推し太鼓を打って取りかかったが、鉄炮を散々に撃ち立てられて引き退いた。二番に逍遙軒が入れ替わってきたが、かかってきたら退き、退いたら引き付けて、鉄砲で過半の人数を討ち取った。三番手に西上野の小幡一党が赤武者で入れ替わった。関東衆は馬に巧みで、推し太鼓を打ってかかってきた。織田軍は人数を備えて身を隠し、待ち受けて鉄炮を放ち、過半数を打ち倒したので、無人になった敵が引き退いた。四番手に武田信豊の一党が黒武者でかかってきたが、織田軍の鉄炮に練り倒されて、人数を討たれて戻った。五番に馬場美濃守が推し太鼓で攻め込んだが、同じように討たれて退いた。

　武田軍は二十一日の日の出から東北東の方に向かって未刻（午後二時頃）まで、入れ替わり、入れ替わり戦ったが、次第次第に人が少なくなって、いずれも勝頼の旗の元へ馳せ集まり、鳳来寺を指してどっと敗軍になった。

この時、討ち取ったのは有名な者だけでも、山県三郎兵衛（昌景）・西上野小幡（信貞）・横田備中（高松）・川窪備後（詮秋）・真田源太左衛門（信綱）・土屋宗蔵・甘利藤蔵（吉利）・杉原日向（正之）・名和無理介（重行）・仁科・高坂又八郎（助宣）・興津（十郎兵衛）・岡部・竹雲・恵光寺・禰津甚平（是広）・土屋備前守（直規）・和気善兵衛・馬場美濃守（信春）がいた。この外重立った侍・雑兵が一万人ばかり討ち死にし、あるいは山へ逃げ登って飢え死にし、あるいは橋から落とされて水に入りおぼれる者が際限無かった。

勝頼が虎口で乗り損じていた秘蔵の馬は、乗り心地が比類のない駿馬《しゅんめ》だとのことで、信長の厩に置かれた。

信長は三河の処理を命じて、五月二十五日に岐阜に帰った。

『信長公記』は、織田軍三万に対し、武田軍一万五千で戦ったとする。

3　勝者の主張

合戦の評価

一般的に長篠合戦は、信長軍が馬防柵で武田軍の騎馬隊の進入を食い止め、三千挺の鉄砲を交代で放ったことで勝利したといわれている。学生などに長篠合戦の兵力はどちらの方が多いかと尋ねると、圧倒的に武田軍の方が多いか、最低でも同等の兵力だと回答してくれる。武田軍は騎馬隊で強く、しかも人数が多いから、劣勢の織田軍が鉄砲を駆使して勝った。信長の軍事作戦は優れているという理解である。

実際はどうであろうか。長篠合戦における兵力を確実に知ることはできないが、双方の主張を前提にすると、武田軍一万五千、織田軍三万、徳川軍八千ほどであった。したがって、一万五千の武田軍が、三万八千の織田・徳川連合軍と戦ったわけで、普通ならば二倍以上の敵と戦って負けることは何の不思議でもない。新城市長篠城址史跡保存館では当時の勢力を示すため、領地略図で織田氏四〇五万石、徳川氏四八万石、武田氏一三三万石としてあった。近世の石高がそのまま戦国時代にも生きるわけではないが、一つの指標にはなろう。この場合でも武田方の領地は織田・徳川の連合軍の三分の一以下しかないのである。

武田軍は甲斐・信濃・上野からはるばるやってきた遠征軍であった。対する織田・徳川連合軍は地元であり、いわば祖国防衛軍として必死に戦わねばならなかった。

イメージとして武田軍が強大であったとするのは、武田軍の騎馬隊が強いという理解による。騎馬隊とは、刀剣や槍、銃などで武装した兵士が馬にまたがった戦闘集団である。テレビや映画などで長篠合戦の場面を見ると、まさしくそのように描かれている。ところが、当時の武田家の軍役状況などからすると、武田軍の中に独自の騎馬隊が設けられていたわけでなく、馬に乗ることができるのは武士の中でも上層部に過ぎなかった。天正元年（一五七三）十一月一日に駒井肥前守へ出された軍役条目の第一五条にも、「物主ならびに老者・病者の外、乗馬すべからざるの事」（「武田家判物」）とある。

しかも、当時の馬は木曾馬に代表される在来種であった。中世を通じて名馬として名をはせた木曾馬は、現状の体高（肩までの高さ）平均が雌で一三三センチ、雄で一三〇センチ、体重が三五〇から四二〇キロ程度、私たちがテレビなどで目にするサラブレッドの体高が一六〇から一七〇センチ、体重が四五〇から五〇〇キロと比較するとはるかに小さい。馬を小型の馬の代名詞であるポニーが体高一四七センチ以下の馬を呼ぶので、在来馬の大きさがイメージできよう。武田氏館跡の西郭の前面において馬の骨が発掘された。丁寧に葬ってあったので、武田家に関係した馬の可能性が高いが、その体高は一二〇センチしかなかった。骨太で筋肉は発達していたようであるが、武田家に関係する優れた馬の大きさでこの程度であるから、馬がいかに小さかったかがわかる。しかも、当時は蹄鉄《ていてつ》をつけておらず、藁《わら》でできた馬沓だった。テレビなどで出るパカパカと土煙を上げて走る大きな馬は実態と異なる。

　小さな馬であるから、仮に甲斐から武士が馬に乗ってくる場合、何頭かの馬を用意しなければ乗り続けることは不可能である。馬はその辺にある雑草を食べさせるわけにいかないので、飼い葉なども用意しなければならない。

　したがって、多くの人がイメージする勇壮な騎馬隊は存在しなかったといってよい。馬に乗っているのは高い位置から指揮する武士団の上位者であるが、馬が鉄砲の音におびえ、あるいは鉄砲によってねらい撃ちされると、彼らに指揮がとれなくな

現在の木曽馬（信州大学農学部）

る。武田軍の統制がとれなくなったところへ肉弾戦となれば、圧倒的に人数の多い織田・徳川の連合軍が有利になる。その中で、六時間もの長時間戦ったことの方が奇跡的だといえよう。

それではなぜ、長篠合戦の評価は高いのであろうか。信長が自らその勝利を大きく宣伝したことがある。

信長の宣伝

信長は六月十三日に上杉謙信に書状で長篠での勝利を伝え、「取り懸かり悉く討ち果たし候。四郎赤裸の体にて一身北《に》げ入り候」（「謙信公御書集」）と伝えた。また七月二十日には、信玄によって信濃を逐われた村上義清の子で謙信の家臣となっていた国清へ、「甲州武田の事、旧敵に候条、鬱憤《うっぷん》を散ぜられたく候間、信長同事に馳走候様にと連々承り候。委曲その方にも存知たるべく候。然して今度三筋《（州）》表において、武田と一戦を遂げ、悉く討ち果たし候。少々残党これあり候と雖も、物の数にたらず候」（「諸州古文書」）と、長篠合戦で勝利し武田軍を討ち果たしたので、少々残党がいるけれども物の数でないとの認識を示した。こうした情報を積極的に流したのである。

後世に影響を与えたのは、『信長公記』等による信長の正当化、信長の自己宣伝、彼を高く評価しようとする信長以後の治世者の意図であった。

『信長公記』以降、信長に関係した著作では、織田信長がいかに偉大な人物であったかを主張するために、それ以前の社会や文化を否定する様々な仕掛けをしている。そうしなければ成り上がり者の立場は安定しないからである。桶狭間合戦において破った今川義元は、信長からすると文化的にも家柄からもはるかに上の人物である。それを認めないために、本来公家や上層武士のシンボルともいえるお歯黒を塗ることを女性的とし、義元が特別に許された塗り輿で戦場に臨むのを馬にも乗れぬ腰抜けとし、貴族的な趣味である蹴鞠《けまり》すらも否定する。当時の社会にあってこれらはステータスの高さを象徴する文化であったにもかかわらず、それを有していない信長を正当化し、彼の立場を高めるために義元の持つ文化のすべてを後に打ち消したのである。

信長が桶狭間に向かう前に熱田神宮（名古屋市）で吟じた今様は、いうならば流行歌である。伝統的な文化の中に身を置かない信長にとって、今川義元は踏み台にしなければならなかった。それは勝頼に対する場合も同じで、鎌倉以来の名家で、戦国大名の代表ともいえる武田家の当主、なおかつ諏訪信仰の中心者の血を引く勝頼を打ち破ることが、いかに大変であるかを語ることによって信長評価は高まる。そのため騎馬隊という特殊な兵力を持つ無敵の武田軍を、信長のアイデアで鉄砲隊という新たな兵力で打ち破ったと喧伝《けんでん》したのである。

織田・徳川の連合軍は人数などからすると鉄砲がなくとも、よほどの奇跡でもない限り長篠合戦で武田軍に負けることはなかったであろう。勝利を特別な作戦勝ちだと信長側が主張し、それがうまく世間に受け入れられた結果、鉄砲隊が騎馬隊に勝ったとする図式ができあがったのである。

私としては、倍以上の員数を誇る敵に対して、半日以上も武田軍が戦っていた事実を評価したい。

敗戦を語る勝頼

五月二十一日の敗戦後間もない六月一日、勝頼は叔父である武田信友などに次のような書状を出した。

一戦の様子心元無きの旨について、態《わざ》と飛脚喜悦に候。先衆二三手利を失い候と雖《いえど》も、指したる義無く候。玄蕃頭（穴山信君）・左馬助（武田信豊）・小山田（信茂）・甘利（信頼）を始めとし、諸頭諸卒恙《つつが》無く候。尾・濃・三境目の仕置、手堅く下知を加え、馬を納め候。心安かるべく候。委曲《いきょく》府内（甲府）より申し遣わすべく候。恐々謹言。
追って、その城用心専要候の間、聊《いささ》かも御油断あるべからず候。玄蕃頭殿江尻《えじり》へ相移り候条、毎事相談尤もに候。以上。

（天正三年）六月朔日　　勝頼（花押）

（武田信友）上野介殿
小原宮内丞殿
三浦（員久）右馬助殿

（関保之助氏旧蔵文書）

武田信友などが長篠での敗戦を心配してきたので礼を述べ、先衆・二の手・三の手とも敗れたけれどもたいしたことはない、穴山信君・武田信豊・小山田信茂・甘利信頼をはじめとして、諸卒も無事である。尾張・美濃・三河の境目の統治を手堅く命令してから馬を納めたので、安心してほしい。細かい点については甲府に帰ってから申し遣わす。なお、そちらの城の用心が肝心である。少しであっても油断をしてはならぬ。穴山信君が江尻（静岡市清水区）へ移ったので、事ごとに相談するようにと文面が続いており、勝頼は敗戦にもかかわらず、強気を装っている。おそらく、このようにして家臣たちを安心させなければ、武田領国がバラバラになると考えていたのであろう。

第五章　領国の立て直し

1　敗戦を乗り越えて

敗戦処理

天正三年六月三日、勝頼は信濃出身の清野刑部左衛門尉へ、駿河における守備について次の内容の書状を出した。

去る二十七日の日付で朝比奈信置から板垣信安《いたがきのぶやす》のもとへ届いた報告書によれば、敵は軍勢を動かして懸川（掛川市）まで進み、小旗の先が見えるほどの距離にまで近づいているという。それが本当ならば、敵を討ち取らねばならない。自分は信濃・三河両州の人数を甲府まで召し連れ、昨日（二日）帰ってきた。そちらの様子がどうなっているか報告を待っている。報告があり次第こちらを発つつもりである。先に穴山信君が江尻へ移ったが、防御態勢などの相談をするようにせよ。なお、そちらの城の用心などについては、特別に念を入れよ。城の用心によって武田家の将来が決まってくる。その方と同番は駿衆先方州なので、少しも油断なく城内を固く治めておくことが大事である。

（堤猪三郎氏所蔵文書）

清野刑部左衛門尉は高天神城を守備していたのであろう。勝頼は敗戦からわずか十日ほどで気持ちを切り替えながら防御態勢を整える指示をしていたことがわかる。

同じ六月三日、武田家は上野の外郎《ういろう》七郎兵衛に諸役を免許した。敗戦後一息ついて統治に目が向いてきたようである。

六月七日には勝頼が天野藤秀へ、「今度駿州に至り敵動き候と雖も、その谷《（浜松市）》無事満足候。光明《（浜松市）》の番申し付け候間、定めて移られべく候か。いよいよ谷中堅固の備え任せ入り候。なかんずく子息小四郎《（天野）》この度長篠法元《（乗）》において、最前川を越え則ち鎗を合わせ、別して粉骨誠に感悦候。その上何事もなく退かれ候儀、勝頼《（武田）》大慶これを過ぎず候。猶、玄蕃頭《（穴山信君）》江尻《（静岡市）》在番候間、用所等相談せらるべく候」（天野家文書）と書状をしたため、光明城《こうみょう》（浜松市）の在番を命じ、防衛を強化させた。

勝頼は七月二日、長篠で討ち死にした山家《やまべ》昌矩《まさのり》の名跡を弟左馬允《さまのじょう》へ継がせた。長篠敗戦の後始末もこうして着実に進展した。

七月五日に勝頼が山県昌満に宛てた書状には、「敵光明《（浜松市）》へ揺り候の処、在番衆相退き候か、是非なき次第に候。然るときんば、則ちその地諏方《（諏訪原）》・小山《（吉田町）》・高天神《（掛川市）》の用心簡要に候。堅固せしめ候の様肝煎《きもいり》尤もに候。既に人数相調え候条、近日出馬せしむべく候。その意を得専用に候。然らば犬居の儀心もと無く候の間、人数用所あらば、苦労ながら三右《（三浦員久）》・朝駿《（朝比奈信置）》・小宮《（小原宮内丞）》その外直参衆以下加勢候の様、催促あるべく候。当敵の様子注進待ち入り候」（孕石家文書）とある。すなわち、武田方が支配していた光明城もついに落城し、諏訪原城・小山城・高天神城の警戒が必要になったので、勝頼は人数を用意し近日中に出馬するから、そのつもりでいてほしいと伝えたのである。さらに、犬居城が不安なので、人数が必要ならば苦労ではあるが、三浦員久・朝比奈信置・小原宮内丞その他の直参衆以下が加勢するよう催促させ、敵の様子について報告を待っていると、徳川の動きに注意している状況がうかがえる。

　武田家は七月七日に鈴木市之進・田中八兵衛へ先判を安堵し、七月九日には和田河内守へ重恩を宛がった。勝頼は七月十三日に木曾家の家臣である山村良利へ木曾家中のとりまとめを命じ、知行を与えた。十九日には坂西《ばんざい》一族が起こした謀叛を鎮定した小笠原信嶺、さらに河野兵部助にそれぞれ宛がった。

　十九日に武田信豊と小山田信茂は、織田信忠の軍に包囲されていた岩村城の者たちに書状を送り、近日中に援軍を派遣すると伝えた。しかし、二十七日に家康の駿河攻撃の情報が入ったためその対応に追われ、岩村城への援軍を見送った。

　いずれにしろ、七月になると勝頼は領国内統治に集中し始め、態勢を立て直したといえよう。

八月十日、勝頼が岡修理亮へ宛てた書状には、「承意の如く、今頃三州長篠《(新城市)》の地取り詰め候の処、織田《(信長)》・徳川《(家康)》後詰めのため打ち出し候の条、累年の願望満足せしめ候の間、則時に乗り過ぎ一戦を遂げ、宗者数多討ち捕らえの条、その刻信長陣前に至り押し寄せ候処、陣城を構え籠り居り候の間、人数を入れるの砌、当手の先衆聊《いささ》か利を失い候。仍て近日遠州に向け出馬候間、この度においては無二尾・三国中へ乱入せしめ、是非を決すべく候。本意においては疑いなく候」（真田宝物館所蔵文書）とあり、長篠で敗戦したが近日中に遠江に出陣し、尾張・三河に乱入すると述べている。

遠江出馬

同日、武田家は遠江出陣にあたり条々を定め、保科筑前守（正俊）に下した（武田神社所蔵文書。この文書については従来武田信玄の最後の作戦の前の元亀三年（一五七二）とされてきたが、『山梨県史』の年代比定に従い天正三年とする）。その意味は次のようになる（条数はわかりやすくするために付した）。

第一条、今度物事の成り行きによって遠江に向かって出馬を計画した。一大事のてだてなので、当分の間陣を張る。そうなれば必ず徳川家康が助けてくれと織田信長に訴え出るので、木曾義昌は後方を守るために伊那へ兵を出すようにしなくてはならない。伊那郡に住んでいる上下貴賤のすべての者には、期日より前に覚悟をしておき、大きなことでも細かいことでも武田信豊の命令や、日向玄徳斎《ひなたげんとくさい》宗英や保科正俊・正直父子の意見を守って、忠節に抜きんでるように申し付けよ。

第二条、小笠原信嶺・下条信氏・春近《はるちか》衆（現在の伊那市春近に住んだ土豪集団）をはじめとし、主人については論じるまでもなく、家中の有力者や部類眷属が多くいる者は、妻子を悉く高遠（伊那市）へ召し寄せるように。

第三条、地元に住んでいる者については、案内者を用いて糺明し、疑心のある者や親戚が広い者だけ妻子を高遠へ召し寄せ、その外の住民には厳重に誓詞を書かせ逆心を企てないと誓わせて、山小屋へ入れるようにせよ（民衆が戦場から避難するために山小屋が設けられていた）。彼らは敵が退散する時か、あるいは敵の通路を遮らなくてはならない時に召し出し、働かせるようにせよ。

第四条、今度忠節に抽んでた者には、侍の場合には知行を出し、寄騎《よりき》（寄親の指揮下に属した下級武士）や凡下《ぼんげ》（侍身分に属さない雑人）の場合には、さしあたっての贈り物・黄金・お金・籾米以下を宛がい、すべての所望が叶えられるようにする。

第五条、大島城（下伊那郡松川町）の在城については、日向玄徳斎や栗原伊豆守・小山田昌盛の指揮とする。その外に秋山伯耆守信友の国衆、足軽衆は小山田昌盛と保科弾正忠正直の命令を守って、昼夜の番を勤仕せよ。なお、城を堅固に守備することについては、おのおのが表裏無く申し合わせよ。また兵員の人数が不足するようなら、加勢をする。

第六条、妻籠《つまご》（木曽郡南木曽町）の番は、この間のように松尾衆（現在の飯田市松尾に住んだ者たち）がするようにせよ。なお、番をするについては時節をわきまえることが大事である。

第七条、小笠原信嶺は、在所の人数を悉く召し連れて、清内路口《せいないじ》（阿智村）を警固し、自身は山本（飯田市）に在陣せよ。なお、条々がある。

第八条、下条信氏は、波合口《なみあい》（阿智村）・新野口《にいの》（阿南町）以下へ貴賤上下ともすべての人数を召し連れて警固し、自身は山本に在陣すること。なお、条々がある。

第九条、小笠原信嶺と下条信氏の領地の民衆以下は、期日より前から取り締まりをしておくことが必要である。とりわけ、背かない旨の誓詞を取ったり人質を求めておくようにせよ。

第一〇条、松島基忠と小原継忠の同心の大草衆（大草〔上伊那郡中川村〕に住んでいる土豪集団）は、武田に背かない旨の保証人を添えて、ことごとく奥山（浜松市）へ加勢のために移れ。なお、小原継忠は高遠城に在城し、青沼忠重は甲府に帰るようにせよ。

第一一条、木曾は放っておかずに相談し、木曾谷を堅固に防御するように取りなすように。なお、加勢については木曾氏の所望に応じよ。

第一二条、武田典厩信豊は、高遠本城へ在陣するように。なお、集まった者たちは諸曲輪に配置せよ。

第一三条、下口のすべての者は、小屋入り以下の支度を調え、上伊奈箕輪《（那）》辺の貴賤を集めて働くように。

第一四条、奥山にはこの間の加勢衆と松島基忠・大草衆が在城し、大洞には武田信豊同心の知久衆《ちく》（知久〔飯田市〕に住んだ者たち）と跡部勝忠同心の知久衆が在番するように。

第一五条、松島基忠は番替わりのため、黒河内《くろごうち》（伊那市）に来るようにせよ。

第一六条、下伊奈衆は大島城、上伊奈衆は高遠城へ、籾米を入れて置くよう申し付けよ。

第一七条、万一敵によって諸口が破られたならば、小笠原信嶺と下条信氏は大島城へ、春近衆は高遠城へ移るようにせよ。

第一八条、期日より先に敵陣に向かって作戦を行うようならば、火や狼煙の始終の状況によって、山々嶺々の人数を集めるように。

第一九条、木曾義昌・下条信氏・小笠原信嶺・春近衆以下については、目付をつけておくように。

第二〇条、飯嶋氏や片切氏が、特別に忠節をなしたならば、重恩として本知行を大草に出す。

第二一条、大島長利・座光寺貞房・伴野家中以下が特別に忠信をしたならば、何事であっても所望を叶える。

第二二条、伊奈郡に住む上下の者たちは、木曾衆へ細かい点に至るまで親切にするように。

第二三条、敵が陣を動かして攻めて来た時、考えも無しに城外へ防戦に出ることを禁止する。要するに何時であっても城内の役所を堅め、浮き足だった者たちを討つようにせよ。

第二四条、山家三方衆（作手の奥平氏・長篠の菅沼氏・田峰《だみね》の菅沼氏）は、下条氏を加えて稼ぐように。

第二五条、大島や座光寺の一般民衆を指揮する者は直参衆とする。

第二六条、坂西《ばんざい》・久内・伊月・矢沢又兵衛尉・佐野善右衛門尉・佐々木新左衛門尉以下の者たちは、伊奈郡から敵地へ退く輩の徒類を調べ、取り締まりを相談するように。

第二七条、敵が攻めてくるのが嘘であったならば、在陣している者たちと人夫を催促して、普請（土木工事）をするように。

第二八条、大島と高遠の城について、どのような物が不足しているか報告せよ。不足物を送るようにする。

これだけ細部にまで気をつけながら出陣していることが、勝頼の置かれた厳しい状況を示している。勝頼は細心の注意を払いながら、遠江に向かったのである。また、木曽氏について一、一一、二二の三条項で触れており、特に注意している状況が読み取れる。武田家滅亡には木曽義昌の動きが大きな契機になったが、この段階から勝頼はそれを警戒していたのである。

勝頼が遠江攻略の一環として天正元年に築き、徳川家康に包囲されていた諏訪原城（島田市）は、天正三年八月二十四日に開城せざるを得なくなっていた。この結果、元亀二年（一五七一）に武田家によって大規模に修築され、諏訪原城とともに大井川西方の防衛ラインを形成し、高天神城攻略の拠点となっていた小山城（榛原郡吉田町）が、高天神城への補給路の要とされた。

九月七日に勝頼は小山城後詰めのため大井川まで兵を進めた。翌日は鎌塚原（島田市）に陣を敷いて諏訪原城をうかがってから小山に戻り、城の普請を行うと同時に高天神城への兵糧補給をした。

九月二十一日に勝頼は岡部元信へ、「今度小山地徳河《（家康）》取り詰められるの処、数日籠城、粉骨を尽くされるの条、当城堅固、併せてその方戦功の故に候。これにより後詰めのてだて、存分に任せ候。感悦せしめ候。自今以後いよいよ忠節肝要たるべく候なり」（岡部家文書）と感状を出した。岡部元信が徳川勢によって攻撃された小山城に数日籠城の上、粉骨を尽くして防戦し、守り通したことを褒め、これからも忠節を尽くして欲しいと伝えたのである。この日同じような感状が、佐野新四郎・佐野左京亮・佐野孫右兵衛尉・狩野次郎兵衛・杉山小兵衛・和大夫正左衛門尉・朝倉六兵衛・原河大和守・佐野市右衛門尉・原河又多郎にも与えられた。その後、勝頼は九月下旬に帰国した。

遠江における武田方の拠点は高天神城（掛川市）であった。高天神城を守っていた小笠原信興は、十月二十三日に山梨上郷中（袋井市）へ、高天神城の在番衆中ならびに自軍に乱暴狼藉をさせない旨朱印状を出した。

十一月になると勝頼は美濃の岩村城を支援するために出馬した。その情報を得た信長も十四日に京を出立した。結局、勝頼の援軍が間に合わなかったため、岩村城代の秋山信友（虎繁）は降伏し、二十一日に罪を許された礼に行って捕縛され、二十六日に長良川の河原で磔にされた。

軍役整備

長篠合戦で敗れ、多くの武士を失った勝頼は、早急に軍事態勢を整える必要があったので、十二月十六日、小泉総三郎（昌宗）に次の軍役条目を出した。

（竜朱印）条目

（1）一、来歳は無二に尾・濃・三・遠の間に至り、干戈を動かし当家興亡の一戦を遂ぐべきの条、累年の忠節この時に候間、或いは近年隠遁《いんとん》せしむるの輩、或いは不知行故蟄居《ちつきょ》せしむる族の内、武勇の輩これを撰び出し、分量の外人数を催し出陣あり、忠節戦功を抽んでらるべき儀、年内油断無く支度肝要の事。

一、(2)向後一戦場において、戦功に抽んでる輩に至っては、忠節の浅深により、貴賤を撰ばず所望を叶え、所領を出すべきの事。

一、(3)おのおの家中の親類・被官、累年武勇名誉の人、軍役を勤むるの輩、注文を以て申し達せらるべし。向後進退相当に懇意を加え、また忠節戦功に随い、直恩を出すべきの事。

一、(4)自今以後、厚板・薄織子・緞子《どんす》・綾・上島物等の衣装を始めとし、無用の費えを略し、畢竟《ひっきょう》武具の調え、在陣の支度専ら用意の事。

一、(5)この頃諸軍とも、余りに弓・靫《うつぼ》見苦しく候条、外見如何に候。向後武用に叶い、他見しかるべき様申し付けらるべきの事。

一、(6)立物・鑓験《やりじるし》ならびに朱して、累年の如く相違あるべからず。肝要は新たに調法尤もの事。

一、(7)知行役の人衆、先例の如く、武具等一様に闕所無く支度の事。

一、(8)身の分限に過ぎ、乗馬を嗜むの事。

一、(9)近年は諸手とも、馬介不足の様に見及び候間、堅く穿鑿《せんさく》あり、分量相当に嗜み候様、申し付けられるべきの事。

一、(10)当時鉄炮肝要に候間、向後長柄を略し、器量の足軽を撰び、鉄炮持参、併せて忠節たるべし。着到を以て鑓数を糺明せしむるの上、鉄炮を帯し来たるべし。様子は後日下知をなすべきの事。

一、(11)弓・鉄炮鍛錬無きの族、一切持参せしむべからずの事。
付けたり、向後は、陣中において節々検使を以て相改め、弓・鉄炮鍛錬無きの族有らば、過怠《かたい》あるべきの事。

一[12]、長柄・持ち鑓とも、木柄・打ち柄たるべきの事。

一[13]、乗馬・歩兵共に一統の指物申し付け、戦場において剛憶《ごうおく》歴然候様に申し付けらるべきの事。

　付けたり、指物小幡の紋は、随心たるべし。

一[14]、大小人共に一手の内一戦に覃《およ》ぶの砌、戦功を抽んずべし。手分け・手組等兼ねて相定められ、何時も催促次第出陣せしめ、武勇を励むべき仕置肝要に候の事。

　付けたり、おのおの存じ寄りのてだて、書付を以て勝頼披見に入れらるべきの事。

一[15]、小旗指物新調の事。

一[16]、貴賤とも分量の外、鉄炮の弾薬を支度せば、忠節たるべきの事。

一[17]、討ち死にならびに忠節の人の遺跡、幼少たらば十八歳に至るまで、武勇の人を以陣代て申し付けらるべし。但し堪忍分においては、不足無くこれを渡すべし。然して十八歳に及ぶの翌年は、速やかに知行・被官以下還附すべきの旨、誓詞を以て相定めらるべきの事。

一[18]、向後陣中において、貴賤とも振る舞い一切これを停止すべし。然るときんば定器の外、椀・折敷以下、無用の荷物禁法の事。

　以上

天正三年乙亥《きのとい》

　十二月十六日

（「続錦雑誌」）

小泉総三郎（昌宗）殿

第一条、来年何としてでも尾張・美濃・三河・遠江の間に武田家興亡をかけて軍を進めるので、累年の忠節をこの時と心得よ。近年隠遁した者や、知行を持たないで蟄居《ちっきょ》している者の内から武勇の者を選び出し、定められた分量より多くの人数で出陣し、忠節・戦功に抽んでるように。そのためにも今年の内に油断なく支度をする事が肝要である。

武田軍は長篠合戦で多くの戦死者を出し、有能な武士を失った。その上、直前の十一月二十一日に美濃岩村城が落城して、秋山信友以下が殺されている。それだけに兵力の補填《ほてん》が大事であったが、意図がよく出ている。

第二条、これから以後戦場において戦功に抜きん出た者に対しては、忠節の状況によって、身分の高い低いに関係なく、望みを叶えて所領を与える。

戦力が落ちた武田軍を立て直すためには、兵士の士気を高めねばならなかった。手柄次第に所領を与えると宣言することで、身分の枠を超えてやる気を出させようとしたのである。

第三条、各家中の親類・被官、あるいは年を重ねて武勇・名誉の人で軍役を勤めている者は、書付をもって申し達するように。これから後の進退にあたっては相当に恩情を加える。また、忠節や戦功によって直接勝頼から恩を出す。

これも優秀な兵の発掘と、戦意を高めるための手段である。

第四条、これから後、厚板（厚地の織物）・薄繻子《しゅす》（薄い繻子織りの織物）・緞子《どんす》（紋織物の一種）・綾（模様を織り出した絹）・上島物（上等な縞を織り出した織物）等をはじめとし、豪華な衣装等による無用の費えをせずに、武具を調えたり、在陣の支度をすることが大切である。

長篠敗戦によって武器の必要性を感じた勝頼は、武器に費用を費やすことを求めたのである。

第五条、この頃は諸軍とも、あまりに弓・靫《うつぼ》（矢を盛って腰に付けて動く道具）が見苦しく、外見が良くない。これから後には武用を満たして、他の者が見てもふさわしい物を身につけるようにせよ。

引き続く戦争に従軍しても戦利がなく、勝頼配下の武士たちは軍備に事欠くようになった。その結果、武田軍は使い古した装備で戦争を続けていたのが実情だったので、それを何とかしたいという勝頼の意図が見える。戦勝の勝敗はその後の軍備にも大きな影響を与えていたのである。

第六条、立物《たてもの》（威容を盛んにするため兜の鉢の装飾にした付け物）や鑓験（戦陣などで槍の印《しるしづけ》付の鐶に付けて家名を明らかにした小帛《こぎれ》や白熊《はぐま》などのしるし）ならびに朱垂《しで》（しでは白熊の毛で作った払子状の物で槍の柄に付けて槍印とした）については、いつもの年のように相違があってはならない。新たに調えることが道理に叶い大切である。

第七条、知行役として戦場に臨む者たちは、先例のように武具等一様に欠けるところがなく支度をせよ。

第八条、自分の身分や地位を超えて、乗馬を嗜《たしな》むようにせよ。

第九条、近年は諸手とも馬鎧が不足しているように見えるので、堅く手を尽くして求め、分量相当に用意せよ。

第一〇条、現在では鉄砲が最も必要な物であるので、これから長柄（柄の長い槍）を省略し、その分で鉄砲を撃つ能力を持つ足軽を選び、鉄砲を持参するようにして、忠節をするように。到着をしたら鑓数を糺明するので、鉄炮を持ってくるようにせよ。その様子にしたがって後日に命令をする。

長篠合戦において鉄砲の威力を実感した武田軍にとって、鉄砲の準備は緊急の課題であったが、その危機感がここによく表れている。『妙法寺記』によれば、信玄は天文二十四年（一五五五）旭山城に援兵三千と弓八百帳、鉄砲三百梃を送って謙信に対抗させた。天文十二年に鉄砲が伝来してからわずか十二年で武田家は相当数の鉄砲を用意していたわけで、早い段階から鉄砲に着目していたのである。天正元年十一月一日に出した軍役条目の中でも、鉄砲には特別注意が払われていた。しかし、思った以上に長篠合戦で苦杯を嘗《な》め、その威力を再認識したのである。そこで、何としてもこのようにして、鉄砲を用意させようとしたことが現れている。

第一一条、弓や鉄炮の鍛錬をしていない者は、一切戦争に連れてきてはならぬ。これから後、陣中において時々検使にその状況を改めさせ、弓や鉄砲を持っていてもその訓練をしていない者は過失とする。

前条に引き続き、鉄砲への注意が記されている。

第一二条、長柄の槍、持ち槍ともに木の柄か打ち柄とせよ。

第一三条、乗馬の兵、歩兵ともに統一した指物を指すように命じ、戦場において剛勇と臆病とが歴然にわかるように申し付けよ。なお、指物や小旗の紋は、自分の心のままで良い。

第一四条、大身の者も小身の者も一手の内にあって一戦に及ぶ時には、他より戦功に励むようにせよ。手分け・手組等を事前に定めておいて、何時であっても催促次第に出陣し、武勇を励むように処置をしておくことが肝要である。なお、おのおのの考える軍事的な方法・手段について、書付によって勝頼に報告せよ。

ここでも従来の身分に関わりなく戦功に励む用意をせよと述べ、そのためには事前の組織化が大事だと、それぞれの軍事的な方法について考えを示すようにと指示しており、広い範囲からの人材登用の意識が読み取れる。武田軍は従来のようなやり方では駄目だとの危機感の表れである。

第一五条、小旗・指物（武士が目印として指物に指した小旗）ともに新調するように。

第一六条、身分の高い者も低い者も軍役で定められた分量の外に、鉄砲の弾薬を支度することが忠節である。

再度鉄砲の重要性について述べているが、弾薬は基本的に個人負担となっている。

第一七条では、討ち死にしたり忠節の人の残した領地などについては、相続人が幼少であったならば十八歳になるまで、武勇の人を陣代にせよ。ただし、堪忍分（討ち死にした家来の遺族などに給与する俸禄）は、不足無く渡すように。そして、相続人が十八歳になった翌年には、陣代になっていた者から速やかに知行や被官人以下を返すと、誓詞を書いて定めておくようにせよ。

戦争に行って討ち死にした者の子供などに、遺跡を保証した内容である。後のことは保証するから心おきなく戦えとのメッセージと、足りなくなった軍事力をどのように維持するかの二つの側面が強く出ている。

第一八条、これから以後においては身分の高い者も低い者も、振る舞いを一切してはならない。したがって、陣中には定められた器の他、椀・折敷以下の無用な荷物は持ってこないようにせよ。

以上が陣中の規律を守らせるための条項である。

勝頼はここで来年何としてでも出陣し、武田家攻防の一戦を行うと表明したのである。具体的に参陣するに際しての指示をしているが、とりわけ鉄砲への意識がよく出ている。敗戦の原因を認識し、即座に対応しようとする覚悟が強くにじみ出ている。

十二月二十七日に武田家は、田中城（藤枝市）を守る三浦員久他に条目を出した。

（竜朱印）条目

一、その城（田中城）用心普請等、昼夜を捨てず肝煎《きもいり》の事。

一、諏訪原に向かい伏兵を出し、稼ぎ由（油）断あるべからず候事。

付けたり、忍びの用心、専ら申し付けらるべきの事。

一、その地番のため、山家《やまべ》ならびに駿州衆一両人指し越候。着城たらば、小山田六左衛門尉（昌盛）片時も早速帰参の事。

已上

（天正三年）十二月二十七日

三浦右馬助（員久）殿　小山田六左衛門（昌盛）殿

小原宮内丞殿　その外在番衆

（友野〔鼎三〕家文書）

第一条では、田中城（藤枝市）の万一に備えての建設や修築等は、昼夜を問わずに心を配って対応せよ、その際には忍びの者に対する用心を専ら申し付けよとあり、城の防御に注意が払われている。第二条では、諏訪原城に向かって伏兵を出し、行動に油断がないようにと指示し、敵の徳川方の城に対して様々な形で情報を得たり、攻撃を仕掛けようとしていたことがわかる。第三条では、田中城の番のため山家氏（現在の長野県松本市に根拠を置く武士）や駿州衆を一人か二人そちらに差し向けたので、彼らが着城したならば小山田昌盛は一刻も早く帰ってくるよう命じており、緊張した状況が伝わってくる。

田中城は永禄十三年（一五七〇）に信玄が攻め落とし、以後武田家のとって駿河西部の重要拠点となっていて、勝頼にとって対徳川家康のポイントになる城だった。一方、諏訪原城は勝頼が築いたとされ、高天神城への補給路として重要であったが、長篠合戦後に徳川家康軍の攻撃の前に城主の今福浄閑斎（友清）が討ち死にしたため、城兵は田中城に逃げ込み、城は徳川が占拠していた。武田軍はその奪取のために動いていたのである。

田中城の番に山家氏、駿河の衆を送った。彼らが到着したら小山田昌盛にすぐ帰ってくるよう命じており、昌盛が入城していたことはこの城がいかに重要視されていたかを伝えている。

伝馬制度

これまで軍事力を中心に見てきたが、軍事的意義だけでなく領国統治上に重要なものに伝馬制度がある。

天正三年十月十六日、武田家は次の伝馬の定を蒲原（静岡市）に出した。

（竜朱印）定

一、(1)自今以後、公用の御伝馬御印判は、御朱印二つあるべし。私用として申し請ける伝馬の御印判は、御朱印一つあるべきの事。

一、(2)御伝馬、惣じて一日に四疋宛これを出すべし。この外一切停止《ちょうじ》せらるるの事。但し、よんどころなき火急の公用においては、その時に至り、別して御下知を加えらるべきの事。

一、(3)私用として申し請ける伝馬、向後一里六銭の口付銭を請け取るべきの事。

一、(4)口付銭難渋有るの族は、宿中の貴賤一統せしめ、人の不肖を撰ばず、伝馬を出すべからずの事。

一、(5)伝馬を相勤めずの輩、密密以て駄賃を作る事、一円禁止せらるるの事。

一、(6)先の御印判の如く、棟別以下の諸役、御免許の事。

右条々、向後努々御相違有るべからざるの由、仰せ出さるるところなり。仍て件の如し。

天正三年乙亥《つちのとい》　　釣閑斎

十月十六日　　これをうけたまわる

武藤三河守
蒲原町三十六間
伝馬衆中
（草ヶ谷文書）

公用に用いる伝馬手形には「伝馬」の印文を持つ朱印を二つ捺し、私用は一つと区別された。これと同じ定めは天正四年二月十四日に棠沢《ぐみさわ》郷（御殿場市）・沼津郷（沼津市）・竹下郷（小山町）、三月二十一日に厚原《あつはら》郷（富士宮市）・根原郷（富士宮市）に出ている。この「伝馬」印は信玄時代に使われていたが、二つ捺すか一つ捺すかで公私を区別することによって、勝頼の独自性を示している。

同年十二月二十三日には、河原宿の郷（甲斐市）、寺尾宿の郷（笛吹市）、落合の郷（甲府市）、中条の郷（韮崎《にらさき》市）、鮎沢の郷（南アルプス市）に、今後は獅子朱印をもって竹木・藁・縄等の御用を命じると伝えた。従来の龍朱印でなく、物資調達などに獅子朱印が用いられるようになったことは、勝頼の内政立て直しと評価できよう。郷村に対する支配も進んだのである。

2　信玄の葬儀を終えて

父の葬儀

天正四年（『戦国遺文』では天正二年とする）正月六日、勝頼は海津城を守る春日虎綱（高坂昌信）へ、次の書状を出した。

来る調えの儀、その城在番の儀に就いて、岩手能州（信盛）を以て申し遣わし候き。然る処、三州筋の行《てだて》尤もの由談合落着、已《い》後《ご》卜筮《ぼくぜい》に及び候の処、当春の動き然るべからざるの旨に候条、先ず延引せしめ、隣国の体聞き合うべく候。なかんずく、彼の密事露顕の仏事等、来る二月執り行うべく候の間、三・四月まで一切動き相延ばすべく候。得心のため糊付けを以て一筆を染め候。はたまたその地番替えのため、松鷂軒（祢津常安）・小幡上総介（信真）指し越し候。来る二十七日着城たるべく候条、苦労ながらその内勤番尤もに候。恐々謹言。

追って、家康（徳川）帰り候様子、如何に候哉、聞き届けたく候。已上。

正月六日（天正四年）　勝頼（花押）

春日弾正忠（虎綱）殿

（宝月圭吾氏所蔵文書）

三河方面への軍事的な手段については話し合いが落着し、その良否を占ったところ、今年の春に軍事行動をすることは良くないと出たため、ひとまず延期するので、隣国の様子を聞き合うようにと連絡している。信玄が戦に赴くに際して占いをしていたことはよく知られているが、勝頼も同様に占いで軍事行動を決めていたのである。

後半部分に、密事が露顕してしまった仏事等は来る二月に執り行おうと思っていたが、三月・四月まで一切を延ばすことを納得してもらうために糊付けで封をした手紙を送るとある。春日虎綱は信玄と関わりの深い人物なので、「密事露顕の仏事」は信玄の葬儀の可能性が高い。葬儀延期を虎綱に了承してもらおうと手紙を出したのである。いずれにしろ、勝頼は正式に父親の葬儀をする必要に迫られていた。

勝頼は父の葬儀を天正四年四月十六日に恵林寺（甲州市）で行い、快川紹喜《かいせんじょうき》が大導師を務め、速伝《そくでん》宗販《すうはん》・藍田恵青《らんでんえせい》・高山玄寿《こうざんげんじゅ》・鉄山宗鈍《てつざんそうどん》・大円智円《だいえんちえん》などが参加した。

五月十六日になると、勝頼は高野山成慶院へ、「例年の如く祈禱の巻数《かんじゅ》到来、目出たく頂戴せしめ候。殊に緞子《どんす》・筆・墨等給わり候。祝着この事に候。随って信玄《（武田）》寿像ならびに遺物（注文別にあり）贈り進じ候。ここにより恵林寺殿《（武田信玄）》日牌料黄金十両、使僧へ相渡し候。いよいよ仏前の法事任せ入り候。委細安部五郎左衛《（宗貞）》門尉申すべく候」（成慶院文書）と書状を書いた。

恵林寺（甲州市小屋敷）

武田家には毎年高野山から祈禱をした経典、また緞子や墨、筆などをも送ってきていた。勝頼はその礼を述べるとともに、信玄が生存中に描いた画像や彼の遺物（これについては別に書付がある）を送り、信玄の位牌を安置して毎日読経・供養する費用として黄金十両を、使僧に渡した。そして、前にも増して信玄の法事をして欲しいと依頼した。

こうして父の葬儀をすることで、勝頼は正式に信玄の死を公表したのである。

上杉・北条との関係

紀伊に滞在していた足利義昭は天正三年（一五七五）十二月二日、上杉謙信に武田・北条・本願寺との和睦を求めた。義昭は翌年に毛利氏のもとへ亡命し、五月十六日に六角義堯《よしたか》から謙信の将長景連《ちょうかげつら》へ、「越・甲・相三和の儀、上意に応ぜられるにおいては、御入洛眼前たるべく候。然らば、謙信御覚悟を以て、御当家御再興の条、年来宿意を止められ、入眼候様取り成さるべき義、併《あわ》せて公儀に対せられ御忠功これに過ぐべからず候」（「謙信公諸士来書」）と書状を送らせ、謙信が武田・北条二氏と和すように指示し、足利氏の再興をはからせた。「旧冬富蔵院を差し越し候処、種々入魂《じっこん》の由」とあるので、天正三年末に上杉氏が義昭の援助要請を承諾しており、この後の文章からすると義昭は東国に移ることも考えていたようである。

天正四年六月二十二日には勝頼が本願寺坊官の下間頼充《しもつまらいじゅう》に返書を出して、信長の軍事行動や義昭の帰洛について協議した。謙信は義昭の委託を受けて武田・北条二氏と和睦し、京都回復にあたることを承諾したので、二十五日に義昭がこれを成福院に報じた。七月二十三日、義昭は兵を摂津に出したことを謙信に告げ、勝頼と協力して京都回復に力を尽くすよう求めた。

八月六日になると北条氏政が義昭の命に従い、上杉・武田両氏との和睦を承諾した。

要害城の修理

天正四年六月一日、武田家は御印判衆（普請役などが免除された郷村支配の中心となる者で、武田家からの印判状を受け取る者たち）へ、積翠寺《せきすいじ》（甲府市）背後にある要害城の普請を命じた。

要害とは地形が険しく守りに有利な場所のことで、ここでは躑躅ヶ崎にある武田氏館の詰めの城である。いうならば、近世の城における天守閣に相当する最後の砦となるのが要害城で、武田氏館は御殿（住居）にあたる。

積翠寺と要害城（甲府市）

（竜朱印）定
帯那《おびな》の郷悉《ことごと》く罷り出で、毎月三日ずつ積翠寺御要害の御普請、堅く勤仕致すべし。然して河除けを始めとして、自余の諸普請一切御免許なさられおわんぬ。てへれば御城普請御赦免の御印判、帯び来る人無きにおいては、貴といい賤といい権門を恐れず召し出し、入りの御城普請厳重に相勤べきの由、仰せ出されるものなり。仍て件の如し。
追って、人夫の内六十已（以）後十七以前は、一切これを禁ぜらるものなり。

跡部民部助（昌秀）
天正四年丙子《ひのえね》　　これをうけたまわる
六月朔日　市川備後（元松）
御印判衆
（三枝家文書）

帯那（甲府市）の郷民は毎月三日ずつ要害城の普請に参加しなければならなかった。その代わりに治水の普請をはじめとして、それ以外の普請役を免除されたのである。なお、六十歳以上と十七歳以前の人夫は禁じられている。

要害城に関する史料として目下知られるのはこの一点だけである。この時期に普請がなされていることは、長篠敗戦後の不利な状況の中で、いざという時に備えようとする勝頼の意図によるものであろう。

信長包囲網

天正四年八月に徳川家康が駿河山西へ軍勢を動かしたので、勝頼は出陣した。これを見て家康は引き返したが、勝頼はそのまま小山（静岡県小山町）に陣を進めた。

九月十三日に武田信豊は将軍家家臣の真木島玄蕃頭《げんばのかみ》（昭光）へ、次の内容の書状をしたためた。

将軍様の御内書を謹んで頂戴したのは、過分のことで忝なく思う。将軍様が播州まで進み、中国地方の軍勢を差し立て、既に上月《こうづき》（兵庫県佐用町）の地を攻め落とされ、立て籠もっていた凶徒を退治し、御上洛できるてだてを急がれていることは、天下のすべての人にとって歓喜この上ない。勝頼にも協力するようにとの御催促であるが、趣旨を理解し、即座に動きたい。この旨を宜しく将軍様に披露していただきたい。

（「古今消息集」）

将軍の要望に従い、上洛に協力すると返事をしており、武田家が反信長の包囲網に組み込まれていたことは明らかである。

先の手紙から三日後の九月十六日、勝頼は将軍近臣の一色藤長《いっしきふじなが》に書状を出した。内容は将軍が中国に御座を移されたと度々飛脚で伝えてくれたが、そちらとの距離は遠いうえ間に敵国があり、使いの者が途中で躊躇《ちゅうちょ》して帰国したり敵地で殺されたりして、将軍のもとに参上できなかった。このため将軍と疎意になっているが、生涯の浮沈のため信長に対する備えの様子を承り、協力等を得ようと重ねて八重森因幡守に勝頼の思いを伝えた。これらの趣旨を将軍に披露してほしい、といったものであった（大東急記念文庫所蔵文書）。

九月二十八日に勝頼は重ねて一色藤長へ、相模・越後・甲斐の三国の和談は指示に従う、当口まで先月出馬し計画等が思う通りになっているので安心して欲しい、「畢竟公儀（足利義昭）本意に達されるの様に、万方御計略肝心に候」（高橋琢也氏所蔵文書）と連絡した。

一方、上杉謙信は勝頼との和睦に同意したものの、北条氏政とは駄目だとし、氏政は謙信次第だとの姿勢を示し、三国の和談は成立しなかった。

十月二十四日、勝頼は本願寺の東老軒に書状を送り、上杉勢が加賀・越前へ勢力拡大したことに無念の意を示した。謙信と勝頼の間にも波風が立っていたのである。

天正五年二月十八日に籠城中の本願寺から加勢を求められた信濃の勝善寺《しょうぜんじ》（須坂市）の順西は、多数の門徒が越後へ退去したため支援が難しいと釈明、陳謝した。この頃、長延寺の実了《じつりょう》師慶《しけい》と八重森家昌は本願寺からの要請を受けて、勝頼と交渉していた。

3　周囲の情勢と新たな動き

北条夫人との結婚

天正五年正月二十二日に北条氏政の妹が甲府へ入輿《じゆよ》した（『甲陽軍鑑』『北条五代記』『小田原編年録』）。口絵で見た最後まで行動を共にする勝頼夫人である。彼女は永禄七年（一五六四）の生まれで十四歳、勝頼は三十二歳になっていた。ちなみに信玄と三条夫人との間に長女として生まれた黄梅院《おうばいいん》は、天文二十三年（一五五四）十二月に十二歳で嫁ぎ、永禄十一年十二月の信玄の駿河進攻により離婚させられるまで、北条氏政の正室として小田原におり、氏政は武田家と深い関係にあった。

『北条記』によれば、長篠合戦で負けた勝頼が、このような時分に相模から攻め込まれたら、甲州を取られることは疑いないと考え、様々に手を尽くし、「御旗下になりますから、縁者にしてほしい」とたって申して来たので、氏政は妹を遣わしたという。祝言が済むと五節句には甲州から名代のお礼を出した。

『甲陽軍鑑』によれば、この結婚によって東方から攻め込まれる不安が解消したので、高坂弾正が「長篠合戦から後の三年この方、初めて今夜は安心して、よく寝ることができた」と語ったという。勝頼としても、東の北条氏と血縁関係を持つことにより、織田・徳川に対抗できると考えたであろう。

富士御室浅間神社（南都留郡富士河口湖町）

勝頼の願い

群馬県富岡市にある天正五年三月二十七日に鋳造された菅原神社の鰐口《わにぐち》の銘文に、「源勝頼懇情追日倍増、喜悦累月出来皆満足せしめ、怨敵滅却住所安泰、七難則滅、小幡一門息災延命」とある。武田家に臣従していた小幡氏が奉納したものではあるが、勝頼にすがろうとする家臣の心情がよく出ている。

六月に勝頼は、富士御室浅間神社（富士河口湖町。かつては富士山二合目にあった）に、次の願文を出した。

> 日本に山有り、富士と名づく。その山は峻《けわ》しく、三面はこれ海、一朶《だ》上に聳《そび》え、頂きに火煙有り。日中に上れば諸宝流有り、夜下れば則ち郊上に常に音楽を聞く。古来六月に上る。この山に曾《かつ》て女人有りて上がることを得ず。古今に男子上らんと欲するに至らば、三月酒肉欲色を断ち、求むる所皆遂ぐと云う。ここにより関東・関西の人競望せざるは無し。古人云う。三州に跨《また》ぐと雖も、過半は吾が甲陽の山なり。今において韶陽《しょうよう》の一字、透《とお》り得る者まれなり。天正丁丑（五年）より黒駒《くろこま》の関の鍵《とざし》を抜却して、往来に碍《さわら》ず車馬を通す。これ太平の路を得るの謂《い》いか。伏して冀《こいねがわ》くは這《この》開関力を以て、忠勇

八極に馳せ、武威を九州に傾けて、掌上に天下舞わせ、量外に太平を致さん。てへれば日を算《かぞ》えてこれを竢《ま》つ。至祝至禱稽首敬白

天正五丁丑《ひのとうし》年夏六月　　勝頼（花押影）

奉納富士神前

（『甲陽軍鑑』。富士御室浅間社旧蔵文書）

六月は富士山の御山開きなので、富士参詣が始まるのに伴って黒駒（山梨県笛吹市）の関所を開くことを条件とする願文を出し、富士の神の加護を得て、自分の忠勇を八極にまで馳せ轟かせ、天下を掌握し、太平にできるよう願ったのである。この文面にも、勝頼の学識の高さがよく出ている。ちなみに勝頼の父である信玄は永禄九年（一五六六）、北条氏政夫人であった娘の黄梅院の安産を願って黒駒関鑰《かんやく》（かんぬきと錠）を抜いているので、この経歴の故に黒駒の関所が開かれたのかもしれない。

負担強化と遠江

天正五年閏七月、勝頼は遠江への出陣を決定し、軍勢を集めるため閏七月五日に武田家は某《なにがし》（宛名が欠けている）へ次の軍役条目を出した。

（竜朱印）条目

一、(1) 来る調儀当家を守り、興亡の基に相企てる旨に候の条、領中の貴賤十五以後六十以前の輩、悉く申し付けられ、二十日の滞留をもって出陣頼み入り候の事。

付けたり、二十日以後は、下知を得るに及ばず、軍役衆の外は指し返さるべきの事。
一、(2)近年大略在陣、おのおの労苦たると雖も、武具等麗美に相調えられ、夜白を嫌わず、一左右《いっそう》次第出陣の事。
付けたり、鉄炮の弾薬、放し手、専ら用意の事。
一、(3)武勇の輩別して召し具さるべし。須く貴賤批判の分は、軍役を補うべきため、夫丸等その数に任せらるるの由、敵においても味方の取り沙汰甚だしく候。誠に且つは外聞を失い、且つは当家滅亡の瑞相、またおのおの自分においても滅却の基、この如くべからざるか。慥《たし》かに真実の道理に至らずして、公儀一変に分別有り、武勇の輩召し連れられずんば、その曲有るべからずの事。
付けたり、来るはたらきの砌《みぎり》は、厳重に着到あるべきの事。

以上

（天正五年）閏七月五日

（宛名を欠く）

（市谷八幡神社旧蔵文書・「判物証文写」）

同様の文書が三浦員久にも宛てられている（「諸案文書纂」）。

第一条では、今回の作戦が武田家興亡の一戦であるとし、領中の十五歳以上、六十歳以前のすべての者に対して、二十日を上限とする参陣を求めている。第二条では、武具は美麗なものを調え、連絡があったらすぐに出陣せよ、それも鉄砲の弾薬と鉄炮を撃てる者を用意するようにとある。基本的に弾薬は個人負担だったのである。第三条では、武勇の者を特別に召し出すように、軍役を補うために夫丸等をその数に入れるなとある。

勝頼がこの条目で領国の興亡をかけると意識した出陣は、十一日に徳川家康が高天神に進んだとの情報を得て、十九日に繰り上げた。

九月二十二日、勝頼は徳川勢が田中城を攻撃するとの報せが入り、高天神に向かっていた穴山信君を呼び戻し、高天神へ曾根昌世《そねまさただ》を派遣した。この日、勝頼は江尻に着陣したが、折から富士川が洪水して軍勢が思うように集まらなかった。

二十四日に勝頼は清野刑部左衛門尉他へ、「一昨二十二、江尻に至り進軍。然して富士川洪水故、人数相調え候条遅れ留めるに付き、今日は悉く諸卒馳せ着き候条、明日田中へ進軍、無二合戦を遂ぐべく候。様子見合わされ、打ち漏らした凶徒川瀬において討ち留めらるべく候。但し、城中用心油断あり人数悉く出られ候ては、曲有るべからず候。畢竟《ひっきょう》小山相談、毎事堅固の備え尤もに候。必ず物主《ものぬし》衆自身出候事は停止すべく候。足軽を以てその調儀肝要に候」(「古筆手鑑拔番殿」)と、明日の進軍を伝えた。

九月二十八日、穴山信君は某に高天神在城のことなどについて書状を送った。その後、勝頼は十月二十日に至って、遠江小山(静岡県吉田町)から兵を引き上げた。

なお、天正五年には既に触れたように北条氏政の妹が勝頼に嫁ぎ、甲相同盟が強固になった。翌年正月、武田家は北条家の本拠地である小田原へ肴を送るため、瀬名(静岡市)から小田原に至る伝馬手形を出した。北条と武田の関係は実際に親密度を増していたようである。

引導院を宿坊に

天正六年十二月十六日、金剛峯寺《こんごうぶじ》惣分沙汰所は次の訳のように、高野山の引導院《いんどういん》（明治初年に合寺して持明院となった）を武田家一家の宿坊とする決定をした。

武田一門の高野山の宿坊が往古から近代に至るまで引導院だったことは、証文があって紛れない事実である。先年武田信虎が登山した時にも、このような実否を確かめた上で引導院に住居を定められたが、その折に混乱はなかった。そこで、これからは永代武田一家の宿坊は引導院とすると、満寺決定の評議になった。（持明院文書）

これに対して翌年三月五日に勝頼は、高野山引導院へ、「今度我ら宿坊の義、当山において御詮議を遂げられるの御札拝見せしめ候。貴寺累代宿坊の由、殊に先年信虎参詣の節、貴寺住居その隠れ無きの旨承知せしめ候。然る上は往をもって貴坊望旦那たるべきものなり。委細土屋右衛門尉（昌続）申すべきものなり」（持明院文書）と報せた。

信玄段階では成慶院が宿坊だったが、信虎の宿泊を理由として、引導院に宿坊を替えたことは、信虎の流れに立ち戻り、信玄の政策を否定しようとする動きともとれる。勝頼の行動は信玄の後追いから、大きく独自性を持つものへと変化し始めたといえよう。

天正五年閏七月十五日、勝頼は一蓮寺（甲府市太田町。本来甲府舞鶴城の地にあったが、甲府城築城のため現在地に移った）へ次の寺中法度を出した。

法度

当寺中において師弟契約の事、貴と云い賤と云い、その志に随うべきなり。然らば幼稚の弟子、師匠を以て撫育《ぶいく》の恵老を成すの上、忽《たちま》ち厚恩を忘れ、或いは破戒の罪に泥み、或いは住持の号令に背き、宗門の縄墨を守らざる悪比丘《あくびく》においては、速やかに死罪に処せらるべし。阿党比周《あとうひしゅう》の族に至らば、分国を追放すべきものなり。仍て件の如し。

天正五年閏七月十五日　　勝頼（花押）

一蓮寺

（一蓮寺旧蔵文書）

注意すべきは、寺の組織の中にまで勝頼が口を出していることである。

また天正七年二月二十一日に勝頼は、大泉寺（甲府市）と龍雲寺（佐久市）へ、次の分国曹洞門法度の追加を出した。

分国曹洞門法度の追加

一、江湖《ごうこ》の毳侶《ぜいりよ》、嘉声《かせい》を関東・関西に発せず、剰《あまつさ》え名利の頭首《ちようしゆ》を勤めざる、一向未徹の漢は、たとえ知識の印証あるとも、法幢《ほうどう》を建て児孫を立つべからずの事。
一、江湖一夏一冬聚会の内、禁酒ならびに禁足、安居《あんご》、堅く如来の旧規を守り、違却すべからずの事。
右両件の条章、もし違背の仁あらば、諸老相談ぜられ、罪譴に処せられるべきものなり。仍て件の如し。

天正七年二月二十一日　勝頼（花押）

大泉寺　　（大泉寺文書）

ここでも勝頼が宗門の内部にまで口を出している。ともに格調高い文章である。

4　諏訪社の御柱

式年遷宮

勝頼にとって氏神ともいえる諏訪社では、古来申《さる》と寅《とら》の年に式年遷宮が行われてきた。一般には御柱《おんばしら》（正式には式年造営御柱大祭という）として知られる祭礼であるが、天正六年（一五七八）は御柱年に当たる寅年だった。勝頼にとって、正式に家督を継いでから初めて行われる御柱祭であった。

二月二日に「下諏方（訪）春秋両宮御造宮帳」ができた。表紙には、「この如く古帳写進上申し候間、立

諏訪大社下社の御柱（木落）

て遊ばされ御印判をつかれ候て下され候。末代の御神前帳に仕りたく候条、恐れながらこの如く言上候」（大祝諏訪家文書）とある。この帳簿が末代までの造宮の基本になると、高らかに宣言しており、勝頼の並々ならぬ決意が表れている。

先の造宮帳によれば春宮《はるみや》について、一の御柱は常田庄房山《ぼうやま》の内西脇分（上田市）等、二の御柱は依田庄内中山分（佐久市）等、三の御柱は河中島内鴛間田《おしまだ》分（長野市）等、四の御柱は住吉郷大妻《おおづま》南方分（松本市）等が負っていた。春宮の御宝殿は先例では岡田下（松本市）が建て、上葺きは信府和田の郷（松本市）百貫の神領の役で葺いていたけれども、只今は神領が人給になっていると永禄九年（一五六六）に岡村で造営改めの際に言上したところ、岡田は小郷だから役銭十五貫文、代官免三貫文を勤め、和田郷の神領は恩地に下されたので、十貫分を寄進し、二貫文を代官免とした。その外は造営銭で宝殿を建てるように下知があった。一の鳥居は高梨内原郷（中野市）等、二の鳥居は伊那郡手良《てら》郷（伊那市）、三の鳥居は辰野の郷（上伊那郡辰野町）等と指定がある。

先例が記され、永正三年（一五〇六）や明応九年（一五〇〇）の造宮の時はこうであったが、現状でこのように対処したとの記載が散見する。武田家は永禄八年・九年にいわゆる信玄十一軸と呼ばれる文書によって造宮を整備したが、勝頼はそれをさらに精緻に調査し、具体的に祭礼の再興を果たそうとしたのである。

二月五日には、長享二年（一四八八）七月に写された「春秋之宮造宮之次第」の写ができた。その最初の部分に、

　　春秋の宮造営の次第
　　　春宮の役所
一、御宝殿　和田（松本市）・岡田（同）　古今竹居祝
一、御門屋　平原庄（小諸市）　耳取・市村　古宮大工
　　　　　森山（小諸市）・前田原　今辰野半兵衛
一、舞台　富部御厨（長野市）　古福沢勘解由
　　　　　　　　　　　　　　今辰野半兵衛
（大祝諏訪家文書）

などとある。造宮帳はかつての役割分担を調べ、現況を確認し、造宮の基礎とした帳簿である。

二月七日には「下諏方春宮造宮帳」ができ、御柱・宝殿・瑞籬《みずがき》・外籬・鳥居・御炊所《みかしさじょ》・若宮・舞台・廊が記されている。帳の綴り目に印文「釣閑《ちょうかん》」の長坂光堅朱印が捺されており、明らかに帳簿

作成の背後には武田家がいた。さらに十日には「下諏方秋宮造宮帳」ができた。また、二月吉日付けで「上諏方造宮帳」や「上諏方大宮・同前宮造宮帳」の清書帳が作成された。上社、下社がセットとなって、一元的に武田家の権力を背景として造宮がなされたのである。

造宮手形

前述のように役割分担を確認した上で、天正六年二月十二日に諏訪頼豊等の名前で各郷村などへ負担を命じた。

造宮手形の事

諏方(訪)上宮七年一度の御修理、年来退転について、旧規をあらわし仰せ付けられ候。然るときんば、信国中の諸造宮、先例の如く厳重に相勤めらるべきの由、御下知に任せ、この如く手形を進め候。もし難渋の仁有るにおいては、神人《じにん》同心有り、参府申され、上聞に達せらるべく候。然して厨等の儀、役銭相調えの間、厨償わらるべく候。たとえ古例相定めたる厨たると雖も、右役銭皆納の上は、停させらるべきものなり。仍て件の如し。

追って、皆納の上、互いに手形取り替えさるべし。以上。

諏方(訪)越中守（朱印）

天正六年戊寅《つちのえとら》　窪島石見守（朱印）

二月十二日　河西但馬（朱印）

諏方伊豆守（朱印）

野沢郷
佐久の内　代官衆　取手　神沢勘助
布施郷
（堀籠家文書）

「年来退転について」と明示されていたように、御柱に代表される七年に一度の造営は時代とともに衰えていた。信玄はその奉仕を信濃全域に広げて再興させようとしたが、勝頼も過去を確認して諸郷に賦課を命じ、改めて諏訪社から信濃国中に先例のように厳重に勤めよと手形を出させたのである。同様の文書がこれ以外に八点残っており、点数的にも内容の詳細さについても、信玄時代より精緻に指示している。現代の諏訪大社御柱は諏訪郡住民によって実施されているが、戦国時代には信濃国全域が負担していた。勝頼は諏訪社の御頭役賦課を通じて、信濃国中に一律に支配力を浸透させようとしたのである。

抵抗する郷村

勝頼及び諏訪社の側の造宮と祭礼復活の意図と、これを負担する郷村の意識とは必ずしも一致しなかった。郷村は少しでも負担を避けようとしていたのである。

二月二十日に諏訪祢宜大夫が諏訪頼豊へ出した役銭覚書には、負担を渋る状況が次のように示されている。

覚

前宮御宝殿宮所（辰野町）千貫郷、役銭を以て相勤めるの段、本帳紛れ無きにつきて、御印判・御検地帳下され候。然るといえどもおのおの難渋の間、御宝殿罷り成る間敷候。

一、宮木（辰野町）の御柱の由申し、拾俵相押さえ候。去る壬申（元亀三年）年御下知の所、重ねて三左衛門尉私曲候の事。

一、横川（辰野町）の長老、これも成る間敷由申し候。

一、篠原方去る寅・申（元亀二・三年）両年には、仁（二）俵取り納め仕り、只今おのおの扱い候とて、過分の由申し候。

いよいよ私曲の至りの事。

以上

二月二十日（天正六年）　禰宜太夫（花押を欠く）

諏方越中守（頼豊）殿

（諏訪教育会所蔵文書）

前宮の宝殿造営について、本帳等に記載があって間違いないので、これを命じる印判状と検地帳を宮所千貫郷（上伊那郡辰野町）に出したところ、郷民が役銭を出すことを渋っているため、宝殿はできそうもないとする。地元は宮木（辰野町）の御柱があるといって、役負担は十俵でいいだろうと強く主張してきた。前回の造宮年にあたる元亀三年に下知をしたのに、今回も重ねて三左衛門尉が道に外れたことをしている。横川（辰野町）の長老も、負担はできないと言っている。篠原氏は去る元亀二年、三年に取り納めたが、只今はおのおの扱いで負担が過分だというが、いよいよ私曲の至りである。このように諏訪社の側は主張しているのである。

ここに出てきている郷村は諏訪近隣でありながら、宝殿造営を拒否している。しかも、前回も諏訪社上社より強く主張されているのに、受け入れられていないので、武田家の権力浸透も強くなかったといえよう。

諏訪大社上社前宮（茅野市宮川）

二月二十二日に筆取安楽房、矢崎房清などが根々井郷（佐久市）に宛てた役銭納入手形には、「今度一の御柱造営、先例の如く御改め候え共、様々侘《わ》び言候条、御正物十貫文、同馬の飼い口の粥大豆の分に二貫文にて相済まし申し候。必ず必ず来方の引き付けになる間敷候」（水野家文書）と記されている。根々井郷では今回の御柱造営を受け入れてはいるが、負担の軽減を図ろうとし、将来の先例にはしないと主張したのである。

二月二十八日には武田家が三沢平太へ、高梨内原郷（小布施町）・同堤郷（同）・同桜沢郷（中野市）・小布施半郷（小布施町）・同中条郷（同）・長沼内村山（長野市）・小県内塩田（上田市）・塩崎内辺久保（長野市）の郷中から、造営銭を集めて下諏訪の大鳥居を造立することになっているのに、累年難渋して支払っていないというのは勝手気ままで良くないから、必ず催促を加えて前々のように造営銭を受け取れと命じた。

五月二十七日に武田家は、井上庄（須坂市）に諏訪造営について尋ねたいことがあるので、郷中の中心となる者五、六人が六月十八日から二十日の間に甲府にやってくるようにと命じた。同様の文書は傍陽《そえひ》の郷（上田市）・洗馬《せば》（同）・曲尾《まがりお》（同）・横尾（同）・竹居庄（諏訪市）にも出ている。

九月十二日、武田家は下諏訪井坊・武居祝《たけいほうり》へ、下諏訪造営領として塩尻の郷（塩尻市）三十貫文を寄進したので、以後相違があってはならないなどと命じた。前述のような郷村の抵抗によって造営ができなくなった分については、武田家が用意するしかなかったのである。

ちなみに、天正七年正月二十日付け、あるいは二十七日付けで「諏方下宮春宮造宮帳」（取帳）ができた。前年に行われた御柱ならびに社殿の造営に際して作成された造宮帳（清書帳）が予算書であるのに対して、これは実際の収支を記した決算書である。前者と後者の間にはかなりの異同があり、現実に即して会計処理がなされたことがわかる。

支配の手段

晴信《はるのぶ》（まだ信玄と名乗っておらず、永禄二年（一五五九）以前）は、三月九日付けで諏訪上《かみ》社神長《しゃじんちょう》（上社の神官の中で最も上に位置した役職、後に名称が神長官と変わる）の守矢頼真《もりやよりまさ》へ、「急度《きっと》一筆を染め候意趣《いしゅ》は、当社御頭役《おとうやく》近年怠慢《たいまん》のみに候か。然れば、一国平均の上、百年已前《いぜん》の如く、祭礼勤めさすべきの由存じ候ところに、十五ケ年已来兵戈《いらいへいか》止むを得ざるにより、土民百性（姓）困《こん》窮《きゅう》す。殊《こと》には嶋津・高梨等、今に令に応ぜず候間、諸事思慮の旨あって、これを黙止し畢《おわ》んぬ。必ず嶋津・高梨当手に属さば、それがし素願の如くその役を勤むべきの趣催促に及び、難渋の族《やから》に至っては、先忠を論ぜず成敗を加うべく候。抑《そもそ》も毎年三月御祭のことは、たやすき子細に候条、当時分国の内へ堅く下知なすべく候」（守矢家文書）と書状をしたためた。

信玄は、諏訪社上社の御頭役が近年怠慢になっているので、信濃国を一国平定して百年以前のように祭礼を勤めさせようと思うが、十五カ年来信濃では戦争が止むことがないため、土民百姓が困窮している。とりわけ島津・高梨たちは今も命令に応じないが、いろいろ考えて黙止してきた。島津・高梨が私の手に属したならば、役を勤めるようにと催促し、従わない者たちについては、これまでの忠節に関わりなく成敗する。毎年三月に行う御祭は、自分の分国になっているところへ堅く下知すると述べている。信玄は、信濃一宮の諏訪社の祭礼がしっかり行われていないのは皆が怠慢しているからなので、これを百年前のように信濃全域に勤めさせるために、「一国平均」すると、信濃侵略を正当化したのである。

永禄三年二月二日に信玄が上社権祝《ごんのほうり》（矢島基綱）に宛てた判物には、「諏方上の社造営の事、先規に任せ信国中へ催促を加うべし。もし難渋の輩あらば、早く注進すべし。その人の越度により罪科に行うべし」（矢島家文書）などとある。ここでも信玄は、諏訪社造営と信濃一国支配をセットに意識している。

この大義名分は勝頼でも引き継がれた。とりわけ、諏訪氏の血を受け継ぎ、かつては諏訪の名字と神氏を冠した勝頼にとって、諏訪社の祭礼維持は信玄以上に重要であった。しかも、諏訪社は戦の神が祀られているとして広い尊崇を受けていた。

長篠合戦の敗戦から立ち直るためには、領国民の心を一つにすることが大事だが、その手段の一つとして歴史と伝統を持つ御柱があった。御柱を名目にして信濃一円を均一に支配することも可能になる。

諏訪大明神への奉仕は、そのまま戦の神の加護にもつながった。諏訪大明神を背後に置くことによって、神に守られた武田軍、とりわけ神と直接つながる勝頼イメージを打ち出せば、家臣たちも精神的に戦場に臨みやすくなる。

ともかく、無事に御柱祭を実行したことは、武田家の信濃支配の安定を示すものであり、次に向けてのステップになったはずである。

北信濃の取り込み

二月六日には「上諏方造宮帳」と「上諏方大宮同前宮造宮帳」の取帳ができた。これには、「当社諸造宮御改め御神慮目出たく存じ奉り候。万々世に至り当社御建立の御仕置きたるべく候の間、一々御下知を加えられ、御証判を以て御帳御仕立てなられ候はば、末代当社文書たるべきの事」（『信濃史料』）などと、大祝の諏訪頼忠によって書かれた付箋が付いていた。取帳が今後の御柱の基本とされようとしていたのである。

同年二月八日に武田家は弥彦《やひこ》の祝などに次の文書を出し、小野神社（塩尻市）の造宮を勤仕させた。

定

井上(須坂市)・須田(同)・小布施(小布施町)・木鎌・六川(小布施町)・草間(中野市)・江辺(同)・大熊(同)・更科(同)・小田中(同)・西条(同)・戸狩(飯山市)・佐野(山ノ内町)・

郵便はがき

料金受取人払郵便

山科局
承認

1859

差出有効期間
2020年9月
20日まで

6078790

（受　取　人）

京都市山科区
日ノ岡堤谷町1番地

㈱ミネルヴァ書房
ミネルヴァ日本評伝選編集部 行

◆以下のアンケートにお答え下さい。

＊　お求めの書店名

__________市区町村____________________書店

＊　この本をどのようにしてお知りになりましたか？　以下の中から選び、3つまで○をお付け下さい。

A.広告（　　　　）を見て　B.店頭で見て　C.知人・友人の薦め
D.図書館で借りて　E.ミネルヴァ書房図書目録　F.ミネルヴァ通信
G.書評（　　　　）を見て　H.講演会など　I.テレビ・ラジオ
J.出版ダイジェスト　K.これから出る本　L.他の本を読んで
M.DM　N.ホームページ（　　　　　　　　　　）を見て
O.書店の案内で　P.その他（　　　　　　　　　　　　）

＊新刊案内（DM）不要の方は×をつけて下さい。　□

田中（同）・木島（木島平村）・中村（同）・中条（小布施町）・巾川（野沢温泉村）
右の郷中へ催促せしめ、小野造宮旧規の如く、厳重に勤仕致すべきの由、仰せ出されるものなり。
仍て件の如し。
　追って、申し掠める旨あらば、聞こし召し届けられ、重ねて御下知あるべきものなり。
天正七年己卯《つちのとう》　桜井右近助（信忠）
　　　　これをうけたまわる
　二月八日（獅子朱印）
　　矢彦の祝
　　同小祝弥右衛門尉　　　　（小野家文書）

小野神社が信濃の二宮で、勝頼とも縁が深かったことは既に触れた。小野神社の御柱は一宮諏訪大社の一年遅れである。永禄四年二月二日には信玄が小野神社の御柱の年にあたり小野南方及び飯沼に普請役を免除した。信玄も勝頼も、一宮・二宮を国支配に利用し、祭礼の維持・再興を名目に、支配を浸透させようとしたのである。

この文書で注目すべきは、宛所となっている郷村が現在の長野市より北で、本来武田家の勢力の及ばなかった地域であることである。後述するように、御館《おたて》の乱に勝頼は上杉景勝に味方し、天正六年末に妹と景勝の婚約が調い、この文書を出す時までに景勝による飯山城の割譲も決まっていた。した

健御名方富命彦別神社（飯山市豊田）

がって、新たに勢力圏に入った地域の郷村に二宮小野神社の御柱奉仕を命じたのである。

同年二月吉日付けで諏訪社下社が明年の常楽会《じょうらくえ》（釈迦涅槃《ねはん》の日といわれる旧暦二月十五日に行われる涅槃会）の頭役を大境（飯山市）へ、「右件《くだん》の大御神事は、天下太平・国土豊饒の御祈禱なり。仍て先例に任せ、彼の頭役を勤仕せらるべきの状件の如し」（『信濃史料』）と勤めさせた。

文書を所蔵する健御名方富命彦別神社《たけみなかたとみのみことひこわけのじんじゃ》には、これ以前に諏訪社が御頭役を命じた文書は残っておらず、天正七年が特別だった。勝頼が飯山城を入手し、飯山を支配下に置いたことにより、武田家から支援された下社が御頭役を命じることができるようになったのであろう。このように下社の動きが活発になるのは、勝頼の時代の特徴である。

信玄が「嶋津・高梨等、今に令に応ぜず候間、諸事思慮の旨あって、これを黙止し畢《おわ》んぬ。必ず嶋津・高梨当手に属さば、それがし素願の如くその役を勤むべきの趣催促に及び」と述べたことは、ここに至って実現できたというべきであろう。

第六章　御館の乱と勢力拡大

1　謙信の死と家督相続

武田信玄、勝頼父子にとって縁が深かった上杉謙信は、天正六年（一五七八）三月九日に春日山城の厠《かわや》で「不慮の虫気」（脳卒中か）により倒れ、意識が戻らぬまま、十三日に四十九歳で死去した。この後の上杉家の動向が、勝頼にも大きな影響を与えた。そこで、しばらく謙信の跡目をめぐる御館《おたて》の乱についてみていこう。

景虎と景勝

謙信が世を去った時、上杉家を継ぐ候補者には二人の養子がいた。一人は、小田原北条氏政の実弟の景虎《かげとら》だった。彼の室は謙信の姪《めい》にあたり、景勝《かげかつ》の姉であった。もう一人は謙信の甥《おい》にあたる景勝で、上田長尾の継承者だった。彼は長尾政景の二男、母が謙信の姉で、謙信から上杉姓と弾正少弼の官途を譲り受けていた。

春日山城本丸跡（新潟県上越市中屋敷）

上杉景勝
（米沢市上杉博物館蔵）

上杉謙信
（常安寺蔵／新潟県立歴史博物館提供）

三月十八日に上条宜順《じょうじょうぎじゅん》や鰺坂長実《あじさかながざね》は謙信卒去の報を聞き、諸将の誓書を景勝に提出した。景勝は機先を制するため二十四日に謙信の遺言だとして春日山城の本丸（実城《みじょう》）へ入り、土蔵の黄金を押さえ、国内外の諸氏に書状を送って、家督相続の正統性を示した。上杉家重臣の本庄繁長《ほんじょうしげなが》等はこれを賀し、景勝の命に従うことを誓った。

謙信が亡くなったとの情報は各地に流れ、二十五日には北条氏照がこれについて釣月斎に尋ねた。翌日、岩代の蘆名盛氏《あしなもりうじ》は小田切孫七郎に命じて、謙信卒去の虚実と、本庄繁長の鮎川盛長に対する動きを調べさせ、謙信の喪に乗じて越後を侵した。二十七日には織田信長が謙信卒去の風説を聞き、情報を羽柴秀吉《はしばひでよし》（豊臣秀吉）へ伝えた。

景勝から使者を派遣された厩橋城（前橋市）の北条輔広《きたじょうすけひろ》・景広父子は、三月二十六日に吉江信景・三条信宗へ返書を書き、吉江信景へ謙信の喪を秘して人心の動揺を鎮めたことを伝えた。景勝にとって心配なのは、景虎の父北条氏政の介入であった。そこで、三月三十日に坂戸城の深沢利重へ、上野国境の防備を早くせよと指示し、四月十五日には北条長門守に北条輔広父子の指揮に従って、警備を厳重にするよう命じた。

一方、景虎の近臣である遠山康光《やすみつ》のもとには、上野金山城（太田市）の由良成繁《ゆらなりしげ》より景虎が謙信の跡を継いだことを祝った四月二十日付けの書状が届いた。

五月五日、大場（上越市）において景勝方と景虎方が衝突した。景勝は下倉城主の福王寺兵部少輔の一族弥太郎の戦功を賞し、彼に深沢利重と議して防備を固めさせた。また、岡田十左衛門に景虎を

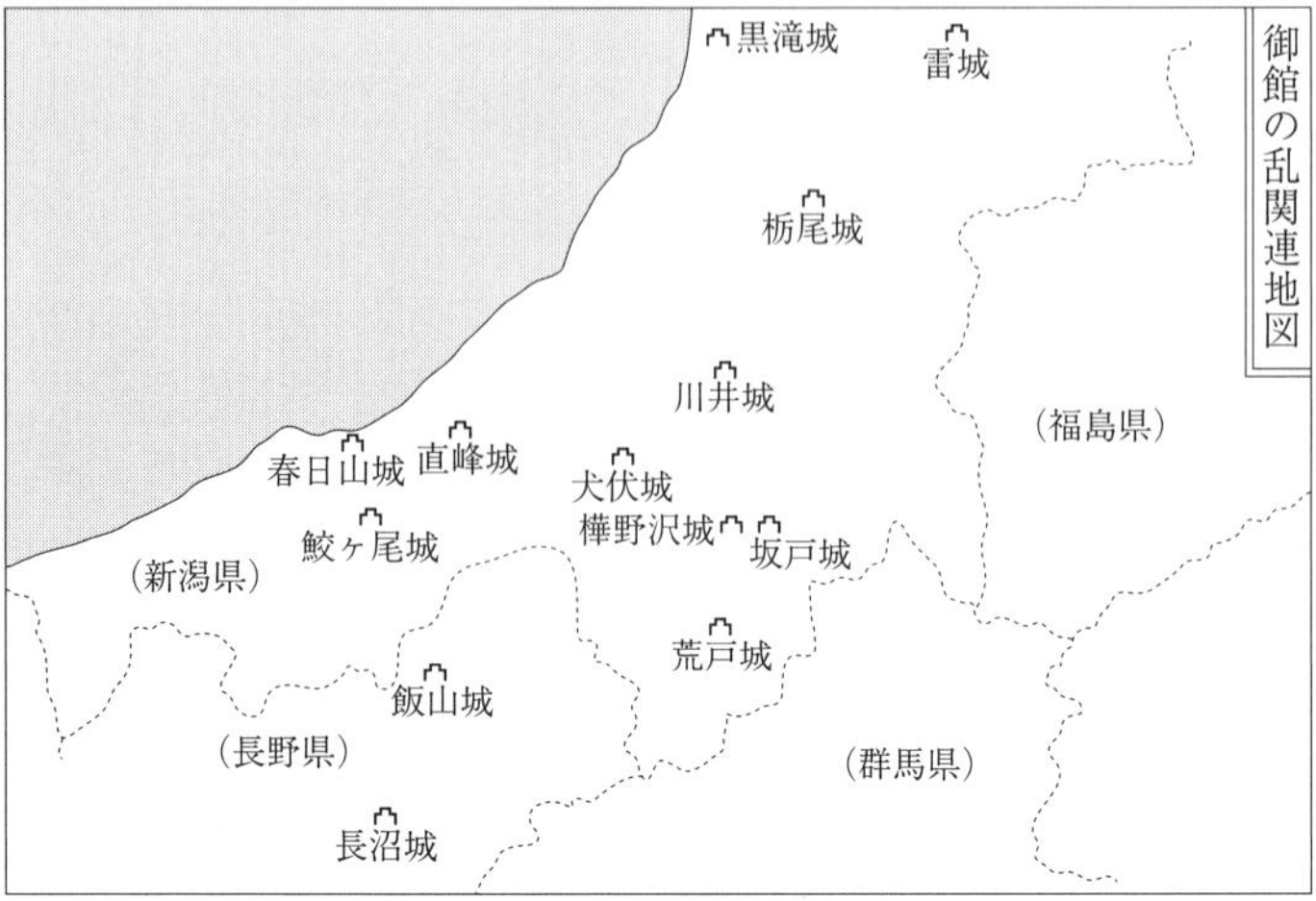

御館の乱関連地図

謙信の継嗣にしようとしていた北条高常父子を誅させ、その功を五月十日に賞した。さらに、直江重総等は景勝に背き与板《よいた》城（長岡市）及び芹川（同）を襲った栃尾城の本庄秀綱を撃退した。

情勢が不利になった景虎は十三日に春日山城三の丸から退去し、前関東管領上杉憲政の住む府中の御館に移り、籠城して北条氏政に救援を要請した。同時に配下に命じて、春日山城下に放火を行うなどの攪乱《かくらん》戦術を展開した。

この間、景勝・景虎の双方とも諸将に工作を展開した。謙信の家臣たちは、どちらに付いた方が利益が大きいか、将来性があるかなどを考えながら、態度を決めていった。両人とも家臣たちの旗印として利用された側面もあったのである。

景勝方には直江信綱や斎藤朝信、河田長親などの謙信側近や旗本の大半が味方した。また、新発田・色部・本庄といった下越地方の豪族である揚北衆《あがきたしゅう》が荷担し、上条上杉氏を継いだ上条政繁《じょうじょうまさしげ》や山浦国清《やまうらくにきよ》も味方した。

景虎方には前関東管領・上杉憲政や上杉一門衆の多くが荷担した。この他上杉家臣団でも大身である北条高広や謙信側近の本庄秀綱も加わった。なお、血族の北条氏やその同盟者である武田勝頼、さらに奥羽の蘆名盛氏や大宝寺武藤氏も景虎についた。

鮫ヶ尾城跡（妙高市宮内）

混乱する上杉家

景虎が御館に入った翌日の五月十四日、景勝は戦勝を愛宕《あたご》・飯縄二神に祈り、十六日に御館を攻めた。一方、景虎勢は東条佐渡守が春日山城下を焼き、鮫ヶ尾《さめがお》城（妙高市）の堀江宗親《ほりえむねちか》、信濃飯山城（長野県飯山市）の桃井義孝《もものいよしたか》などが景虎に属した。五月十七日、景虎軍が約六千の兵で春日山城を攻めたが、景勝は追い払った。

五月二十一日、景勝の兵は上野から越後に侵入しようとした景虎に味方する軍勢を猿ヶ京（群馬県利根郡みなかみ町）で撃退した。態勢を立て直した景虎軍は、五月二十二日にも再び春日山城を攻めたが成果を上げることができなかった。この頃になると、越後国内のみならず他地域でも景勝方・景虎方の交戦が繰り広げられた。

上野では北条高広・景広父子が中心となり、三国峠（みなかみ町と新潟県湯沢町との間の峠）を守る宮野城《みやのじょう》（みなかみ町）を目指して進軍を開始した。景勝に援軍を送る余裕がなかったので、戦局は景虎方の優勢気味に推移し、宮野・小川（みなかみ町）といった城は、ことごとく景虎方が押さえた。

こうして、景虎方は小田原北条勢を越後へ引き入れる進路を確保した。北条氏政は景虎の救援軍を編成したが、越後まで遠いために、とりあえず同盟関係にある勝頼へ景虎の助勢を要請した。

五月二十三日、景勝は妻有《つまり》（十日町市）の小森沢政秀・金子次郎右衛門に市川（長野県下高井郡野沢温泉村）からの敵侵入を防がせ、吉田源左衛門尉に地下人を招集して上田（南魚沼市）・妻有を警備させ、翌日に妻有美佐島の地を源左衛門に宛がった。

五月二十八日には蘆名盛氏の家臣の小田切治部少輔・小沢大蔵が、景虎に応じて栃尾城（長岡市）将の本庄秀綱・三条城将の神余親綱《かなまりちかつな》とはかりごとをめぐらせ、菅名《すがな》（五泉市）を侵略し、この日雷城《いかずちじょう》（同）を攻めて敗れた。

越後国外から景虎支援の力が大きくなり、彼が優位になったのである。

2　景勝を選ぶ

勝頼の動き　勝頼は北条氏政に求められて、景虎を助ける兵を信・越国境に出した。これを知った景虎は、五月二十九日に蘆名盛氏に支援を求めた。

六月七日に跡部勝資は中条景泰《なかじょうかげやす》など上杉景勝の重臣に宛て、「存じ寄らず候の処、再三珍翰快然に候。内々疾《と》く御報に及ぶべく候と雖も、勝頼当口出馬取り乱す故遅々、疎意に存ずるに非ず候。御使者口説の趣、典厩（信豊）に具に披露御回答せられ候。委細御勘弁を遂げられ、景勝御賢聞に触れらるべき事専要に候」（米原謙氏所蔵文書）と返事を書いた。文面から景勝方より勝頼方に再三使者を送っていたことが明らかである。

六月八日に景勝は、上野厩橋城の北条輔広・景広父子が密かに心を景虎に寄せているのを察知し、関・越の往来を禁じ、父子の背反を詰問する書状を出したが、その中には「甲州の儀、武田典厩（信豊）ならびに高坂弾正（春日虎綱）取り成しをもって、勝頼この方に入魂、何分にも当方指図次第、そのてだてに及ぶべきの由に候条、心安かるべく候」（大嶋道子氏所蔵文書）とあり、既にこの時には勝頼との間で話が付いていたことを示している。

六月十一日には景勝勢が御館を攻め、大場及び居多浜《こたはま》・府内（上越市）で戦い、景虎に味方した古志長尾家の当主上杉景信を戦死させた。景勝は長尾孫七・村田勘助等の戦功を賞した。

景勝が勝頼の求めていた誓書を送ってきたので、六月十二日に武田信豊は、「仰せを蒙る旨、御真実に至らば、御誓詞給い置くべきの由申し届け候処、速やかに相認められ、指し越され候。これ忻悦《きんえつ》に候。幸い勝頼海津着陣候の間、右の趣、具《つぶさ》にこれを申し聞かせ候。委曲彼の口上に附与候の間、具にあたわず候」（上杉家文書）と、景勝に宛て書状を出した。

信豊は花押でなく薄礼の印判を用いており、文面とともに武田方の景勝を見下ろすような姿勢が示

長沼城跡（長野市穂保）

されている。実際、絶体絶命の景勝としてはどんな形でも勝頼に味方してほしかったのである。

越後の動向と勝頼

勝頼が景勝に同盟締結を示した六月十二日、景勝は長尾景明を討ち取って直峰《のうみね》城《じょう》（上越市）を奪取し、景勝の本城である坂戸城（南魚沼市）と春日山城との連絡が可能となった。景勝方は勢いに乗り、中越地方の景虎方の諸城への圧力を強めた。逆に景虎方は、十三日に上杉景信を殺され、日に日に不利となっていった。

勝頼は六月二十二日、長沼（長野市）に陣を置いた。その後、越後頸城郡へ入り藤巻原に進み、大出雲原に駐屯した。翌日、跡部勝資が景勝家臣の新発田《しばた》長敦《ながあつ》へ、「承意の如く、今度毛利名左衛門・野口与惣左衛門方を以てわざわざ仰せ達せられ候。誠に御入魂の至り、祝着に存じられ候。今より以後はいよいよ他に異なり申し合わせらるべく候。追日御甚深増益候よう御馳走専要に候。仍て籠手二具贈り給い候。珍重に候」（「歴代古案」）と書状を送っており、勝頼と景勝との関係は良好だった。

翌六月二十四日には勝頼が新発田長敦に、「芳墨《ほうぼく》快然に候。抑も当方に対せられ景勝（上杉）無二御入魂あるべきの由、大慶に候。勝頼においても他に異なり、申し合わすべく所存に候の条、いよいよ御同心候様に、諫言本望たるべく候。仍て太刀一腰金覆輪《きんぷくりん》、馬一疋栗毛、青蚨《せいふ》千疋到来、珍重に候」（志賀慎太郎氏所蔵文書）と書状を出した。ほとんど同じ書状が斎藤朝信にも宛てられた。これらからすると、明らかに勝頼の方が上に立っていて、景勝は下手に出るしかなかったようである。

六月二十七日、景勝は関東方面の形勢を考え、登坂安忠《とさかやすただ》を坂戸に派遣し、敵を荒戸城（南魚沼郡湯沢町）で防がせ、地下人を招集して警備を厳しくさせた。

景勝と甲州和与

景勝と結んだ勝頼は、情勢を見ながら木田（上越市）に到った。六月二十九日、武田信豊は景勝へ、「貴札本懐に候。仍て林泉寺（上越市）に預け置き候の一通、則ち進め入れ候。随って屋形様今日当地着陣、明日は少々人数を出し、路次《ろじ》の普請申し付けらるべく候。御疑心あるべからず候。この上無二に和平の儀、助言申さるべく候」（「歴代古案」）と、明日からは少々人数を出し、路次の普請をするが疑心を抱かないようにと断った。

景勝は七月九日に黒滝城（西蒲原郡弥彦村）の山岸秀能《やまぎしひでよし》等に、「甲州和与《わよ》の儀も入眼《じゅがん》候」（「上杉年譜」）と、勝頼との和議がなったことを報せ、与板城の直江信綱と連絡を取って、景虎方である三条城の神余親綱を勧誘させた。

七月十二日、景勝は関東の情勢が不明なので、坂戸城の登坂安忠・深沢利重に探報を命じ、樺野沢《かばのさわ》城（南魚沼市）以外の小屋構えを廃棄させ、兵力を坂戸・荒戸の二城に集中して防備を厳重に固め、鉄炮の放し手を春日山城に帰らせた。

七月十六日にも双方の兵が春日中屋敷で戦い、景虎は垂水右近丞の戦功を賞した。翌日、景勝は景虎に味方した者が上田城を攻めたと聞いて、途中の敵を撃破してから援兵を送ると長尾平太等に報せた。なお、この日に越中の神保職泰は吉江信景の意見に従って景勝に人質を出した。対外的にも景勝の立場が大きくなっていったのである。

七月二十三日、景勝は街道筋において使僧または脚力《かくりき》（手紙や品物を届ける人夫）と称して、みだりに往来徴発することを禁じた。ここに至って交通権も景勝が握ったといえよう。

両人の間に立って

勝頼は景勝に味方しても、姻戚関係にある北条氏へも配慮をする必要があった。

七月二十三日に勝頼は景虎・景勝の和親を媒介しようと越後府内に在陣し、山吉掃部助《かもんのすけ》などへ、「当国《（越後）》惑乱、景虎《（上杉）》・景勝《（上杉）》辛負《にふ》歎かわしく候の間、和親媒介のため、ふと出馬、越府在陣、ここにより、弥次郎方へ鴻鯉《こうり》の音問《いんもん》に及び候。先代より入魂の事に候の条、いよいよ疎略無きよう諫言喜悦たるべく候」（上杉家文書）と書状を書いた。景虎と景勝の和親を図ったのであるが、実現は難しかった。

景勝は二十七日に景虎を攻めて再び大場で戦い、翌日戦功のあった者たちを賞した。八月一日には犬伏城（十日町市）の毛利秀広などを妻有へ派遣し、小森沢政秀等を支援させた。八月二日には三条信宗が起請文を山浦国清へ送り、景勝に対し二心のないことを誓った。長景連は八月十六日に景虎の勧誘を退け、誓書を吉江信景へ送り景勝に服属した。

景勝の優位が決定的になる中で、八月十九日に勝頼は次の起請文を景勝へ送った。

敬白起請文

一、(1)今度誓詞を以て、両度申し合わせる如く、景勝《(上杉)》に対し尽未来《じんみらい》、妄心《もうしん》疎か無く無二無三浮沈もろとも申し合わせ、御身上見除り無く存じ寄りの通り、異見に及ぶべきの事。

一、(2)自今以後、景勝に対し毛頭表裏あるべからず、公事を抜くの事。

附たり、景勝御前の諸侍、別して懇意を加うべき事。

一、(3)景勝に対し敵対申すべき旨、勝頼《(武田)》家中の貴賤、仮に如何様の依怙《えこ》を以て申す旨に候とも、全く許容致すべからず候。たって異見に及ばば、成敗を加うべきの事。

一、(4)勝頼に対せられ、御等閑これある由承り候はば、心腹残さず申し達すべく候。努々《ゆめゆめ》理不尽の御恨み、これあるべからず候事。

一、(5)景勝御手前、御難儀においては、一左右《いっそう》次第助成申すべく候。手前よんどころなき儀これあらば、様子申し届くべきの事。

一、(6)景勝・景虎《(上杉)》和親の儀、勝頼媒介候処に、理不尽鉾楯《むじゅん》たるには、双方へ加勢遠慮せしむべき事。

附たり、南方《(北条氏)》より信州口路次の儀、申され候とも、人数多きにおいては、納得せしめまじく候事。

一、(7)縁段《(談)》の儀、相違あるべからずの事。

右この如く七ヶ条申し合わせ候と雖も、景勝御手違い御等閑《とうかん》においては、条々悉く翻《ひるがえ》すべきの事。

神名例の如し。

以上。

（「覚上公御代御書集」）

（天正六年）八月十九日　（武田）勝頼（花押を欠く）

上杉（景勝）弾正少弼殿

最後の条項には勝頼の妹菊と景勝の婚姻が約束されているが、勝頼が景勝と浮沈をともにすると起請文を出したことで、両者の友好関係は確定した。同日、勝頼は某へ、「釣閑斎（長坂光堅）・跡部大炊助（勝資）を以て、重ねて申し届け候の趣、早速春日山へ発足あり、御才覚憑《たの》み入り候」（土屋家文書）と、景勝との関係処理を依頼した。

勝頼は景勝の上杉家相続の可能性が大きくなる中で少しでも多く恩を売って、自分の利益を大きくしようと、様々な工作を行っていたのである。

八月二十日に勝頼は景勝に、「和平媒介成就について、わざと御音問欣悦《きんえつ》候。殊に太刀一腰包永、馬一疋黒毛、ならびに青蚨《せいふ》千疋贈り賜い候。珍重に候」（上杉家文書）と、書状を送った。文面によって、これ以前に勝頼が景勝と景虎の和平を媒介し、成立したことが明らかで、景勝はその礼として太刀や馬、銭を勝頼に贈っていた。

翌八月二十一日、内藤昌月《まさあき》が新発田長敦に双方の和与について、「今度の如く双方御和与の儀、勝頼申し曖《あつか》われ候の処、事入眼《じゆがん》目出たく珍重に候。仍て御祝儀のため秋山式部使いに参り、一段祝着申され候。何様これより使いを以て申さるべく候。しこうして私方へ御太刀一腰・青銅五百疋受領、過当の至りに候旨趣御意を得候」（「歴代古案」）と書状を送った。景勝の家臣から勝頼の家臣へも贈り物がなされていたのである。

八月二十三日には勝頼の弟の葛山信貞が、和平を報せた景勝へ、「仰せられる如く、今度和平の儀、勝頼申し唱えられ候処、時宜《じぎ》入眼目出たく珍々重々。仍て一義のため秋山式部丞を以て御音問に預かり、一段勝頼祝着申され候」（「歴代古案」）と返書を書いた。

和平は勝頼の主導で行われ、その結果を景勝も喜んでいたようである。

3　続く争い

景勝・景虎、再度戦う

景勝と景虎の和平は結局うまくいかず、勝頼は八月二十八日に軍を率いて甲斐に帰った。

九月一日に景勝は、岩井信能などの春日山籠城を賞し、領地を宛がった。一方の景虎は二日、北条城に帰った北条景広のもとへ使者を送り、明日は八崎（柏崎市）へ押し寄せ、旗持城を攻めよと指示し、北条の加勢が来ることができるよう働かせた。また景虎方の黒川清実は、中条景泰の持つ鳥坂《とっさか》城（胎内市）を奪った。

九月十日、勝頼は真田昌幸へ、「いよいよ上田（南魚沼市）へてだての様子ならびに氏政（北条）備えの体聞き届けられ、節々忠信尤もに候。なかんずく小那淵の城本主新井（長重）乗っ執り候か、氏政より承り候も同説に候。なお関東中異儀は、早速注進肝要に候。随って家康（徳川）駿州西山へ出張の由に候の条、彼の表へ出馬すべき旨先書に顕《あらわ》し候き。去る四日敵功無く退散候の間、先ず延引せしめ候」（真田宝物館所蔵文書）と書状を送った。勝頼は北条氏の動向に注意を払いながら行動していたが、同時に背後に位置する徳川家康の動きも配慮しなければならなかった。激動する当時の情勢では、領国の周囲全体を見回す広い視野がなければ、領国を維持することはできなかったのである。

景勝は九月八日に使者を武田家に派遣しようと、妻有の小森沢政秀と金子二郎(次)右衛門に途次の安全を指示し、警備を厳しくさせ、十一日には甲斐の軍勢がそちらへ着陣したようだが、しっかり対応するようにと連絡した。

北条氏照を大将とする景虎を助ける軍勢は、北条景広の案内で越後に侵入し、坂田城（南魚沼市）を攻めた。九月十二日、景勝は書状で城を守る深沢利重などを激励して、甲州勢の加勢を待つように求めた。

九月十四日に景虎は蘆名盛氏の家臣小田切弾正忠等へ、金上盛備《かながみもりはる》とともに臣従して安田城（阿賀野市）などを攻略し、下条・水原（阿賀野市）の地を侵した礼を述べ、状況を報せた。また、三条城の神余親綱等に糧米を御館へ輸送させた。

九月二十三日に景虎は鮎川盛長へ、相模から加勢の北条輔広父子や関東衆が参陣し、栃尾（長岡市）から本庄秀綱も来ているので、自分の思う通りになるだろうから、本庄繁長との闘争を止めて、帰属するようにと求めた。

景虎劣勢に

九月二十三日に武田家重臣の小山田信茂は、勝頼が景勝に宛てた書状の副状に、「和平の儀種々申し唱えられ候と雖も、相互に御存分あり、時宜落着無く候。歎かわしく存じられ候。勝頼《（武田）》帰陣以後、御備え堅固の由、肝要至極候」（「歴代古案」）と書き、景勝と景虎の和平がならなかったことを残念がるとともに、防御に配慮するよう求めた。信茂は新発田長敦・竹俣慶綱・斎藤朝信へも同じように連絡した。武田家の対上杉景勝の交渉は所領が大きく、独立した大名の性格を持つ郡内の小山田信茂が担っていたのである。長坂光堅も同じ三人に宛ててほぼ同内容の書状を書いており、彼が勝頼に重用されていた状況がわかる。

二十四日、勝頼本人も景勝へ、「和平の儀、種々諫言に及び候と雖も、相互の条々御存分あり、落着無く候。歎かわしく候。帰陣已後、いよいよその御備え堅固の由肝心に候」（杉原謙氏所蔵文書）と書状を送った。

九月二十六日に景勝勢は景虎勢と大場口（上越市）で戦い、勝利した。翌日、勝頼の援兵が妻有に到着し、坂戸城に入ろうとしたので、景勝は小森沢政秀を犬伏城（十日町市）へ移らせ、二十八日に小川左衛門へ上田口の要衝川井城（小千谷市）の守備を命じた。

九月二十八日、勝頼は竹俣慶綱に、「その御備え御心元《（許）》なく存じ、飛脚を以て申し候。宜しく取り成し任せ入り候。仍て当口の備え追日本意に属し候、安堵たるべく候。畢竟その表堅固の御仕置き、悉く皆その諫言の如くべからず候」（「歴代古案」）と警備の強化を求めた。

景虎を支援する北条氏照勢は、九月に三国峠を越えて坂戸城を指呼の間に望む樺沢城を奪取し、坂戸城を攻撃したが、攻め落とせなかった。そこに景勝の援軍として勝頼軍が来たこともあって、氏照は樺沢城に北条輔広・河田重親などを留めて坂戸城に備えさせ、北条景広・篠窪出羽守を景虎支援のため御館に赴かせて、関東に退却した。

十月一日に勝頼家臣の春日信達《のぶさと》は、新発田長敦などへ、「貴国御備え追日御存分に任せられるの由、肝要至極に候。上口の儀別条なく、（武田）勝頼本意増益候。御心安かるべく候」（「歴代古案」）と、上口は別状ないと報せた。

十月七日に武田家家臣の大熊長秀と市川信房は、竹俣慶綱と新発田長敦へ、「当地昨今罷り移り人数無く候条、何篇にも甲州下知を受け、両人の衆相談、疎意に存ずべからず候」（佐藤明徳氏所蔵文書）と、書状を送った。

景虎側の形勢が不利の中で、山浦国清は北条景広が府内より北条に帰ろうとしたのを探知し、十月七日に猿毛城の遠藤宗左衛門尉や旗持城の佐野清左衛門尉などに警戒させた。

景勝勢は二十四日になると御館を攻撃し、本庄秀綱、北条景広の軍勢を追い崩し、館際まで近づいて、百余人を討ち取った。このため秀綱は本拠地の栃尾に退却した。二十八日、景勝方の佐野清左衛門尉などは旗持城を攻めた北条景広を撃退した。

これまで中立を保っていた魚津城（富山県魚津市）の河田禅忠《ぜんちゅう》（長親）も景勝のもとへ参陣し、諸将と相談して明春正月を期して来援することを約束して越中に帰った。

既に八月十九日付けの勝頼の起請文に、勝頼の妹の菊姫と景勝の縁談が約束されていたが、景勝は秋山定綱を甲斐に派遣してこれを詰めた。

菊姫と景勝

天正六年（「覚上公御書集」は天正七年とする）十二月二十三日、勝頼は「嫁娶りの祝儀として、秋山伊賀守《（定綱）》を以て仰せを蒙り候。目出たく珍重に候。仍て太刀一腰、馬一疋黒毛、鵝眼《ががん》千疋送り給い候。欣悦《きんえつ》に候。来春は、これより早々祝詞申し達すべく候。なお小山田《（信茂）》申すべく候」（上杉家文書）と景勝へ書状を送った。この時点で景勝から祝儀が贈られてきていたのである。

勝頼の書状の副状に、師慶は「御祝言について、秋山伊賀守《（定綱）》方を以て仰せ達せられ候。一段珍重に存じられ候。仍て太刀一腰、巻物三端御意にかけられ候。過当の至りに候」（「覚上公御書集」）と書いている。

4　景勝の勝利

離反する者たち

景勝は天止七年正月六日に旗持及び米山等の諸将へ、長親が十六日に参府して御館を攻めると報せ、赤田・黒滝・与板・下条などとともに景虎を攻撃させた。一方、景虎は猿毛城の上野九兵衛尉を味方にしようとしたが、成功しなかった。

正月二十日、景勝勢は高津（上越市）を落とし、関川の川東を平定して、御館攻撃の準備をした。景勝は二十六日に河田長親の家臣若林宗右衛門などへ、斎藤朝信ならびに下越の兵がやってきて一緒になって景虎を攻めると告げ、長親に約束通りの来援を求めた。二月一日には御館への総攻撃を命じ、北条景広の陣所を攻撃し重傷を負わせ、翌日彼が死去した。二日にも御館を攻めて火を府内に放ち、館の外郭を焼いた。

景勝は二月三日、北条輔広の拠る樺沢城《かばのさわ》（南魚沼市）の長尾景憲が、景虎を裏切って坂戸城に帰ったのを賞し、樺沢城を攻撃させた。また同日、五十公野《いじみの》（新発田）重家等に能登七尾城（石川県七尾市）の鯵坂長実の参陣を促させた。

危機に瀕した景虎は、二月五日に危急を河田吉久に報じ、本庄秀綱と相談の上で三条城の神余親綱も促して、参陣するよう求めた。

二月十一日にも御館を攻められた景虎は、御館内にいた本庄顕長の父、繁長へ書状を送って来援を懇望した。

勝頼は二月十七日に飯山領の大滝甚兵衛尉へ、「自今以後、別して奉公の忠に抽んずべきの由に候の間、来秋飯山領御改の上、相当の闕所《けっしょ》宛行らるべきの由、仰せ出される所なり」（大滝家文書）と宛がいを約束した。飯山は長らく上杉家の信濃における拠点となってきた地域で、信玄も領することができなかった。既に二月八日付けの小野神社への奉公を飯山領に命じた文書を見たが、飯山住人へ宛がいを約束したのは景勝がこの地を割譲したからで、勝頼は飯山を接収し地域の豪族に支配を及ぼし始めていたのである。

二月二十一日に勝頼は、景勝が二月一日に府中（上越市）で大勝利を得たなどと伝えてきた書状に返書を出し、「誠に御武勇の至り、比類無き次第に候」（本間美術館所蔵文書）と述べ、なお手堅く備えることが肝要だと伝えた。景勝に恩を売った勝頼は、戦勝の状況を詳細に報せてくる景勝より高い位置にいた。

景勝が確実に勝利に向かっていることを耳にした勝頼は、上杉家に大きな影響力を持ちうると、ほくそ笑んでいたことであろう。

二月二十五日になると武田家は市川信房へ、小菅（長野県飯山市）より赤沢（新潟県津南町）の往復のため人民を居住させ、宿を作ることに同意した判物を出した。勝頼と景勝の同盟強化によって、信濃と越後の通行も便利になろうとしていた。

景虎没する

景勝は二月十四日、旗持城の佐野清左衛門尉から鯨波《くじらなみ》（柏崎市）が手に入るだろうとの連絡を受け、軍勢を差し向けられないので地下人を使って攻撃するよう指示した。十八日には兵を応化《おうげ》（上越市）に出して、錦（同）の地から景虎に兵糧輸送ができないようにした。孤立した御館は食糧が尽き、悲惨な状況に陥っていたが、さらに追いつめられた。景虎は使いを枇杷島城の前島修理亮に派遣して、糧食を御館に入れようとしたが、成功しなかった。

景勝は三月四日に佐野清左衛門尉の功を賞し、枇杷島城への攻撃を指示し、あわせて海路による敵の連絡を遮断させた。三月七日には町田（長岡市）の塁を陥れた上野九兵衛尉を賞し、景虎が御館を退散する様子なので速やかに参陣せよと命じた。

三月十七日、景勝は御館の景虎を攻撃した。同時に彼の勢は小田原北条勢の橋頭堡ともいえる樺沢

上杉景虎供養碑
（妙高市乙吉，勝福寺境内）

城を奪回した。上杉憲政は御館から脱出し、和議を求めて景虎の長子道満丸《どうまんまる》を連れて景勝の陣に出頭する途中、道満丸もろとも殺害された。景虎は雪に阻まれて北条勢からの救援も望めず、鮫ヶ尾城（妙高市）に逃れたが、景勝方に寝返った城主堀江宗親に攻められ、三月二十四日ついに自刃した。

こうして、越後の内乱は勝頼が味方した景勝の勝利で終結したのである。

勝頼の利益

御館の乱で景勝が勝利した大きな要因は勝頼の動向であった。それでは何故に勝頼は景勝側についたのであろうか。

勝頼が景勝に味方した条件は、次のようなものだとされる。

(1)景勝から勝頼に黄金を送る（『甲陽軍鑑』では「一万両」と明記しているが、正確な額は不明）。
(2)上杉家支配下の東上野と信濃飯山領を割譲。
(3)景勝・武田の同盟。
勝頼の妹菊を景勝の室とする。

上杉からは一門の上条宜順の娘が、勝頼の兄龍宝（海野二郎）に嫁ぐ（外姻譜略所収畠山系図）。⑴に関係して、天正八年四月二十六日（『越佐史料』は天正七年とする）に長坂光堅と跡部勝忠は連署で長井昌秀へ、「御帰路の時分に申し断り候御兼約の黄金五拾枚御未進に候。このところ先使催促申され候処、御前様御意あるの由延引候の条、貴所催促請け取られ指し越さるべき事肝要に存じ候」（上杉家文書）と、黄金五十枚の催促をしている。

⑵に関係して、天正七年七月十三日に勝頼が松鶴軒（禰津常安）へ知行を与えた判物には、飯山之郷（飯山市大字飯山）などを、「飯山在城について、右この如くこれを進じ候」（「水月古鑑」）とあり、飯山城とその周辺を武田家が支配している。

同日、武田家は大井角助へ、「向後松鶴軒（禰津常安）同心として飯山に在城せしめ軍役を勤むべきの旨、言上候の間、上州の内近年禰津摂津守ならびに君斎上表の地、下し置かれ候」（『思文閣墨跡資料目録』）と、上州で知行を与えている。上州も同様に勝頼に渡されたのであろう。

勝頼はこれより先、天正七年五月二十五日に景勝へ、「その表相替わらず、奥郡・越・濃等逐日《ちくじつ》御静謐候や、承りたく候」（上杉家文書）と小山田信茂を派遣した。その後、景勝からの越後が穏やかに収まったとの連絡を受け、七月三日にこれを祝した。

勝頼のもとへ景勝から誓書が納められたので、天正七年八月二十日に勝頼は景勝へ、「一、先日は成福院・蒲庵（永派）を以て申し達し候趣、御得心あり、御誓詞給い置き候。祝着に候事。一、出馬意趣の事。一、貴国いよいよ御静謐の由、大慶に候事」（上杉家文書）の三条からなる条目を印文「晴信」の印判状で出した。明らかに勝頼の方が景勝より高い立場にある。勝頼は誓詞により景勝が裏切ることがないよう縛り付けたのである。

誓書は一方的に景勝だけが出したわけではなかった。九月十七日に勝頼は誓書を景勝に送り、伊豆侵略を告げると同時に、次の覚を渡した。

覚

一、貴国御備えの様子、近日は如何に候哉の事。
　付けたり、奥郡ならびに越・能の事。
一、当口備えの事。
　付けたり、条々。
一、関東御計策の事。
　以上。

九月十七日《（天正七年）》　（朱印）《（武田勝頼）》（印文「晴信」）

春日山へ

（上杉家文書）

関東との関係を見ながら、戦況について情報を流すよう景勝に求めたのである。

菊姫入輿　既に少し触れたが、誓約の後に勝頼の妹菊姫と景勝の婚姻は実行に移された。九月二十六日に跡部勝忠と市川元松が長井昌秀に宛てた、甲斐から越後に居住する人の貫高などを書き上げた文書には、次のようにある。

越国居住衆　　次第不同

弐拾五貫文　佐目田菅七郎　六人
弐拾貫文　土屋藤左衛門尉五人
弐拾貫文　向山新三　五人
弐拾貫文　雨宮縫殿丞　六人
弐拾貫文　林　与兵衛　六人
弐拾貫文　円阿弥　五人
拾五貫文　木村与三兵衛　五人
拾貫文　同与三郎　三人
拾五貫文　御中間三人へ　六人

以上

己卯
九月二十六日　跡美（跡部勝忠）（花押）〇（朱印）

以清斎《市川元松》（花押）□（朱印）

長井丹波守《昌秀》殿

（上杉家文書）

勝頼は菊姫に多くの家臣を附属し、彼らを越後に居住させることによって上杉家中に影響力を持とうとした。彼らを付随させる了解を得た上で、菊姫は十月二十日に入輿した。菊姫の一行は武田が上杉に打ち込んだ楔の役割を担ったのである。

武田家が十一月二日に跡部勝忠・小原継忠・青沼忠重・市川元松に宛てた覚には、「越国へ祝言以後の仕合いかがに候や、聞き届けたきの事」（「諸州古文書」）とある。勝頼はその後もこうして越後情勢に目を光らせていた。

一般的には勝頼が景勝を選んだことで、北条家との絆が切れ、武田家滅亡の原因になったとされる。それは結果論であって、勝頼の判断は当時として間違っておらず、相当考え抜いての選択だったと私は考える。

仮にの話ではあるが、勝頼が景虎に味方したままで、景虎が上杉家の家督を握った場合、北条家は相模から越後までを支配下に置き、武田領国の広い範囲を囲むようになり、領国の面積も、動員できる兵員数も武田家よりはるかに大きくなる。そうなれば武田と北条とは対等の関係でなくなり、いやでも勝頼は氏政の下に置かれる。その均衡が崩れた時、北条が次に狙う可能性が高いのは、武田領国であろう。

北条と結んでいたら、織田信長が武田領国内に攻めてこなかったという保証もない。勝頼が景勝に味方することによって、武田、北条、上杉はほぼ対等な形で、従来の領国のバランスが保たれる。勝頼としては景勝に味方することによって、上杉家に大きな影響力を持ち、三家の中で最も重要なキーマンになれた。

当時の関東における武田、北条、上杉の力関係を前提にして考えるなら、勝頼の選択は決して愚策ではなかった。

甲府への指示　勝頼が御館の乱に関わって越後方面などに出ている間、本拠地甲府はどのようになっていたのであろうか。

次の天正七年十一月十六日付け覚のように、勝頼は詳細に指示を送っていた。

（朱印を欠く）

覚

一、(1)留守中の用心諸境とも、油断無く申し付くべき事。
付けたり、館中として火の用心、夜廻り等申し付け、別して肝煎《きもいり》の事。
一、(2)積翠寺の用心、厳重に申し付くべきの事。
一、(3)人質の改め、疎略無く催促の事。
一、(4)飛州へ遣わし候知行相改め、長延寺《(師慶)》に相渡すべき事。

一(5)、刀十、太刀上下二十、脇指十ならびに熨斗《のし》付けの刀五、同じく脇指五、具足十両、小袖三拾、緞子道服弐十調えの事。

太刀・刀・脇差等は以清斎（市川元松）、その外跡美（跡部勝忠）・青助（青沼忠重）調えるの事。

一(6)、倉賀野（高崎市）城米、早速相移すべきの事。

一(7)、武王（武田信勝）元服の祝言、支度の事。

付けたり、吉日の事。

一(8)、鉄砲の玉薬、先の書立の如く念に入れ、青沼助兵衛尉（忠重）調えの事。

一(9)、今福丹波守（虎孝）指し越すべき事。

一(10)、徳役《とくやく》の儀、私曲贔屓偏頗《ひいきへんぱ》無く、正路《せいろ》に申し付け候の様、相理べきの事。

付けたり、奉行人帯び来る条目、誓詞申し付くべきの事。

一(11)、青助・小丹（小原継忠）請け取りの籾子、未進無く相調うべき旨改むべきの事。

一(12)、諸祈禱油断無きよう催促の事。

一(13)、信越の境ならびに妻籠口（南木曽町）役所、申し付くべき事。

付けたり、員数各々談合の上、落着の事。

一(14)、越後より雨宮縫殿丞、召し寄せるべきの事。

（天正七年）十一月十六日

跡部美作守（勝忠）殿

（「古文書　甲州」四下）

内容は以下のようなものである。

第一条、留守中の用心を諸境とも油断無くするよう申し付けよ。付けたり、武田氏館（躑躅ヶ崎館）中として火の用心、夜廻り等を申し付け、特別に心配りをせよ。

第二条、積翠寺（要害城）の用心を厳重に申し付けよ。

第三条、人質の改めについては、扱いを丁寧にして催促せよ。

第四条、飛驒へ渡す知行については改めてから、長延寺に渡すようにせよ。

第五条、刀十、太刀上下二十、脇指十、それに熨斗付けの刀五、同じく脇指五、具足十両、小袖三十、緞子道服二十を調えよ。太刀・刀・脇差等は市川元松、その外は跡部勝忠と青沼忠重が調えよ。

第六条、倉賀野城の城米を早速移せ。

第七条、武王（信勝）の元服の祝言を支度せよ。付けたり、それについては吉日を選べ。

第八条、銃砲弾を発射するのに用いる火薬については、先書で申し付けたように念を入れて、青沼忠重が調えよ。

第九条、今福虎孝をこちらに寄こすようにせよ。

第十条、裕福な者に課す役については、私の利益を追求しての不正や依怙《えこ》贔屓をすることなく、正しい方法で申し付けること。これは当然だと断るように。付けたり、奉行人が持ってきた条目については誓詞を取れ。

江戸時代の宿場として名高い妻籠
（木曽郡南木曽町）

第十一条、青沼忠重・小原継忠が受け取る籾子については、未進無く調えるように改めよ。

第十二条、いろいろな祈禱について油断無くするように催促せよ。

第十三条、信濃と越後の国境、ならびに信濃と美濃の国境に近い妻籠口の役所について油断のないように申し付けよ。付けたり、そこを守る員数についてはおのおのが談合した上で解決せよ。

第十四条、越後から雨宮縫殿丞を甲府に召し寄せよ。

注目されるのは第七条で、嫡子武王丸の元服の準備を進めよと指示している。おそらく勝頼が帰陣した十二月八日以降に元服が行われたものであろう。彼は元服以降、太郎信勝と名乗った。武王丸は永禄十年（一五六七）十一月一日に勝頼の長男として伊那高遠城に生まれたので、当時十三歳であった。母は織田信長の養女である遠山夫人だったが、信勝誕生の際の難産によって死去したようである。なお、口絵の信勝は前髪を結っているので、元服以前の姿である。

両家のその後

十一月十八日に勝頼は景勝の求めにより、使者である富永清右衛門尉の眼前において、「身血を染め、御榊《さかき》を取り」（上杉家文書）血判証文を作り、榊を取って神に誓った上で渡した。同日、仁科盛信に対して、飛騨口を攻略するため、飛騨国衆の江間兄弟などを派遣したと伝えた。二十日には覚として、「甲（武田氏）・江（織田信長）和平の儀、佐竹義重媒介の事」「遠州高天神の事」「北条（高広）進退の事」（「歴代古案」）を書いて景勝に宛てた。

十二月十五日に勝頼は、景勝家臣の小中彦兵衛尉へ、「当方に対し無二に忠節を抽ずべきの旨、誓詞到来感激畢《おわんぬ》。自今以後疎意無く入魂を遂ぐべく候条、いよいよ忠志肝要至極に候」（北条家文書）と書状を送った。景勝からも誓詞が勝頼のもとに送られていたのである。

勝頼は同日、下総の結城晴朝へ書状を送り、北関東の諸氏が連合して北条家の背後を突き、古河（茨城県古河市）や栗橋（茨城県五霞町）を攻撃したことに感謝した。十二月二十六日には小中彦兵衛尉と河田重親へ、上野の沼田（群馬県沼田市）を攻めさせ、忠信によって本領を安堵すると約束した。

第七章　束の間の安定

1　領国支配の強化

これまで越後方面を中心に見てきたが、少し時間をさかのぼって駿河方面の情勢について確認したい。

高天神の動き

天正六年（一五七八）三月九日に、駿河の田中城（藤枝市）は徳川の攻撃を受け、外曲輪まで破られたが何とか落城を免れ、翌日に敵勢が諏訪原（牧野）城へ退いた。十二日には今城砦が徳川軍に攻められた。十九日には小山城（吉田町）が攻撃にさらされたが、穴山信君が撃退した。報告を受けた勝頼は二十四日に信君へ敵勢の動静を尋ねた。

この後、勝頼は御館の乱に介入して忙殺されたが、六月十四日に岡部元信へ、「高天神（掛川市）番替え差し越し候間、道の儀相頼み候。備え帳見合わせられ心得有り、高天神根小屋まで送り届け、備え番の衆召し連れ帰陣尤もに候。備え猥らならざる様肝要悉く皆任せ入り候」(「土佐国蠧簡集残編」)と指示した。勝頼は越後と反対側にあたる高天神城への注意も怠りなかったのである。

八月二十二日に徳川家康が田中城に兵を出し、苅田を行ったため、不意を突かれた勝頼は、越後在陣を止めて二十八日に帰国の途についた。家康も九月四日に駿河山西地方の攻略を断念して諏訪原へ帰陣した。九月下旬、再度家康が田中城を攻撃する姿勢を見せたので、勝頼は二十二日に穴山信君を派遣し、自分も出馬すると高天神の岡部元信に報せた。

勝頼は十月半ば頃に駿河に入り、晦日までに遠江へ侵攻した。十一月二日、武田勢は小山・相良《さがら》(牧之原市)へ進み、翌日には横須賀《よこすか》城(掛川市)を攻撃した。しかし、城の守りが堅かったので高天神城に退いた。十七日には島田(島田市)を攻撃したが、落城させることができず、田中城を経由して二十五日に帰国の途についた。

軍役の命令

天正六年八月二十三日、武田家は信濃の武将である西条治部少輔へ、次の軍役の定書を出した。駿河の家康の動きに対応するものであろう。

上司千四百五十貫文
丁丑《ひのとうし》定納合わせ四百五拾壱貫三百文。

一、乗馬　甲立物・具足・面頬・手蓋・喉輪・脛楯《はいだて》・指物・四方かしないか馬介法の如くたるべし
四騎　自分共に。

一、鉄炮　上手の放ち手、玉薬壱挺に三百数宛支度すべし　五挺。
一、弓　　上手の射手、うつぼ（靫）・矢ならびに根支度有るべし　四張。
一、持ち鑓　実共に弐間の中たるべし　四本。
一、長柄　実共に三間、木柄か打ち柄か、実五寸、朱　十二本。
一、持ち小旗　三本。
付けたり、歩兵武具有るべし。
以上
右、この如く道具帯び来たり有り、軍役を勤めらるべし。重ねて御紀明を遂げられ、御印判を以て定めらるべき旨、仰せ出され候ものなり。
天正六年戊寅《つちのえとら》
八月二十三日　今井新左衛門（信衡）　朱の印判
武藤三河守　朱の印判
西条治部少輔殿
（「甲州古文書」）

上司が所務する所領は一四五〇貫文で、天正五年（丁丑）の年貢領が四五一貫三〇〇文であった。文単位まで数字が出ているので、検地がなされたのであろう。この所領に対して軍役として本人をも含めて乗馬の武士を四人（彼らは武装道具や馬の世話をする者までが決められている）。鉄砲を五挺、これについては上手な鉄砲の撃ち手と弾薬を鉄砲一挺につき三百ずつ支度。弓は四張り、射手や靫・矢、それに鏃を支度。持ち槍四本、これは穂先まで二間（約三・六メートル）の中であること。長柄の槍は穂先まで三間（約五・四メートル）で、柄は木か打ち柄で槍の身は五寸（約一五センチ）、朱塗りの物を一二本支度。持ち小旗は三本。歩兵も武具を着けてくるようにとの指定である。武器としては、鉄砲と長柄の槍が重視されている。

詳細に軍役を定めることによって、勝頼は戦場にどのような武装の兵士を何人集めうるかを予測でき、計画的に兵配備を練ることが可能になるのである。

同日には島津左京亮（泰忠）、原伝兵衛、玉井源右衛門尉、勝善寺、伊藤右京亮に対して、それぞれの所領に応じた軍役定書が出された。

先に天正三年十二月十六日付けの小泉総三郎（昌宗）宛ての軍役に関する条目を見たが、そこでは理念的色彩が強かった。この定書では、各武士に対して戦場に持ってくるべき道具が具体的に示されている。三年の間に意図を浸透させ、詳細に軍役を指令できるようになった。ここまで勝頼の領国統治は深化したと評価できよう。

毛利輝元との関係

天正七年正月九日に勝頼は、毛利《もうり》元就《もとなり》の次男で、当時毛利家を継いでいた輝元補佐役の吉川元春《きっかわもとはる》へ、次の内容の書状を出した。

八重森源七郎が持ってきた手紙を拝見した。荒木村重が足利義昭様に味方して織田信長と敵対し、目下戦いの最中とのことだ。貴国が思うようになることは歴然である。義昭様が御入洛でき、天下が静かに治まるのはこの時なので、義昭様の座所を前に進められ、中国・西国の軍勢を率い、毛利輝元様御自身で少しでも早く京都に乱入していただくことが大事である。当口で信長と勝負する際には、少しも容赦しない。これを理解し、輝元様に御諫言することが肝要である。（吉川家文書）

同日、勝頼は毛利家の家臣である口羽《くちば》通良《みちよし》・福原貞俊《ふくはらさだとし》、毛利氏の外交僧である安国寺恵瓊《えけい》にもほぼ同内容の書状を出し、反織田信長の同盟に荷担し、彼を包囲する意図を伝えていた。

さらに、約三カ月後の四月六日に勝頼は吉川元春に書状を送ったが、その内容は次のごとくである。

あなたが正月二十五日に出した書状が、今月五日に到着し、詳細に読んだ。荒木村重が信長に敵対し、貴国に味方して以来、摂津・和泉の両州まで進んで軍事行動をし、輝元様も二月五日に出張され、海陸の作戦に油断がないことが肝要である。ところで、私の方は尾張・美濃への入口での織田信長と戦う時、既に度々申し上げたように、少しも容赦しない。幸い輝元様が西国を支配下に置き、大坂の本願寺ならびに荒木村重の守備が堅固な内に、足利義昭様が京都に入り、大坂の荒木村重を救うことができ、五畿内が静かに治まれば、ことごとく皆あなた様の諫言のおかげである。詳しくは釣閑斎（長坂光堅）と跡部勝資が申し述べる。（吉川家文書）

このように勝頼は遠交近攻策をとって、毛利氏と結び付き、織田信長を牽制していた。

2 緊張する北条との関係

敵対する両家

天正七年（一五七九）正月八日には北条氏直と勝頼の間で年始の贈答が交わされたが、御館の乱で勝頼が景勝に味方したことにより、両者の関係は悪化していった。勝頼は三月十一日に内藤昌月を上野の箕輪城に派遣し、北条氏に備えた。海津城代だった春日信達は、北条家との国境に近い三枚橋城《さんまいばし》（沼津市）に配置替えとなり、その跡には安倍宗貞《むねさだ》（勝宝）が入った。対する北条氏政も伊豆の韮山城《にらやま》（伊豆の国市）の普請を始めた。三月二十四日に御館の乱が終結すると、武田氏と北条氏との関係は完全に切れた。

九月に武田氏と北条氏は全面対決に至り、五日に北条と徳川の同盟が成立したため、勝頼は駿河を伊豆の北条氏、遠江の徳川氏から挟撃される形になった。十七日に徳川勢が懸川に出陣し、翌日には家康自身が駿河二山に着陣した。十九日に武田方の当目坂《とうめさか》（焼津市）と用宗城《もちむね》（持船城《もちふね》。静岡市）が攻撃を受け、三浦義鏡《よしあき》・向井正重が戦死したので、勝頼は二十五日に駿府に援軍を出し、家康が陣を引いた。

関東への対処

十月八日に勝頼は、北条氏と敵対し佐竹氏の家臣となっていた三楽斎（太田道誉《どうよ》、資正《すけまさ》）と梶原政景《かじわらまさかげ》へ次の内容の書状を書いた。

掛川城（掛川市掛川）

過日平井五郎兵衛尉を通じ手紙を受け取った。彼に堀田主水助を加えて、私の思っていることを申し届けたところ、詳細に聞き届け斡旋していただき、佐竹義重から御誓詞を得て喜んでいる。とりわけ佐竹（北）義斯《よしこれ》と同（東）義久《よしひさ》の二人の誓約書が添えられていたので満足した。こうなった上は、貴国と当方で申し合わせていきたい。深甚の御取り成しを肝に銘じておく。当口の備えは変らない。北条氏政は現在三島に出陣し、泉頭《いずみがしら》（清水町）の城普請の途中である。こちらの備えは残す所無く完了するので、内々に馬を納めるべきため、義重に備えの様子を問い合わせてほしい。私は江尻（静岡市）に在陣している。氏政の陣迄わずかに三十から四十里のところである。なお、詳細は武田信豊と跡部勝資が申し上げるので述べない。（「紀伊国古文書」）

勝頼は江尻に陣を置いて、北条・徳川両軍への対応策を練り、佐竹氏を中心とする勢力と結び付いて北条氏を挟み撃ちしようとしていたのである。

勝頼は信濃衆と箕輪在城衆に鉢形城（埼玉県寄居町）を攻撃させた。八月末までに厩橋城主の北条《きたじょう》高広が武田氏に服属していたが、今村城（伊勢崎市）の那波《なわ》顕宗《あきむね》も服属し、一緒になって沼田を攻撃した。佐竹氏も北条氏への攻撃を開始した。

十一月二日に勝頼は悉松斎へ、今日北条氏政が初音原（三島市）まで退散したと情報を得たが、地下人の仕置や城内の用心普請を怠らないように、詳しくは内藤昌月が伝えると連絡した。十一月七日には佐竹義重へ、この度甲斐と相模との関係が破れたが、北条高広は当方に味方したと伝え、隣州なので今後懇意にして軍事行動などを打ち合わせてほしいなどと求めた。

十二月十五日、勝頼は下総の結城晴朝《はるとも》へ、新城を伊豆に築いたところ北条氏政が三島に出張してきたが、諸家と相談しその後ろを突いて古河（古河市）・栗橋（五霞町）まで軍を動かしたことに感謝し、駿河・遠江の処置を余すところ無く申し付け、帰陣の折に伊豆に乱入して国中を悉く撃砕し、思う通りになったので九日に馬を納めたなどと伝えた。

天正八年（一五八〇）正月、勝頼は武蔵に出陣し、二月十九日までに帰陣した。この間の正月十八日には、小幡縫殿助へ武州小林の内など旧領を安堵した。

二月二十四日に武田家は、小川城（みなかみ市）の小川可遊斎の家臣だった小菅刑部少輔へ、小川城を乗っ取った戦功として知行を宛がった。また、可遊斎が先非を悔い、武田家に忠節を尽くすならば特別に引き立てると約束した。三月一日に武田家は堀籠甚之丞に武州本庄（埼玉県本庄市）の内で知行を与えた。また、三月六日には宗得寺（崇徳寺）（群馬県安中市）に禁制を出した。

勝頼は駿河にも注意を払っており、三月六日に原昌栄へ三枚橋城普請のために在陣し昼夜を問わず働いていると思うが、分国堅固の備えはこの一事に極まるので、苦労ながら夜を日に継いで入念に働いてほしいと求めた。同じ文書が浦野孫六郎や小笠原信嶺にも宛てられた。

三月十日に勝頼は河田長親へ、関東に出馬して思う存分の成果を上げ、攻めてきた徳川勢も退散したと伝えた。十六日に武田家は、服属してきた小川可遊斎に知行を与えた。

上野での情勢が勝頼にとって有利な方向に進んだので、氏政はこれに対抗しようと三月十日に織田信長へ子息氏直との縁組みを申し出た。

一方、武田家では織田信房《のぶふさ》（御坊丸、勝長）を信長のもとに返した。この情報に接した上杉景勝から、武田と織田が自分たちに連絡もなく和与したのは裏切りでないかと書状が届いた。これに対し、三月十八日に跡部勝資は春日山城の新発田長敦へ、義重が信房を佐竹に渡してほしいと求めてきたので渡したに過ぎず、裏切っておらず、和与も事実でないと釈明した。

北条氏政の動き

北条氏政が伊豆に軍勢を出したので、三月二十四日に勝頼は下野の那須資晴《すけはる》へ書状を送り、背後を突くよう求めた。逆に、同日氏政は信長と連携して武田を滅ぼすことを表明した。

閏三月十五日に北条勢が深沢（御殿場市）に出張して御厨《みくりや》中の民家に火をかけ、十六日に大きな戦果もあげずに足柄麓（小山町）へ居陣したと聞いた勝頼は、穴山信君に備えを厳重にさせた。矢沢頼綱から真田昌幸に沼田で大利を得たとの報せが入ったのを受けて、勝頼は三十日に加勢を派遣した。

徳川家康は五月三日に駿河の田中城を攻撃したが、五日に懸川に撤退した。この年と思われる五月十二日に勝頼は、真田昌幸・山県昌満・小山田昌成・内藤昌月・春日昌元へ、「夜を以日に継ぎ急ぎ普請」（国文学研究資料館所蔵真田家文書）をして、早くできるようにせよと命じた。同じ頃、上野では真田昌幸が猿ヶ京城（みなかみ市）を攻め落とし、十九日に小川可遊斎を入城させた。

五月十五日には北条氏照が甲斐国都留郡に侵入し、西原《さいはら》（上野原市）で合戦となった。五月下旬頃、勝頼は伊豆で北条氏政と対陣し、三枚橋城の普請を行った。氏政は六月九日に伊豆から撤退した。

六月十一日、勝頼は佐竹義重へ、去る春以来奥口に在陣し、残すところ無く静かに治めて帰陣したことを喜び、この上は関東平定の軍を猶予無く動かすことが専要だと伝えた。そして、今年の春夏に義重が新田表（太田市）に軍を動かした時、織田と武田の和与について佐竹氏の策謀に悶着があり、遠江・伊豆へ数度出勢したため参陣が遅延したと詫び、来秋は何としてでも武蔵・上野に軍を動かすので、用意しておいてほしいと求めた。

六月十二日に勝頼は箕輪城の内藤昌月へ、小田原衆が去る九日に退散したので甲府に帰ってきたから、援軍は無用だと早飛脚で報せた。また、六月二十七日に中沢半右衛門尉などに沼田を攻略したら知行を与えると約束し、七月二日に信龍斎（小幡憲重）・信真父子に、沼田への援軍を命じた。

この頃、勝頼は駿河・伊豆方面に出陣したので、北条氏政も七月二十日に陣触を出した。これに呼応して家康も軍を動かした。

八月九日に勝頼は佐竹義重の家臣今泉但馬守へ書状を送り、秋の守備の相談をした。同日に武田信豊も下野の宇都宮国綱《くにつな》に同様の連絡を取った。勝頼は八月十六日に佐竹義重へ新田表を一緒に攻めようと勧めたが、義重が動かなかったので、二十七日に跡部勝資が佐竹氏の分家である義久へ出張を求めた。この日には上野にいる秋山下野守に箕輪衆の不足のところを糺明させ、同時に鉄砲の玉十万発を調達するよう命じた。

真田昌幸は八月十七日に、用土（藤田）新左衛門に沼田城乗っ取りを催促したが、間もなく攻略した。新左衛門はこの後、「信」の字を与えられて藤田信吉《のぶよし》と名乗った。

飯山城跡（飯山市飯山）

北への備え、飯山城

天正七年七月十三日、武田家は大井角助が松鶴軒に同心して、飯山に在城すると言上してきたので、上州において土地を与えた。名字からして佐久の出身と思われる大井角助が、松鶴軒の指揮下に飯山城を守っていたのである。この宛がいからも、飯山城が重要視されていたことがわかる。

飯山を守る者に上野で知行地が与えられたのは、支配下の武士たちが非常に広範囲に動き、しかも、武田家領国内ではどこにでも知行地が与えられるようになったことを示し、武田領国が国を超えて一つにまとめられようとしていたと評価できよう。

天正八年三月六日、勝頼は赤見城（栃木県佐野市）を根拠とする赤見伊勢守に、「越国錯乱《さくらん》の砌《みぎり》、最前当幕下に属され、忠信比類無く候」（「武田古案」）として、信濃の飯山内五束分《ごそく》（飯山市）等を宛がった。同様に上杉家の家臣だった吉江景淳《かげあつ》にも飯山内長井分を与えた。所領を飯山に与えたのは、彼らが飯山城の守備に関わっていたからであろう。ここでも根拠地から遠い地に宛がいがなされた。

武田家は天正八年八月十七日に松鶴軒へ飯山城普請を命じた。その際に、古川郷（不明）・大蔵（長野市。位置が離れすぎているので大倉崎〔大蔵崎・飯山市〕であろう）・静間《しずま》・（飯山市）・上境（同）・貫井（温井《ぬくい》で飯山市か）・田上（中野市）・中村（木島平村）・かしおつ（柏尾で飯山市か）・箕作（栄村）・今井（中野市）・柴津（信濃町）・飯山（飯山市）・戸狩（同）・とちおり（栃寄で温井、飯山市）・岩井（中野市）・犬飼（飯山市）・野沢（下高井郡野沢温泉村）・ふるみ（これを古海とすると上水内郡信濃町、しかし他の地域と離れすぎている。けみ〔計見〕とすると、木島平村）・長井（長井では上水内郡中条村があるが、あまりに場所が遠すぎる。長江なら中野市）・南条（飯山市）・わな川（桑名川で、飯山市か）・蕨野（飯山市）・綱取（旧の安田村、飯山市。千曲川の対岸への重要な場所なので綱取と通称されていた）・小菅（飯山市）・平林（野沢温泉村）・加佐（替佐村は古くは伽佐・加佐などと書いた。長野市）・蓮《はちす》（飯山市）・上蔵（同）・とひくら《（富倉）》（同）・森（栄村）・雄嶋《きじま》（木島平村）・野坂田（飯山市）・虫生《むしう》・（野沢温泉村）の三十三ヶ郷の人足を使って、「その御城《（飯山城）》破損ならびに堅固無きの所、普請を遂げるべし」（「水月古鑑」）と指示した。

絵図などによれば、現在城北グラウンドになっている三の丸の北側には、江戸時代に南側から北側に三日月堀、台所や長屋、さらに土塁と堀があった。三日月堀は丸馬出の一部を構成し武田氏が築城した城の出入り口の典型とされるので、前掲の松鶴軒に命じられた改修時に入口の一つとして設けられ、その後に城域が拡大し、三日月堀も城内に入ったと考えられる。

飯山城を守備するには、経済的な背景も必要になる。天正八年九月三日に尾崎重元が大滝和泉守・夜交《よませ》左近丞などへ宛てた文書には、「今度各当納の儀、願いに任せられ候旨、甲府へ申し出候処、蔵方を以て相改め候得の由申し来たるにより、則ち相改めさせ候通り、員数訴訟せしめ候処、幸い上聞候。いよいよ押し付け、代官・蔵方等の書立引き合い、相渡すべきの由、仰せ出され候間、その旨申し付け、古河・石栗指し越し候」（尾崎家文書）とあり、近辺に蔵入地《くらいりち》が設定されていたことがわかる。

上野動陣　勝頼は八月二十九日、来る五日に上州へ出馬すると工藤銀七郎等に連絡したが、実際の出馬は九月二十日になった。

十月三日、武田家は鑁阿寺《ばんなじ》（足利市）や足利学校（同）に禁制を出した。

武田軍は新田金山城《にったかなやま》（太田市）を攻め、小泉（大泉町）・館林（館林市）・新田領を焼き払い、八日までに膳城《ぜん》（前橋市）を攻略した。その後、北条氏政が武蔵本庄（本庄市）に着陣すると、勝頼は利根川を渡ったが、敵が退いたので甲斐に戻った。

十月十日、跡部勝資は小山（小山市）から馬を納めた佐竹義久へ、そちらが足利表に出勢するというので勝頼も新田に陣を張ったのにと抗議の書状を送った。

勝頼は十二月七日から九日にかけて、沼田城攻略に功があった者に恩賞を与えた。

第八章　武田家滅亡

1　新府城築城

勝頼が本拠地として最後に建設したのが、新府城《しんぷ》（山梨県韮崎市）とその城下町であった。築城についての具体的な状況は史料がほとんどなく、計画や過程すらよくわからない。

築城の経緯

築城を伝える唯一の史料は、天正九年（一五八一）正月二十二日に真田昌幸が人夫を出すよう求めた次の書状である。

上意について啓せしめ候。仍て新御館（新府城）に御居を移され候の条、御分国中の人夫をもって、御一普請成し置かるべく候。これにより近習の方に候跡部十郎左衛門方を、その表人夫御改めのため指し遣

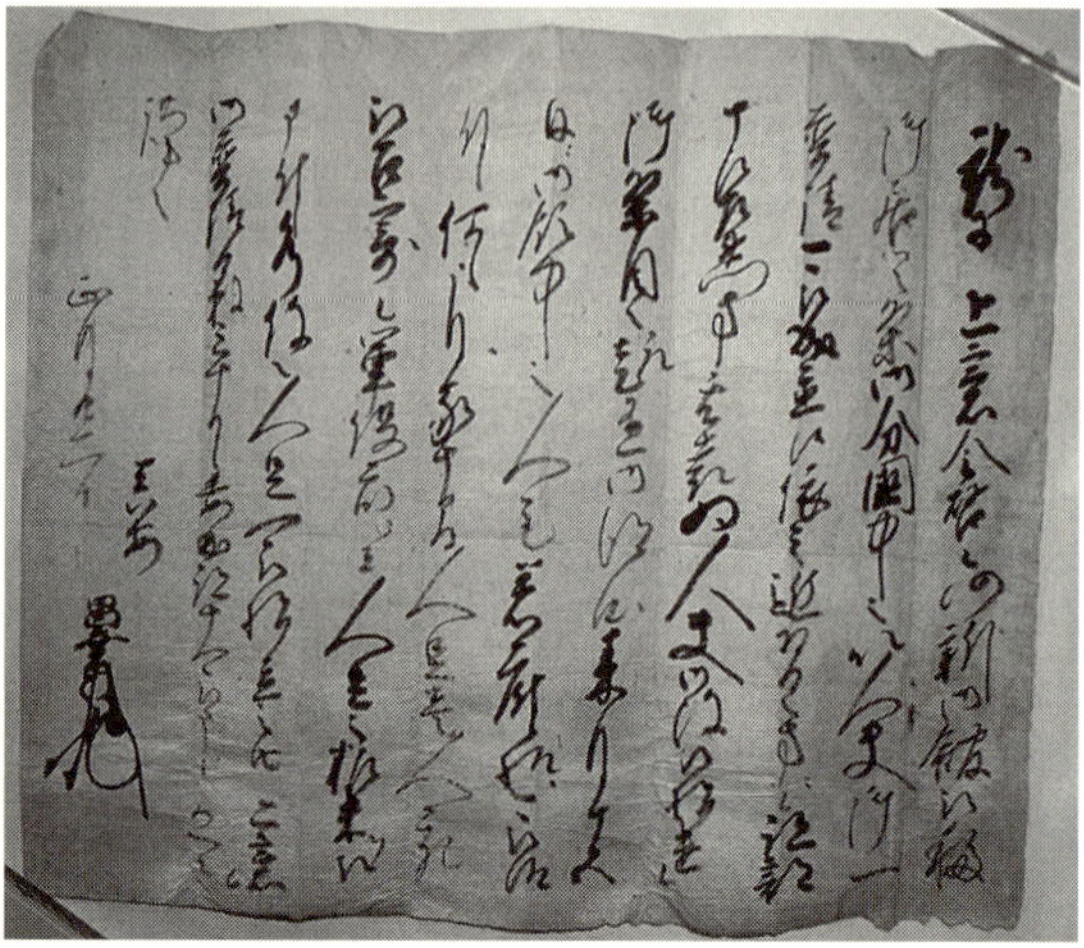

真田昌幸が新府城築城の人夫を徴した書状（小林家文書）

わされ候。御条目の趣御得心ありて、来月十五日に御領中の人々も着府候の様に仰せ付けらるべく候。何れも家十間より人足壱人宛召し寄せられ候。軍役衆には、人足の粮米を申し付けられ候。水役の人足指し立てらるべくの由上意に候。御普請の日数三十日に候。委曲跡十申さるべく候。恐々謹言。

（天正九年）正月二十二日　　　（真田安房守）真安　昌幸（花押）

（小林家文書）

この文書には宛名が欠けているが、「長国寺殿御事蹟考」では出浦《いでうら》右近助相伝と注記している。意味は次のようなものである。

武田勝頼様から上意を示されたので手紙を出す。殿様は新たな御館に住まいを移されるので、御分国中の人夫を使って普請をする。近習の役割を勤めている跡部十郎左衛門の方から、そちらでどれだけ人夫を出すことができるか人数を改める連絡がいく。武田家から出された御条目の趣旨を理解して、来月十五日に御領中の人々も着府を命じるようにせよ。いずれの郷からも家十軒について人足を一人ずつ出すようにとのことである。軍役衆へは人足が食べる糧米を出すように命じられた。郷村からは水役の人足を差し上すようにとの御上意である。御普請に参加しなければならない日数は一人三十日である。詳細については跡部十郎左衛門が申し上げる。

新府城は突貫工事によって九月中に一応完成し、同盟国にその旨が報された。十一月六日、土屋昌恒は浦野民部右衛門尉へ次の書状を送った。

例式御訴訟について、御使い御書付給い置き候。余義なく候条、再三披露せしめ候。但し近々韮崎《にらさき》へ御移居により、大方ならずお取り乱し故、時宜《じぎ》相済むべき体にこれ無き間、その方御参府候。お暇披露せしめ候。然るに当時御取り籠み際限無く候、居を移され、ここもと取り鎮められ候時分を聞き合わせせられ、参上せしめ申し上げ候。御訴訟然るべきの趣、御内儀も御意の如く取り延ばし、御出府御詫言尤も専一に候。委曲御使い申し渡し候。恐々謹言。

なお御使いまでにて、計らい難く相見え候間、御参府の段、□(不明)成られ候を、右御挨拶にて候。追って涯分走り廻るべく候。

土右

（天正九年）十一月六日　　昌恒（花押影）
浦民
御報
（「新編会津風土記」）

勝頼は近々居を新府城に移そうとしていたのである。

上杉景勝より祝いの品物三種とお酒五十樽を贈ってきたので、勝頼は十一月十日に礼状を書き、内々近日中に住まいを移そうと思っていたが、北条氏政の家来の松田憲秀《のりひで》の次男の笠原政晴が伊豆の戸倉（清水町）に在城し、突然服属を申してきたので伊豆を統治するために遅延したと伝えた。

十二月十九日に伊豆から帰国した勝頼は、二十四日に諏訪社上社の神長官（守矢信真《のぶざね》）へ、「新館（韮崎市）へ相移るについて、神前において丹精を凝らされ、守府（符）・御玉会則ち頂戴、目出たく珍重に候。なお武運長久の懇祈任せ入り候」（守矢家文書）と礼状を出した。二十六日にも勝頼は某に、「新館（韮崎市）へ相移るについて、わざわざ使者・鈍子（緞）到来、喜悦に候。なかんずく、神前において丹精を凝らされ、守府（符）・御玉会則ち頂戴、目出たく珍重に候。なお武運長久の懇祈任せ入り候」（矢崎家文書）と礼状をしためた。後者も諏訪社上社関係の人物に宛てられたものである。

前掲文書から、勝頼は十二月十九日に甲府に戻ると二十四日までには新館に移ったことがわかる。諏訪社上社がお守り等を贈ったのは、勝頼と特別に関係が深かったからであろう。

『甲陽軍鑑』によれば、勝頼は甲府から新府へ移る時に、躑躅ヶ崎館にあった植木や名を付けた松の木などを切り捨てた。樹木に籠もる霊までを断ち切り、精神的なつながりも捨てて、強い覚悟で新府中へ移っていったのである。これは当時の人々が、館には先祖の霊をはじめとして、様々な霊が籠っており、そうした霊によって居住する人の安全が保たれているとの思想があったことを伝えていよう。それを捨てたところに、勝頼の新しさと覚悟が見て取れる。

領国中の位置

新府が甲斐の府中であったのは正味二カ月、勝頼が新府城にいたのは足かけわずか四十三日に過ぎなかった。それほど短期間しか住まなかった新府城を、なぜ勝頼は多くの人足と資金を費やして韮崎に築いたのか、無理をして築いたことによって人心と財力を失ったのが武田家滅亡の原因だといわれる。本当にそうなのであろうか。

まず考えなければならないのは、武田領国全体中における新府の位置である。韮崎は甲斐という一国に限った場合、西に偏りすぎているものの、当時の武田家の領国である甲斐・信濃・西上野・駿河といった広い視野から見ると、古府中（躑躅ヶ崎にある武田氏館を中心とするこれまでの府中）よりはるかに領域の中心に位置する。

新府から北西に進めば信濃の諏訪郡で、そこから高遠を南下すれば遠江や三河に進むことができる。諏訪から北西に歩めば信濃府中（松本市）に至る。また新府をそのまま北上すれば信濃佐久郡、さらに上野へとつながる。この地は、信玄が信濃を侵略した時に用いたと喧伝される棒道の基点ともいえる。信濃国の諏訪郡・佐久郡から見ると、韮崎は甲府への入口に位置する。一方、富士川沿いに南に向かうと、容易に江尻（静岡市）へ出られ、駿府（同）に結びつく。新府は甲斐からすると駿河への

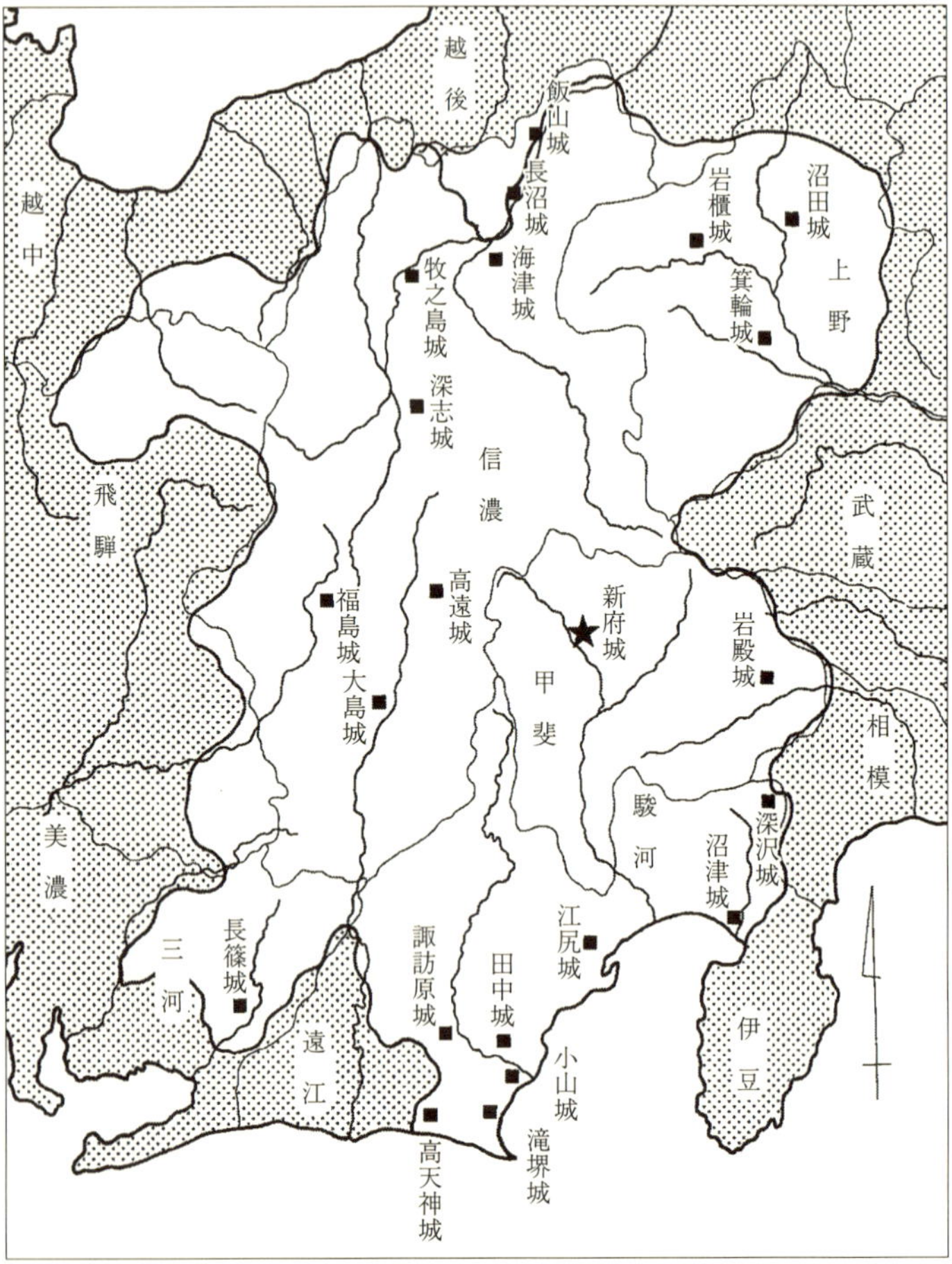

武田氏領国と新府城（韮崎市教育委員会提供を修正）

出口にあたる。

新府城の西下を流れる富士川（釜無川）は近世になると富士川舟運で有名であるが、戦国時代に舟運がなかったとは考え難い。実際、武田氏の城は千曲川沿いの海津城（江戸時代の松代城。長野市）や長沼城（長野市）、天竜川沿いの大島城（長野県松川町）、犀川沿いの牧之島城（長野市）のように、大きな川沿いに築城されることが多い。これは物資輸送の動脈たる川を掌握しようという意図によるのであろう。川を使って物資輸送を考えるとすれば、甲斐で最も可能性が高いのが富士川とその上流にあたる笛吹川、釜無川なので、新府城は川を押さえる意味も持っていた。

このように新府は、甲斐・信濃・駿河を結ぶ陸路と水路の要衝に設定され、勝頼が領国全体を一律に、素早く支配しようとするに際して、最適な場所だった。織田信長は領国の拡大に伴って次々に西へ居館を移転させていったが、勝頼も広い視野から計画性を持って新府に居を移そうとしたのであって、決して行き当たりばったりではなかった。

新府城築城には技術的な面のみならず、統治上からも信玄に見られない、勝頼の新しさがにじみ出ているのである。

政治的意図　古府中の狭さも府中を移さねばならない理由の一つだろう。武田家滅亡後甲斐を手に入れた徳川家康は一条小山に縄張りして、甲府城を築かせた。江戸時代の甲府はこの城を中心として広がり、躑躅ヶ崎の館を核に据えた古府中は甲府のほんの一角に過ぎなくなった。これは背後に山を置いて両側に山裾が広がる古府中が、防御には適しているものの、町を拡大して甲府盆地全体を抑えるにはあまりに北に偏りすぎていることを考慮したからであろう。その点新府は古府中より広い城下町建設が可能で、交通の要衝に位置するので城下町の商業活動にも都合が良かった。

さらに、勝頼は家臣団への権力浸透、領国民への威令浸透の契機として新府築城が意味を持つと考えたのではないだろうか。天正三年（一五七五）の長篠合戦での敗北後、彼は領国内に支配を浸透させることで組織の再編を行い、権力を安定させてきた。ここで新たな府中を築き、家臣団を城下に集めれば、さらに支配強化につながる。家臣たちは古府中に屋敷を持っていても、一乗谷（福井市）の朝倉氏家臣と同様に常に甲府に住んでいたのではなく、本拠をそれぞれの領地に置いていた。家臣たちを兵農分離させ、常に城下において、いつでも動かせる軍団を作るためには相応の契機を用意しなければならない。新府移転はその可能性を秘めた大工事だったのである。

当然、普請そのものが武士や領国民に対して権力を浸透させることになった。大きな工事には大勢の参加が必要なので、直接勝頼が家臣などに命令を与える機会を増やしたからである。

交通の要である新府ならば、領国全体の家臣たちに速やかに連絡を取ることができる。これはそのまま有力家臣たちへの圧力ともなった。

山国甲斐を本拠にした武田家にとって海外と結ばれ、多くの物資を運びうる貿易港は極めて大事であったが、甲斐に最も近い港である江尻は、親族として武田家中で最も力を持っていた穴山信君（梅《ばい》雪斎《せっさい》不白《ふはく》）が押さえていた。韮崎からは、河内地方に本拠を置き江尻城を領する穴山信君を牽制することもできる。船で富士川を下れば簡単に海に出られるので、韮崎は甲斐にあって海をも睨《にら》みうる特筆すべき場所だったといえる。

地　形

七里岩の上に位置するこの場所は、防御上でも極めて優れた場所でもあった。新府城跡の西側は比高差一二九メートルもの崖になって、釜無川に落下しており、新府城を攻撃することは不可能であった。新府の地形全体を見ると、東側に塩川が流れて河岸段丘になっているので、東側からの攻撃もできない。段丘上は南に傾斜しているため、南側からの攻撃も難しい。

地形からすると最も危険なのは北側なので、城は地形上の不利に対応するため北側に堀や出構えなどを配置している。

防御上、勝頼が他国から攻撃される可能性として想定していたのは、信長の同盟者家康が遠江にいるので駿河側からだったと思われる。織田信長に長篠合戦で敗れたとはいっても、信長の本拠地は安土城（滋賀県近江八幡市）で、彼の戦線が当時西に向いていたために、当面織田軍から攻撃される可能性はないと勝頼が判断しても無理はない。また勝頼は長く高遠城主だったので、上伊那から諏訪にかけて力を蓄えていた上、そこは彼にとって血を継いだ諏訪氏の本拠であった。そこで北側から攻撃されたら諏訪で踏ん張れば良いと判断し、新府城を北側から攻めてきた敵に対する最後の砦とは想定していなかったと想像される。だからこそ、天正十年の武田家滅亡に際して意外と簡単に高遠・諏訪で武田軍が敗れ、織田本隊が北側から攻めて来ると、あれほど簡単に新府城を放棄《ほうき》したのではないだろうか。

躑躅ヶ崎は相川と藤川に挟まれた台地上に位置するので、両川が北方の山から水を集め、水害を受ける可能性が高い。ところが、台地上の新府では水害は考えなくてもすむ。防災対策からすると、生活用水さえ用意できれば、新府の方が望ましい。

注意しなくてならないのは勝頼の出自である。勝頼は諏訪頼重《よりしげ》の娘を母として天文十五年（一五四六）に生まれた。第一章で述べたように、勝頼は永禄七年十一月に小野神社（塩尻市）へ梵鐘を寄進したが、銘には「郡主神勝頼」「大檀那諏方《すわ》四郎神勝頼」と刻み、自分が伊那の郡主で、諏訪氏（神氏）であることを公示している。実際、彼が出した文書のいくつかには「諏方四郎勝頼」の署名がある。

諏訪との関係

信玄の嫡男義信没後、勝頼が高遠から甲府に移った元亀《げんき》二年（一五七一）から、わずか二年で信玄は亡くなった。勝頼は永禄五年から元亀二年まで、十年にわたって高遠城主として独自に家臣団を養ってきたために、勝頼の相続はいわば信州の諏訪氏が独自の家臣団を率いて、甲斐の武田家を相続した形であった。

高遠時代の十年、そして甲府時代の十年が過ぎた時が、新府城を作った時期にあたる。勝頼には先の二十年を振り返り、十年を画して大きく飛躍しようとしたのではないだろうか。ともかく、勝頼は自らの出自もあって、諏訪・高遠に特別な愛着を抱き、諏訪方面に強い信頼感を持っていたと、私は推察する。

勝頼が称した諏訪氏は諏訪社上社の生き神様である大祝《おおはうり》になる家で、諏訪社と特別なつながりを持っていた。勝頼の代になると、信濃国内における諏訪社への御頭役（祭礼に際して負う様々な役割）

も整備された。特に下社に勝頼は多くの建物を建てた。諏訪明神は武神・戦の神として広く知られていたが、勝頼はその加護を最も受けるべき血が自分に流れていると強く意識していたようである。当時は戦争に際して神が直接戦ってくれるとの信仰もあったので、神の住む諏訪に少しでも近い場所に住んで、守護してもらおうとした可能性もある。

武田八幡宮（韮崎市神山町）

勝頼時代の御蔵前衆《おくらまえしゅう》（財政管理の役人）として、甲斐の八田村（末木）新左衛門、京の松木桂琳《けいりん》、諏訪の春芳《しゅんぽう》、伊奈《いな》の宗普《そうふ》がいた。このうち春芳は特に勝頼と密接な関係を持った大商人で、諏訪社に建物などを寄進している。伊奈の宗普も信州伊那郡に住んだ宗普ということで勝頼と関係が深かった。つまり、勝頼は経済的な後ろ盾として、諏訪と伊那を根拠とする両人を頼り、中でも春芳の存在は諏訪と結び付けた。それだけに、勝頼にとっては甲府よりも諏訪の入口にあたる新府の方が都合良かったといえる。

武田氏と新府

武田家の当主として、家の歴史にまつわる精神的な側面も重要であった。

武田氏の祖となった信義《のぶよし》の墓といわれる五輪塔が願成寺《がんじょうじ》（韮崎市神山町）にあり、彼が尊崇したと伝わる武田八幡宮（同）もその近くに存在する。新府城は南側からの攻撃を主として想定して占地されているが、願成寺と武田八幡は城から南側に位置している。先祖の霊や武田家を守ってくれる神の力を頼ろうと、危険な城の前面にこれを配したのであろう。

躑躅ヶ崎館から新府城へ移るに際して、樹木や石を引き抜いたことについて触れたが、この背後には現代人の心持ちにない神仏に対する意識がある。戦国時代には神仏に頼りながら戦争を行い、精神的な防御に意を注いでいただけに、その可能性は高い（拙著『鳴動する中世』）。

2 築城を可能ならしめたもの

府中を移し、城を築くためには大きな経済力が必要になる。ややもすれば武田家は天正三年（一五七五）の長篠合戦以後、坂を転がるように落ち目になったと理解されがちだが、本書で述べてきたように実情は異なる。

政治的安定

長篠合戦以後、周囲の勢力に押されて武田家は領土の拡大を望めなくなった。だからこそ勝頼は領国内部に権力を浸透させることに意を注ぎ、一定度の成果を上げてきた。その具体策の一つが、土地の生産量を掌握する検地であった。勝頼は土地の係争が起きたり、新たな宛行をする度ごとに検地を行い、実態を確認していったのである。これを通じて家臣団に軍役を厳しく課すことが可能になり、軍団への支配も浸透していった。信玄の代を含めた武田家の軍役の状況を伝える史料は一六点知られるが、その内一一点、全体の三分の二が長篠合戦の翌年である天正四年以降に出されている。領国拡大が望めなくなった勝頼が、必死で軍事力強化を図ろうとした様子がここから読み取れる。

一方で商人や職人等に対する支配も強化した。全体的に職人商人に関わる史料は、勝頼時代の方が信玄時代より数多く残っていて、職人役や商人役の徴発に努力したことが知られる。御蔵前衆である商人の動きが明確になるのも彼の代である。躑躅ヶ崎の館と比較して圧倒的な規模を誇る新府城では、城を築ける職人を用意しなければならないが、勝頼は郷村に権力を浸透させ、領国内での職人商人の支配を綿密にして、動員体制を整えていた。

武田家の収入を増やすため、領国民への年貢や役負担も増大させた。信玄の代のように領土拡張を前提として、年貢を取ることで経済力を強めるのはいわば重農主義とでもいえるが、勝頼は領土を拡張できなくなっただけに、商人や職人から利益を得ようとする重商主義に転じ、ある程度成功したのである。

こうして軍事的にも経済的にも立て直しを図っていた折、長年武田家と戦ってきた越後の上杉家では天正六年から七年にかけて、謙信《けんしん》が死亡した跡目をめぐって景虎《かげとら》と景勝が戦う御館《おたて》の乱が起きた。勝頼は最初、姻戚関係にある北条氏政《うじまさ》の弟の景虎に味方したが、後には景勝と結び付いた。勝頼の支援もあって三月二十四日に景虎が自害し、乱は終息した。景勝との同盟が強固になり、天正七年十月に妹の菊が春日山の景勝のもとへ輿入れした。そして、勝頼は景勝から上杉領であった上野と信濃を割譲させることができた。信濃は武田信玄によって全域が武田領に入っていたような錯覚を覚えがちだが、一国全体の支配はこの時からである。長年武田家と敵対関係にあった越後との関係が好転したことも、新府城の防御を南に向けさせた。最も危険と見なしてきた上杉家から攻撃されることがないと安心して、築城を企てることもできた。

財政や政治以外の条件として、新府城を築いた場所に有力者が居住しておらず、有力者の所領でもなかったことが考えられる。新府城は山の上に築かれたが、相当大きな権力でなければ開発できなかったので、居館を構えていた有力者もいなかった。また、韮崎は武田氏と密接な関係を持った場所で、領主として強大な武田家に敵対する者もなかった。どれだけ領国統治に便利な場所であっても、大きな力を持つ領主を敵対関係もないのに他へ追いやって、その所領を新たに自分の所領に組み込み、そこに城を築くほどの力を勝頼は持っていなかった。韮崎のある巨摩《こま》郡は武田氏と古くから関係が深かっただけに、武田家にとってこの地はもともと直轄地のような場所だったのであろう。

技術力

土地が入手でき、経済力があったとしても、築城技術の進展がなくては巨大な城を築くことはできない。実際、躑躅ヶ崎の館は居住空間と政庁空間で、要害城がいざという時に逃げ込むための避難の城であった。わかりやすくいえば、近世の城の御殿部分が躑躅ヶ崎の館、天守閣部分が要害城なのである。この間は約四キロほどの距離がある。

これに対して、新府城は一つの城の中に両方の要素が組み込まれている。城全体が要害城にあたり、その最も高い部分、本丸に躑躅ヶ崎館を移したと理解すればよい。山や丘陵全体を使っての巨大な郭の設置や複雑な縄張りは、信玄の段階よりはるかに築城技術が進んだことを示している。新府城は城郭史の大きな流れからするなら、山城《やまじろ》から平山城《ひらやまじろ》へという転換期に相応した最新の城だったのである。

武田信虎が躑躅ヶ崎館を作った時期には、いつ甲斐国内の国人たちから攻撃されるかわからなかった。したがって、領国統治以上に、身の安全を保つ避難場所が考えられ、居館として山に近い古府中が選ばれた。信玄もその意識を超えて新たな城を築くに至らなかった。ところが勝頼の時期に甲斐の中で武田家に刃向かう者は考えられなくなっていた。領国統治の進展が、避難よりも政庁の方に重点を置いた城を必要とさせたのである。

新府で技術上特に問題になるのは、水の確保とその処理だった。山の上、丘陵の上だけに水の確保が難しいからである。城の北側の水堀には現在も水がたまっているが、台地上にこれだけの水が湧き出ていることを見極めた上で、縄張りをし築城した、その観察力の的確さに目を見張る。

城内の二つの井戸もその大きさと深さから、湧き出る水だけでなく、雨などが降った時にはため池の役割も帯びたといえる。十分の籠城に耐えられるよう、大きな井戸が用意されたのである。

東側や北側の池、堀、それに出構え、あるいは西側に位置する井戸などは、当時の最新の技術を駆使している。また既に知られている排水遺構なども同様である。城下町建設にあたっていかに用水路を整備していったのかなど、今後明らかにしていかなければならないことが多く残っているものの、躑躅ヶ崎館段階より技術力は明らかに飛躍している。

3　城と城下町

新府城の実態

武田家の最後の城である新府城の実態は杳としてわからない。天正九年（一五八一）正月二十二日に真田昌幸は、真田領の築城人足へ二月十五日に着府するよう命じた。勝頼は十二月二十四日に新府城に移ったが、『甲陽軍鑑』に「半造作」とあるように、一年に満たない突貫工事で城が完成したわけではなかった。実際、発掘調査によれば、大手口と見なされてきた枡形虎口《ますがたこぐち》にさえも、建造物がなかった。遺構の現状からして、大地を動かす普請（基礎工事、土木工事）は一応完成したが、建物などを造る作事《さくじ》はまだ終わっていなかった。しかも、勝頼が翌年の三月三日に火を放ったため、新府城とその城下町は歴史上一度も完成せず、設計図も明らかでなく、幻のまま遺構が残っているのである。

新府城は七里岩南端の標高五二四メートルの丘陵の円頂上に築かれ、西側は比高差一二九メートルの崖で釜無川になる。国史跡として指定されている面積だけでも二五万七七二一・一平方メートルという広大なものである。

城へ行くにはJR新府駅から西に進めばよい。車なら市街地から県道一七号線を北に向かう。いずれにしろ県道一七号線のわきに用意された、城の東北にあたる駐車場から歩き始めよう。道路の脇に案内表示があるので、城の状況について確認し、自分の歩きたいルートを定める。現在北側で整備が

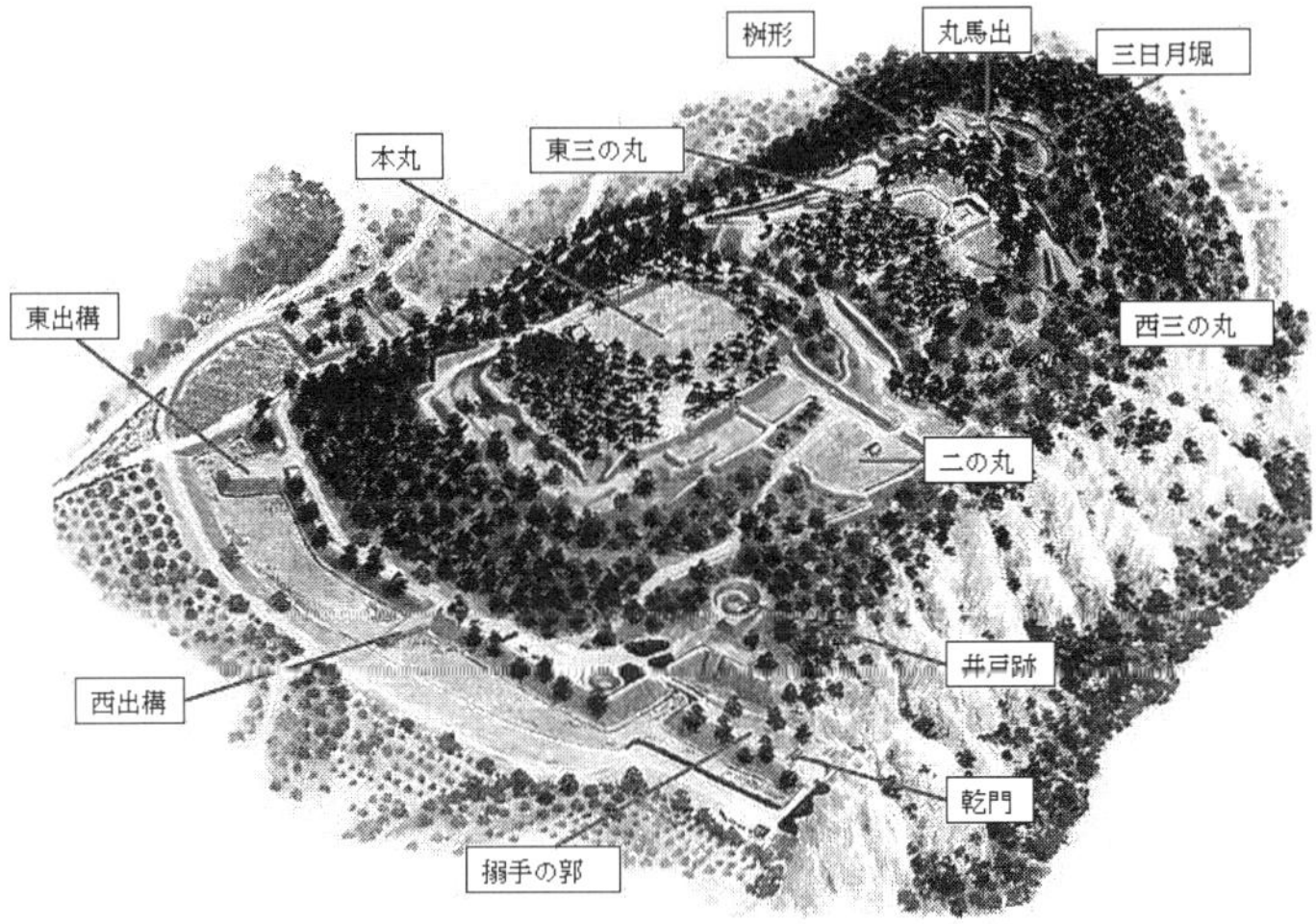

新府城の遺構（韮崎市教育委員会提供）

進んでいるので、それを見てから短時間で本丸（主郭）まで行きたい方は北側から入るのがよいだろう。時間に余裕がある方には一般的に大手門とされる遺構の残る南側から歩くことをお勧めしたい。

遺構を歩く

ここでは南側から入ることにする。駐車場から県道一七号線を南に下ると、右側に車止めがあるが、徒歩ならば城の内部へと進むことができる。すぐに様々な遺構が目に飛び込むが、さらに進むと左手に大手の土塁に囲まれた巨大な枡形虎口がある。枡形は東西一五メートル、南北一九メートルの広さがある。平成十二年度に韮崎市教育委員会が発掘したが、遺物は出土せず、門も建てられた形跡がなかった。

枡形を南に抜けると丸馬出《まるうまだし》となり左右に道があるが、前面の土塁に上がると、眼下に武田氏の築城の典型とされる三日月堀がある。堀まで下って上を眺めると、比高差が約九メートルもあるだけに、前にそびえるように丸馬出の土塁が見える。ここから枡形虎口に向かうと、防御にいかに気を遣っていたかがよくわかる。この大手口の縄張りこそ、武田家の築城技術の到達点なのである。

再び入口からの車道を西に向かって上って行くと右手に東三の丸、西三の丸と続く。東三の丸と道路との間、右側に石がかぶせられているところがあるが、これはかつて道路を造った時に偶然発見された排水遺構である。当然のことながら水処理は生活上必須なので、城内にはこのような施設が張り巡らされていた。

三の丸は北側の東西が一三〇メートル、南側の東西が七〇メートル、南北一〇〇メートルの台形を呈している。三の丸は東西で郭の高さが異なり、その間に土塁がある。北側は山を削り、その土を南に運んで郭が形成されているが、東西ほぼ同じ面積で、規模が大きい。ここからはかわらけ・鉄釘・陶磁器・砥石・石臼等が発掘されており、短い期間しか使われなかったとはいえ、生活の痕跡が見られる。

車道をそのまま上がっていくと二の丸の手前から本丸へと進むことができる。本丸虎口は蔀《しとみ》の構えといわれ、中が見渡せないようになっていたとされるが、その片鱗が残っている。本丸は東西九〇メートル、南北一五〇メートルの広さで、周囲には土塁がめぐっている。平成十三年度の試掘調査では、石築地・石積み・敷石・礎石・柱穴などの遺構が発見され、焼土層も確認された。また、青磁・白磁・陶器・鉄製品・茶臼なども出土している。館をそのまま本丸に持ち上げた面積である。遺物からしてここがまさに居館部分にあたる。

北側の土塁上に立つと、諏訪に向かう眺望がすばらしい。南側の土塁からは腰郭とその下の三の丸が目に入る。また東側には、本丸への登り道の一つが見て取れる。

西側の土塁に立つと、一つの郭を隔てて二の丸が見える。ここから眺めても複雑な縄張りと、大規模な普請が読み取れる。二の丸は五四メートル四方で、周囲に土塁が設置されている。

枡形虎口跡

本丸跡

本丸で発掘された陶磁片

二の丸を北側に降りていくと、井戸跡がある。井戸はローム層を擂り鉢状に掘削しており、籠城などに際して水確保に注意が払われていたことがよくわかる。西側にはL字状に土塁がめぐらされ、井戸を守っている。城内の井戸は北側にもある。井戸の西側には北側からの堀が南側にまで延び、対岸に搦め手から続く郭が見える。

本来は搦め手側と井戸側とが木橋で結ばれていた。北側の井戸を東側に向けて帯郭が続く。現状では搦め手に向かうには、北側の堀沿いに西に向かい、土橋を渡って入ることになる。その東側の先ほど井戸側で見た橋でつながっていた郭の東橋に立つと、井戸側が高く、また足下の堀が深いことが実感できる。搦め手側にある郭の橋を架けた部分は、橋の重みに耐えることができるよう版築《はんちく》（板枠の中に土を入れて突き固め、層を重ねてつくる工法）で、きれいに整形もなされている。北側には土塁がめぐらされている。東側に行くと搦め手の枡形がやや不整系で一五メートル四方の大きさで展開されている。

平成十二年度の試掘調査では、搦め手枡形の内側から焼け落ちた門跡（乾門）が出てきた。おそらく武田家滅亡の折に火がかけられたのであろう。さらに掘ると六個の礎石が確認され、礎石上には罫《け》書きの刻線や、火災時の焼き焦げ跡が確認された。目下その復元に向けて事業が進んでいる。枡形を西に向かうと、七里岩の崖の高さがよくわかる。入口は北側に向かった土橋で、土橋東側に水堀が展開する。堀に沿いながら東側に進むと、新府城の特徴とされる出構えが二つある。これは帯郭から北側の堀に向かって突き出した長さ三五メートル、高さ三から五メートルの土が盛られた遺構で、版築されていた。出構えは一二〇メートルほど隔てた北東にもある。そこにつながる帯郭の土塁は途切れて、虎口になっている。

出構えの意味については、鉄砲陣地、堀の水を調節するダム施設などの諸説があり、決着を見ていないが、私は水調節の機能が大きいように思う。

なお、西出構えの西側、堀において青磁など質の高い貿易陶磁が出土している。

井戸跡

北側の小堀

発掘された焼け落ちた門

城下町の実態

文化十一年（一八一四）にできた『甲斐国志』は、七里岩の上の北は穴山村、南は駒井村の前にまたがり、諸士の宅跡等が多く存在したとする。そして、具体事例として穴山村の伊藤窪に伊藤氏と山県氏、次第窪に長坂氏、大学屋敷（小山田氏か）、甘利氏、穴山氏などの屋敷跡があると記されている。城下町は少なくとも、新府城から直線距離でも三から四キロある現在のJR穴山駅の北側にまで広がっていたことになる。

韮崎市教育委員会が発掘した、城から北東わずか一キロ少しの距離にある中田町の隠岐殿《おきどの》遺跡により、新府城下町の一端が明らかになった。礎石建ての建物と、上級者の持つであろう貿易陶磁を中心とする高級な遺物が出土したのである。

隠岐殿遺跡の発掘状況（韮崎市教育委員会提供）

となると、ここには武田家の縁者か、心を許すことのできる近臣が配されていた可能性が高い。狭いところに建物が密集しており、礎石のプランからすると、お堂など宗教上の建物かもしれない。

この遺跡のすぐ南の平坦面を帝京大学山梨文化財研究所が発掘したが、何も出ていない。おそらく武田家は計画的に平坦面までを造って家臣などに割り当て、各自の資金で建物を建てさせ、移ってくるように計画したのであろう。『甲陽軍鑑』によれば、勝頼は新府を退いて古府中に着くと、一条信龍の屋敷に立ち寄った。ということは、彼はまだ古府中に住んでいたことになる。信龍は信玄の異母弟なので、武田家同族の中にさえも新府に移っていなかった者がいたのである。ちなみに、恵林寺所蔵の「甲州古城勝頼以前図」によれば、一条氏は躑躅ヶ崎館の南に典厩（武田信豊）と接して屋敷地を持っている。親族の中には、何の遺構もない隠岐殿遺跡南側の広い平坦部のような、城に近接した場所に地を宛がわれていても、まだ屋敷も造らず、移らない者もあったのである。

前述の発掘結果からして勝頼は新府中を作るきちんとした設計図を描いており、縁者や家臣などに土地を割り当て、普請をさせていた。しかしながら、建物の建築費などまで勝頼が出してくれるはずもなく、屋敷地の普請（土地造成）は終わっても、建物を作るには至らず、割り当てられた新府中の地に移ることのできない者も。あるいは意図的に移らない者も存在したのである。

おそらく隠岐殿遺跡の建物は、天正十年三月に所有者によって火が付けられたか、戦火にかかったのであろう。武田家滅亡がもう少し後だったら、甲府の町が徐々に新府へ移っていったことは確実である。

隠岐殿遺跡は宗教施設の可能性もあるが、『甲陽軍鑑』には、天正九年「七月甲府の諸寺新府中へこす。善光寺最前に御屋敷を申うけ、御屋形の御判形をとる。其うつし是なり」として次の文書が掲げられている。この文書は現存しており、次の文面である。

定

一、善光寺小御堂《こみどう》、坊中ならびに町屋敷等の儀、栗田計らいたるべきの上は、他のいろいあるべからずの事。

付けたり、但し仕置等相違の儀あらば、下知を加うべきの事。

一、同じく町屋敷諸役の儀、向後免許せしむるの事。

一、六月の高棚、上町にこれを打たば、諸法度以下栗田の計らいたるべき事。

一、仏前拝趨《はいすう》の僧、上下共に普請致すべからず、但しよんどころなき儀においては、如来崇敬候の為に間、若輩の人は相勤むべきの事。

一、信州より本善光寺に集まり来たるの僧俗、或いは罪科人を守り、或いは罰銭等の役儀を出すを、一切これを停止畢。但し佞人《ねいじん》有り盗賊を隠し置き、又は国法に背かば、厳科に行うべきの事。

右条々、法性院殿（武田信玄）御直判を以て定め置かれるの上は、自今以後もいよいよ相違あるべからざるものなり。仍て件の如し。

天正九年辛巳《かのとみ》

七月四日（花押）（武田勝頼）

栗田永寿殿

その他善光寺衆

（善光寺大本願所蔵栗田家文書）

『甲陽軍鑑』の筆者は、この文書を新府への善光寺移転とつながると意識していた。実際には三月に高天神城で討ち死にした鶴寿（寛久《ひろひさ》）の子である永寿に善光寺支配権を安堵した内容である。とするならば、この段階では勝頼に善光寺移転の計画がなかったことになる。

4　滅亡への道

高天神城落城

天正八年（一五八〇）九月十九日、武田家にとって遠江の拠点であった高天神城（静岡県掛川市）周辺に徳川勢が陣取って砦の普請を開始したため、城は徳川勢の包囲下におかれた。翌天正九年正月、城将の岡部元信は高天神と小山・滝堺の城を引き渡すからと城兵の助命を求める矢文を放ったが、織田信長は二十五日にこれを拒絶するよう家康に伝えた。

正月二十五日に信長が水野忠重へ宛てた朱印状には、「武田四郎（勝頼）分際にては、重ねても後巻《うしろまき》成るまじく候哉、それをもって両城をも渡すべきと申す所毛頭疑いなく候。その節は家康気遣い、諸卒辛労すべき処、歎かわしく候共、信長一両年内に駿・甲へ出勢すべく候」（水野家文書）とある。勝頼の能力では徳川軍がこれらの城を攻撃しても、逆に武田軍がさらに背後から包囲することはできないだろうと見下しており、一両年中に武田攻撃をすると述べている。

勝頼は信長がこのように自分を評していると夢にも思わず、三月十日に駿河へ出兵する予定なので、二十日までに甲府へやってくるようにと諸将に求めた。十七日には北条軍が甲斐に入り、棡原《ゆずりはら》（上野原市）で合戦となった。

三月二十二日、高天神城が徳川軍の攻撃によって落ち、城将の岡部長教《ながのり》・栗田鶴寿ら城兵七三〇人が討ち死にした（『家忠日記』）。翌日、武田の残党を捜す山狩りが行われた。『信長公記』は、「武田四郎御武篇《ごぶへん》に恐れ、眼前に甲斐・信濃・駿河三ヶ国にて歴々の者上下其数を知らず、高天神にて干殺《ほしころし》にさせ、後巻《うしろまき》仕らず、天下の面目を失ひ候」と評している。「高天神を制する者は遠州を制する」とまでいわれたこの城の落城は、勝頼に大きなショックを与えた。

五月に、藤枝城と田中城（ともに藤枝市）に向けて徳川勢が動いた。武田方では朝比奈信置が当目《とうめ》（焼津市）へ出陣して、石川数正に敗れた。

六月二日、江尻城代の穴山梅雪（信君）は土屋昌恒へ、高天神で戦死した者たちの跡職や、用宗城・江尻城の普請の状況を報せ、勝頼に披露してほしいと求めた。

六月二十八日に見附に出陣した家康は、七月一日に遠江相良《さがら》（牧之原市）で砦の普請を開始した。

八月には、三枚橋城が北条氏直の攻撃を受けた。勝頼は二十日に穴山梅雪へ書状を送り、氏政への対応、家康対応のため田中・小山・天王山以下の城の用心を命じ、明日少し援軍を送るが、求めがあればすぐ出馬すると伝えた。八月二十八日に北条勢は撤退したが、勝頼は三十日に三枚橋城の曾禰（根）河内守へ城普請を命じた。

一方でこの頃、勝頼は南化玄興《なんかげんこう》を通じて織田信長との和睦をはかったが、成功しなかった。

十月二十七日、北条方の伊豆戸倉城（静岡県駿東郡清水町）代の笠原政晴が勝頼に服属を申し入れ、翌日に伊豆韮山城を攻撃した。勝頼は十月二十九日に穴山梅雪や信濃・上野の諸卒を援軍として派遣し、自らも伊豆に出馬した。北条氏も笠原政晴を攻撃するため出兵した。勝頼は佐竹氏や下野の佐野宗綱に支援を要請したので、佐竹義重が十一月十六日に出陣した。二十日に勝頼は北条勢と戦った。二十七日の夜には興国寺城（沼津市）が北条方の忍びによって奇襲された。

関東では二十七日に小弓公方《おゆみくぼう》の足利頼淳《よりあつ》が、太田道誉に勝頼への軍事協力を求めた。十二月四日に勝頼は佐竹義重へ、北条氏の背後を突くように再度書状を出した。

武田勢は十二月五日に伊豆を攻撃して、玉川表（三島市）で合戦となった。勝頼が攻撃の馬を納めたのは十二月十九日で、二十四日頃に新府城に入った。

一方、武田家にとって最大の脅威である織田信長は、十二月十八日に甲州進攻の準備として黄金五十枚で米八千俵を購入し、三河の牧野城（愛知県豊川市）に備えた（『家忠日記』、『信長公記』）。信長もいよいよ武田攻撃のために動き出したのである。

木曾義昌の逆心

信濃の木曾谷を根拠にする木曾義昌は勝頼の異母妹を妻にしており、武田家と姻戚関係にあったが、勝頼の権力が弱体化していると判断して次第に武田家から離れ、天正七年十一月に鮎沢弥三郎に所領を安堵し、天正九年二月に興禅寺（木曽町）に禁制を掲げるなど、独自の支配を推進していった。

勝頼はこうした状況に対処するため、木曾谷での防御に気を配り、とりわけ当面の敵信長に配慮し、天正七年十一月十六日に跡部勝忠へ信濃と越後の国境、及び木曾妻籠冂（南木曽町）の役所（関所）の警固を命じた。

『信長公記』によれば、木曾義昌は天正十年二月一日に信長の味方になると表明し、勝頼を攻め滅ぼす軍勢を出すよう、苗木（岐阜県中津川市）の遠山久兵衛に求めた。この旨を信長の長男である信忠に言上したところ、信忠は日を移さずに父へ伝えた。信長は領域の境目に配置してある武士を出して、人質を取った上で出馬すると義昌に約束したので、義昌は舎弟の上松《あげまつ》蔵人を人質として織田方の菅屋九右衛門に預けた。なお『当代記』によれば、木曾義昌が苗木久兵衛を通じて織田信忠に申し入れたのは正月二十五日であるという。江戸時代中期に書かれた『甲乱記《こうらんき》』では、二十七日に新府の勝頼のもとに木曾家家臣の千村左京進が来て、木曾義昌の謀叛を報せたという。なお、『甲陽軍鑑』では二月六日になっている。

木曾義昌が謀叛を起こしたと聞いた勝頼親子と武田信豊は、移ったばかりの新府城（韮崎市）から二月二日に馬を出し、一万五千ばかりの兵で諏訪の上原（茅野市）に陣を敷いて、敵が入ってくる諸口の対応策を申し付けた。ちなみに、人質としてとってあった義昌の母と義昌の嫡男、長女は処刑された。

木曾義昌は二月六日付けで信忠の家臣の塚本三郎兵衛尉に書状を送り、来援を求めた。信長は既に二月三日、武田領国攻撃の軍勢を動かしており、駿河口から徳川家康、関東口から北条氏政、飛騨口から金森長近《かなもりながちか》が大将として軍勢を入れ、伊那口からは息子の信忠に二手に分かれて攻め入るよう命じたのである。これに応じて、二月三日に織田信忠・森長可・団忠直（平八郎）が先陣として、尾張・

美濃の軍勢を率いて、木曾口・岩村口に出撃した。

　武田方では峠や山道などの要害の場所を抱え、滝ヶ沢（下伊那郡平谷村）には要害を構え、下条信氏《のぶうじ》を入れておいたが、彼の家老の下条九兵衛が逆心を企て、二月六日に信氏を追い出し、岩村口から河《かわ》尻《じり》秀隆《ひでたか》の率いる軍勢を入れてしまった。

鳥居峠の碑（木曽郡木祖村）

　織田信忠は二月十一日に岐阜を出て、十四日に岩村に着陣した。この日、松尾（飯田市）の城主小笠原信嶺が織田方に属することを表明したので、織田軍は妻籠《つまご》口（南木曽町）から団忠直・森長可を先陣として、清内路口（阿智村）より伊那へ侵入した。飯田城（飯田市）には坂西織部・保科正直《まさなお》が立て籠もっていたが、この日の夜に敗北して逃げ出した。翌二月十五日に市田（高森町）で武田勢は織田軍の攻撃を受け、退き遅れた者十騎ばかりが討ち取られた。

　武田軍は木曾義昌攻撃のため、二月十六日に今福昌和《まさかず》が侍大将として、鳥居峠（塩尻市と木祖村との間の峠）へ足軽を出した。対する義昌の軍勢は苗木久兵衛父子に織田の援軍を加えて迎え撃ち、鳥居峠で合戦となった。この合戦で武田方は跡部治部丞、有賀備後守、笠井、笠原といった屈強の者四十名余りが討ち取られてしまった。こうして木曾谷でも武田軍は敗退した。そこで、武田方の馬場美濃守（昌房）は深志《ふかし》の城（松本市）に立て籠もり、鳥居峠に差し向かい、織田軍の動きに対する姿勢を取った。同じ十六日、遠江では小山城が自落した。また、北条氏政は北条氏邦に対して、今月十日以降、甲斐・駿河からの情報が入ってきていないことを伝えた。

十六日に信忠は岩村から平谷（下伊那郡平谷村）に陣取り、翌二月十七日には飯田に進んだ。勝頼は伊那の拠点である大島城（下伊那郡松川町）に信玄の弟の逍遥軒信廉を入れ、小原丹後守継忠、日向玄徳斎《ひなたげんとくさい》宗栄、関東の安中氏などを加えて守らせた。しかし、大島城は織田軍の攻撃の前にもろくもこの日の夜中に陥落した。大島城を手に入れた信忠はここに留まり、城に河尻秀隆、毛利河内守秀頼を入れ、先手を飯島（上伊那郡飯島町）に移らせた。その上で森長可、団忠直、小笠原信嶺に先陣を命じた。

大島城跡（下伊那郡松川町大島）

民衆の動き

大島城の信忠のもとへは、先々から百姓たちが自分の家に火をかけやって来て、「近年武田勝頼が課役等を申し付け、新関を設けたりするので、民百姓の悩みはつきない。また武田は重罪の者を賄賂《わいろ》を取って罪を軽くし、罪の軽い者を懲らしめのためだといって磔《はりつけ》にしたり、殺したりする。このため貴賤上下とも武田家を忌み嫌い、内心は信長の分国になりたいと願っていたので、この時を幸いと上下とも忠節をするためにやって来た」と訴えた。百姓たちが自分の家に火をかけたのは、武田家との関係を穢れと見て、自分たちの態度をはっきりさせる手段であった。また、百姓たちが主張するように、長篠合戦で敗れて外に領域を膨張することができなかった武田家は、戦争に備えるためにも新たな課役を行い、百姓の負担が重くなっていたことも否めない。領国民としては実際に多くの負担に堪えられなくなっていたのであろう。同時にこの動きは、機を見るに敏な百姓たちが、いち早く織田方に乗り替えようとしており、武士だけでなく民衆も雪崩を起こして織田についたことを伝えている。

ちなみに、織田信長は二月二十八日に河尻秀隆へ、「大百性(姓)以下は草のなびき時分を見計らうものにて候」(「古今消息集」)と百姓は草が靡く時間を検討つけるから、城普請などの時に役に立つかもしれないと書状を出した。信長は冷静に情勢を見つめ、百姓は勢力のある方に従うので、彼らをうまく利用すれば城普請などに都合が良いと伝えたのである。

織田信長の軍が信濃に乱入したのとほぼ同じ頃、徳川軍も駿河に侵攻し、家康は十八日に懸川まで進んだ。

二月十九日に北条氏政は、先に北条氏邦が信濃口の状況を報せたのに対し、情報の実否を尋ねた。勝頼と同盟関係にあった上杉景勝は武田方に援兵を送ると伝えたが、勝頼は二月二十日、改めて応援を求め、「木曾義昌奸謀《かんぼう》歴然の条、彼の谷に向かいてだてに及び、備え存分に任せ、谷中過半撃砕せしめ候。しかるといえども、切所を構え楯籠り候の故、没頭遅々、無念候の刻、下伊奈表において地下人等少々賊徒に与し蜂起候の間、分国の諸勢相集め、無二退治を遂ぐべき覚悟に候。人数不足無く候といえども、外国の覚えこの節に候の間、二千も三千も早々指し立たれるにおいては、一段欣悦たるべく候」（上杉家文書）と景勝へ書状を送った。木曾義昌が逆心を企てたので、木曾谷攻撃のための軍を起こし、ほとんど撃砕したが、相手は砦に立て籠ったため時間がかかった。この間に下伊那では地下人などが織田方に与して蜂起したので、自分の分国の軍勢を集めて退治をするつもりだ。軍勢は不足していないが、二千でも三千でもいいから出してくれたら有り難いという。勝頼は軍勢は十分だといいながら、少しでも多くの兵を求めているのである。この書状の中に、民衆が蜂起し、武田領国が瓦解しつつある状況が読み取れる。

二十日には北条氏政が軍勢を動かし、武田領への侵攻を始めた。駿河でも徳川勢が田中城を攻撃した。翌日には徳川軍が用宗城を包囲し、家康が駿府まで兵を進めた。

勝頼夫人の願文

二月十九日には勝頼夫人が武田八幡神社（韮崎市）に、勝頼の勝利を祈願して願状を出した。この文書は主としてひらがなで書かれているが、読みやすくするために漢字を交えて読むと次のようになる。

敬って申す　祈願の事

南無《なむ》帰命頂礼《きみようちようらい》、八幡大菩薩、この国の本主として竹《（武）》田の太郎と号せしよりこの方、代々守り給ふ。

ここに不慮の逆臣出で来たって国家を悩ます。仍て勝頼運を天道に任せ、命を軽んじて敵陣に向かふ。然りといえども、士卒利を得ざる間、その心まちまちたり。なんぞ木曾義政（昌）そくばくの神慮をむなしくし、我が身の父母を捨てて奇兵を起こす。これ自ら母を害するなり。なかんづく勝頼累代十（重）恩の輩、逆臣と心を一にして忽ちに覆さんとする。万民の悩乱、仏法の妨げならずや。抑も勝頼いかでか悪新（心）なからんや、思いの炎天に上がり、瞋恚《しんい》なを深からん。我もここにして相共に悲しむ。涙又らんかん（欄干）たり。神慮天命誠あらば、五虐十虐たる類、諸天かりそめにも加護あらじ。この時に至って、神鑑私無く渇仰《かつごう》肝に銘ず。悲しきかな神慮誠あらば、運命この時に至るとも、願わくば霊神力を合わせて、勝頼一身に付けしめ給い、仇《あだ》を四方《よも》に退けん。兵乱かえって命を開き、寿命長延子孫繁盛の事。
右の大願成就ならば、勝頼我共に社檀御垣きたて、回廊建立の事。
敬って申す。

　天正十年二月十九日　　源勝頼内

（武田八幡神社文書）

この文書については柴辻俊六氏が後世の創作物と判断されると結論づけており（『武田勝頼』一八三頁）、従うべきであろう。

いずれにしろ、ここに記されている心情は武田家滅亡時における勝頼の身内なら抱いていたものと考えられる。

仁科盛信（伊那市教育委員会蔵）

高遠城落城

信濃の中で大きな抵抗を見せたのは仁科盛信の籠もる高遠城であった。これを攻めるために織田信長は、二十一日、滝川一益・河尻秀隆などに、城への道筋に付城を築かせた。

二十三日に信長は河尻秀隆に書状を送り、勝頼が高島（諏訪市）から甲州へ退いたということだが事実を調べて申し越すように、木曾義昌の人質は我々が出馬をする時に召し連れるように、高遠表に陣取ることについては皆で相談し落ち度がないようになどと指示したが、文中には勝頼「退治程有るべからず候」（徳川黎明会文書）とまで記されている。

二月二十五日、遠州口の抑えとして江尻（静岡市）に在城していた穴山梅雪斎《ばいせつさい》（信君）は織田方に寝返ることに決め、甲斐国府中に人質として置かれていた妻子を雨に紛れて盗み出した。三月十七日付けの松井《まつい》友閑《ゆうかん》宛ての信長書状にはこの時の様子が、「穴山足弱《あしよわ》等、甲斐府中より彼らが館へ引っ越し候き。四郎諏訪に居陣せしめ候間、則ち甲州の構へ引き退き候。その外彼の国の者ども我も我もと忠節すべきの覚悟に付きて、右の構えにも相堪えず、山中へ北《に》げ隠れ」（『武家事紀』）とある。親族の大物である穴山信君までが勝頼を裏切ったことで、甲斐の武士たちは一気に織田方に走ったり、山の中に逃げ隠れたのである。

武田家の親族である木曾義昌も穴山信君も、それまで従ってきた武田家の形勢が悪いと判断すると、自分の立場をよくするために敵方についた。これが戦国大名と地域領主の一般的な関係でもあった。

東からは二十六日に北条氏政・氏直が駿河に出陣し、西では二十七日、徳川勢の攻撃の前に用宗城の開城が決まった。

勝頼は二十八日に穴山梅雪が謀叛をしたとの連絡を得て、上原（茅野市）の陣所を焼いて新府に帰った。この日、伊豆戸倉城が北条勢の攻撃の前に陥落し、夜に駿河の三枚橋城も自落した。上杉景勝のもとには厩橋城主の北条高広が北条氏に寝返ったとの噂が届いた。

二十九日には穴山梅雪が家康へ内覚という形で、降伏条件を示した。この日、朝比奈信置は用宗城を徳川に明け渡して久能城に退いたが、久能城も間もなく攻略され、城代の今福虎孝が自害した。三月一日に徳川家康は、穴山梅雪の服属を公表した。この夜、駿河の深沢城が自落した。

まさに武田領国は四方から蚕食されつつあった。

敗走を続ける武田軍の中にあって、唯一徹底抗戦したのは高遠城（伊那市高遠町）であった。時間をおかないでその模様を伝えるのは、攻撃した側の『信長公記』しかないので、これによってその状況を見よう。

三月一日に信忠は飯島（飯島町）より人数を出し、天竜川を越して、貝沼原（伊那市）に進んだ。ちなみにこの時、織田軍が一夜にして築き、信忠が陣を敷いたと伝わる一夜城跡が貝沼に残っているが、県道工事のため保存が危うい状況である。

　小笠原信嶺を案内にし、河尻秀隆・毛利秀頼・団忠直・森長可が先に進み、信忠は御幌の衆十人ばかり召し連れて、勝頼の弟である仁科盛信の立て籠もる高遠城を川を隔てた山の上から偵察し、その日は貝沼原に陣を取った。

　高遠の城は三方が険しい山城で、後ろは陸続きであった。北から西に向かって藤沢川、東から西に向かって三峰川《みぶがわ》が流れ、その合流地点の段丘上に城が設けられていたので、大変堅固な城であった。貝沼の方から高遠に入ろうとすると、入口三町ばかりの間は下が三峰川、上は大山が聳え立ち一人ずつしか渡ることのできない難所であった。ところがその川下に浅瀬があったので、小笠原信嶺の案内によって夜の間に森長可らが城側に渡り、大手口の川向かいに攻撃を仕掛けた。

織田軍が一夜で築いたという一夜城跡
（伊那市富県）

　保科正直は飯田の城を逃れてから高遠の城に立て籠もり、ここで城中に火をかけて忠節をしようと松尾掃部のところへ夜中に申し出たけれども、その隙もなく三月二日の払暁に織田軍が攻撃を仕掛けた。信忠は地続きの搦め手口へ取り詰め、大手口には森長可や小笠原信嶺らが攻撃を仕掛け、数刻にわたって戦い、数多くの武田勢を討ち取った。信忠自身も武器を持って、先を争って塀際へ取りつき、柵を引き破って、塀の上へ登り、一気に乗り入れるよう下知したので、織田軍は我劣らじと城内へ雪崩を打って入り、大手と搦め手の双方から武田軍と火花を散らして戦い、双方傷を蒙り、討ち死にする者が数知れなかった。

織田軍は城に籠もった身分の高い婦人や子供などを一々引き寄せて刺し殺し、斬り殺していった。この時、諏訪勝右衛門の女房が刀を抜き、織田軍を斬って前代未聞の比類無き働きをした。また、十五、六歳の美しい若衆が一人、弓を持ち、台所の行き止まりで多くの敵を射殺したが、矢が尽きて、後には刀を抜いて斬って回り、討ち死にした。

結局、この戦いで、武田方では仁科信盛以下の四百人以上もの命を失ったのである。

5 勝頼の最期

炎上する新府城

三月二日、北条勢が吉原（静岡県富士市）まで進んできた。武田家を支援をしてくれる可能性があるのは上杉景勝しかなかったので、河野家昌《こうのいえまさ》などが状況を伝えた上で援軍の派遣を催促した。

三月三日、関東の安中氏は大島城を出てから、諏訪湖のはずれの高島城（長野県諏訪市）に立て籠っていたが、支えることができずに織田方の津田源三郎（織田勝長）に城を渡して退いた。さらに、木曾口の鳥居峠に陣取っていた織田方の軍も、深志（松本市）表に向かって攻撃を加えたため、深志

武田家の築いた深志城の後身である松本城
（松本市丸の内）

城を守っていた馬場昌房は持ちこたえることができなくなり、城を織田長益に渡して退散した。

同じ三月三日、家康は穴山信君（不白）を案内者として、駿河河内口から甲斐国文殊堂の麓市川口（市川三郷町）に乱入した。穴山信君は、徳川家康への工作に功があった龍雲寺の清蔵主に、甲州が思う通りになったら万疋の地を与えると約束した。家康は円蔵院・南松院・大聖寺・竜華院などへ禁制を出した。こうして、既に南からは徳川家康が新府に向けて迫ってきていたのである。

勝頼は高遠城で時間をかせごうとしたにもかかわらず案外早く落城し、織田信忠が新府へ向けて軍勢を動かしているとの情報を得て焦った。また、次々と味方が脱落していることを知った。新府城に在城した上下一門や家老の衆などは、戦の手だてもなく、面々の女や老人・子供の引っ越しに取り紛れて、取るものもとりあえずという状況だった。

既に見たように、穴山信君の動きに堰を切って武士たちは武田家を見限って寝返っていたため、旗本の人数もほとんどいなくなっていた。勝頼の親族である信豊は信州佐久郡の小諸城（小諸市）に立て籠ろうと、下曾根岳雲軒賢範を頼りに小諸に逃れた。

家臣がほとんど逃げ、親類の者にまで見捨てられた中で、勝頼は新府城に籠って戦うのは無理だと判断し、三月三日卯刻（午前六時頃）に城へ火を放ち、天然の要害である岩殿城（大月市）に向かうことにした。当時、武士は情勢次第でいつ裏切るかわからなかったので、それを阻止するために新府城には人質が多く取ってあったが、彼らを残したまま火をかけたので、人質の泣き悲しむ声は天にも届くばかりであった。

一行は勝頼の妻（北条氏政の妹）、側上臈《そばじょうろう》の高畠のおあひ、勝頼の伯母大方、信玄末子の娘、信虎京上臈の娘、この他一門・親類の上臈、御付の者など二百余人であったが、その中で馬に乗っている者は二十人にも足りなかった。歴々の上臈・子供たちは普段は歩いたこともないような山道を裸足で歩いたため、足に血がにじみ、落人の哀れさで目も当てられぬ状況だった。そして長年住み慣れた甲府を横に見ながら、郡内の領主で大きな勢力を持つ小山田信茂を頼りにして岩殿城に向かった。

勝沼（甲州市）を過ぎてから信茂が、味方をすることはできないといってきたため、皆途方に暮れた。信茂も遅ればせながら、保身に努めようとしたのである。勝頼が新府城を出た時には侍分の者が五、六百人もいたのに、途中で次々と去って行って、従う者はわずかに四十一人になってしまった。行く手を遮られた勝頼一行は、武田家にとって古くから縁のある天目山の麓、田野《たの》（甲州市）の平屋敷にしばらくの間として防御の柵を設け、陣所として足を休めた。

一方、織田信忠は上諏訪に陣を進め、諏訪社上社に火を放った。諏訪の武田方の拠点である高島城を守っていた安中七郎三郎は織田信房へ、松本平支配の拠点である深志城の城代である馬場昌房は織田長益へ、それぞれ城を引き渡して退去した。

穴山信君は三月四日に駿府（静岡市）で家康に謁し、太刀・鷹・馬を贈った。家康はお返しに刀・鉄砲一〇〇挺を渡し（『家忠日記』）、翌日、徳川軍が江尻城を確保した。

武田攻めの中心者の織田信長は、三月五日に隣国の人数を召し連れ、安土城を出発し、近江の柏原菩提院（滋賀県米原市）に泊まり、翌日仁科盛信の首を呂久《ろく》の渡し（岐阜県瑞穂市）で見て、岐阜（岐阜市）へ持たせて長良の河原にかけた。七日は雨だったので岐阜に逗留した。

五日に上杉景勝が派遣した援軍は信濃の牟礼《むれ》（飯綱町）に着陣し、斎藤朝信以下の本隊を待った。六日に景勝は、禰津常安などに長沼表（長野市）に援軍を送ったと伝えたが、実際には動いていなかった。

七日、織田信忠が甲府の一条信龍の屋敷に陣を据え、武田逍遙軒・龍宝・一条信龍などの武田一門・親類・家老の者などを捜させ、ことごとく成敗させた。こうして甲斐の中心部分は織田軍に押さえられた。

八日に徳川勢は沢（山梨県南部町）まで入り、家康自身も興津（静岡市）に入城した。この日に信長は岐阜から犬山（愛知県犬山市）に進んだ。同日に信長が柴田勝家に出した判物には、「甲州諏訪の事、四郎は去る月二十八日彼の方居城へ逃げ入り、居所ども自焼き仕り候て、山奥へ何方ともなく逃げ失せ候。（中略）吾々出馬は専（詮）なく候へども、連々関東見物の望みに候。幸いの儀に候間相越し候。四郎事、彼等代々の名をくだし候」（「古今消息集」）とある。信長のもとには勝頼が新府城を自ら焼いて逃げたとの情報が届いており、もう戦争気分は失せたようになっていた。

九日に信長は金山（岐阜県可児市）に泊まり、十日は高野に陣を取り、十一日には岩村（岐阜県恵那市）に着陣した。勝頼が必死にさまよっている頃、信長はゆったりとした動きで甲斐に向かっていたのである。

九日に徳川勢が身延山久遠寺（山梨県身延町）に、家康本人も万沢（南部町）に進んだ。

勝頼自刃

三月十一日、勝頼父子・簾中・一門の者が駒飼（甲州市）の山中に引き籠ったと聞いて、滝川一益が捜索したところ、田野《たの》（同）の平屋敷に居陣していることがわかった。そこで滝川益重・篠岡平右衛門に一行を取り巻かせた。勝頼は逃れ難いことを知り、自刃した。この時、土屋惣蔵昌恒《まさつね》は弓を取って戦い、功名を上げた。勝頼は三十七歳、夫人が十九歳、信勝が十六歳であった。

勝頼の辞世の句は、

おぼろなる月もほのかにくもかすみ《（雲霞）》　はれ《（晴）》てゆく《（行）》ゑのにし《（西）》の山のは《（端）》

だったという。

最後まで従ったのは長坂釣閑斎光堅・秋山紀伊守・小原下総守・小原丹後守・跡部勝資・同息・安《（阿）》部勝宝・土屋右衛門尉・麟岳長老など四十一人と、五十人の上臈たちであった（『甲斐国志』は、土屋昌恒、小宮山内膳、安倍（阿）勝宝、小原忠国、麟岳長老らをはじめとする四十六人、侍女ら二十三人とする）。甲斐・信濃・西上州・駿河などに大きな勢力を張った武田家の滅亡としては、あまりにあっけないものであった。

甲州市の景徳院《けいとくいん》境内には勝頼がその上で自害したと伝えられる石が、柵に結われて保護され、花が手向けられている。近くには北条夫人と信勝の生害石もある。事実はともかく、このような寂しい場

武田勝頼生害石（甲州市大和町田野，景徳院境内）

武田勝頼と夫人・信勝の墓
（景徳院境内）

所で自刃し、後世の人はこの石にそれぞれの魂が籠もっているとの理解したのであろう。

巳刻（午前十時頃）各々の相伴が討ち死にし、勝頼、信勝父子の首が滝川一益方より信忠のもとへもたらされた。そこで信忠は関可平次・桑原助六の両人に首を持たせて、信長へ進上した。

十一日、徳川家康は穴山信君と共に甲府で織田信忠と会見し、「武田勝頼父子、てんもく《（天目山）》沢と云う所に山入り候を、滝川《（一益）》手へ打ち取り候てしるし越候」（『家忠日記』）との情報を得た。三月十三日、織田信長は柴田勝家などに送った書状の中で、「武田四郎勝頼・武田太郎信勝・長坂釣閑《（光堅）》、典厩《（信豊）》・小山田《（信茂）》をはじめとして、家老の者どもまで悉く打ち果たし、駿河・甲斐・信濃滞りなく一篇に申し付け候」（『松雲公採集遺編類纂』）と述べている。情報は家康や信長のもとにいち早く伝えられ、勝頼が死亡したことは彼らを通じて全国に報されたのである。

『甲陽軍鑑』から

これまでは意図的に確実な史料、織田方の史料をもとに武田家の滅亡の様子を確認してきた。しかしながら、これでは我々がよく知っている滅亡の状況が出てこない。多くの人が知っている場面は『甲陽軍鑑』の記載によるものであるので、あくまで参考としてその様子を見てみたい。

勝頼一行は小山田信茂の岩殿城（現在では岩殿城は武田家が直接握っていたとされている）に入ろうとして、鶴瀬《つるせ》（甲州市）までやって来て七日間逗留した。信茂は鶴瀬から郡内への道に木戸を建て、一行を郡内に入れなかった。そこへ小山田八左衛門（信茂の従兄弟）という勝頼が知っている武士が素肌でやって来たので、勝頼は自分の召し替え用の具足を与えた。勝頼が彼に、「初鹿野伝右衛門はやって来ないのか」と尋ねたところ、「伝右衛門は川浦（山梨市）という恵林寺の奥山へ入り、鶴瀬へ参ろうといったところ、郷人どもが伝右衛門の奥方を人質に取り、行かせまいとした。もし無理に行くようならば二度とこの方には寄せないと断り、それでも行くならば殺す様子を示したので、鶴瀬には来られない」と答えた。いずれの山小屋でも、武士と百姓はこのような状況であったという。

三月九日の夜、小山田八左衛門と勝頼の従兄弟の武田左衛門佐（信茂の妹婿）が組んで、小山田信茂の人質を奪い取り早々に郡内に立ち退こうとして、こしらえてあった虎口から鉄砲を撃ちかけた。八左衛門は人質を奪うためにやって来たのだった。この状況を見て、勝頼に従っていた者はことごとく散り、御供する者が四十三人になってしまい、鶴瀬の向かい側の家が七つか八つばかりしかない田野へ十日の朝逃げ込んだ。この時勝頼の乗る馬に鞍を置く人がなかったので、侍大将の土屋惣蔵と秋山紀伊守が鞍を置いて馬を引き出した。

十一日の朝の巳刻（午前十時頃）に、田野の奥の天目山の郷人が六千人余りが勝頼に逆心して、辻弥兵衛が大将となって勝頼に矢や鉄砲を撃ちかけた。織田軍の討っ手は河尻秀隆、滝川一益が大将となって五千人で攻めかかった。郷人が案内をして一隊は裏に回った。武田勢は三度まで攻めてきた軍勢を散らしたが、多勢に無勢でとうてい叶わなかった。

勝頼はお供をすると申し出た女房衆二十三人その他に暇を与え、新館御料人を石黒八兵衛と同朋衆の何阿弥に命じて、天目山の奥の小屋に落とさせた。同時に勝頼は嫡子信勝に、「御旗《みはた》・楯無《たてなし》（ともに武田家の重宝として神聖視された）を持って山通りに武蔵に出、奥州までも逃れるように」と言ったが、信勝は「勝頼公は北条氏政の妹婿なので、氏政が守ってくれるでしょうから退いて下さい。自分は当年十六歳で、十年以前に信玄公の遺言通り家督を申し受けたので、ここで腹を切ります」と述べて退く気配を少しも見せなかった。

敵の軍勢の旗先が見えようとする時、女房たちは小原丹後守とその弟の下総、それに金丸助六郎の三人の介錯《かいしゃく》によって果てた。勝頼の左には土屋惣蔵（昌恒）がおり、弓を持って敵を射たが無駄になる矢は一つもなかった。中央の勝頼は白い手拭いで鉢巻きをして前後太刀打ちをした。その右は信勝で十文字の槍を捨てて太刀で戦った。土屋は矢が尽きて刀を抜かんとした時に、敵の槍六本で突き抜かれた。勝頼は土屋を不憫《ふびん》に思い、走り寄って左手で槍を荒々しく払い取り、六人を切り伏せた。織田勢は勝頼にも槍を三本突きかけ、喉へ一本、脇の下へ二本突き込み、押し伏せて、首を取った。この時勝頼と共に死んだのは四十四人であった。

勝頼の首級

『信長公記』によれば、勝頼父子の首は滝川一益が織田信忠に見せ、信長のもとに送られた。三月十四日に信長は岩村から根羽まで陣を移し、十四日に平谷を越して浪合（阿智村）に陣を取った。ここで勝頼父子の首を見、飯田へ持たせた。ちなみに『三河物語』によれば、勝頼父子の首を見た信長は「日本にかくれなき弓取なれ共、運がつきさせ給ひて、かくならせ給ふ物かな」と言ったという。

十五日に勝頼父子の首は飯田（飯田市）にかけられ、上下とも見物した。翌日父子の首は京都に上らせて獄門にかけるようにと命じられた。

京の六条河原にさらされた勝頼の首は、かつて甲斐に住んで武田家との関係があった妙心寺の住職がその遺骸を引き取って葬儀を営んだ。信玄時代からの法泉寺の住職だった快岳が、たまたまそこに来ていて、勝頼の髪と歯を持ち帰って法泉寺に葬ったと伝えられる。

天地変動

視野を広げるため、奈良興福寺の塔頭である多門院で書き継がれた『多門院日記』から、武田家滅亡にまつわる記事を見てみよう。

天正十年二月十四日の夜亥刻（午後十時頃）を過ぎた頃に大地震があった。また初夜の時分（午後八時頃）には丑寅（東北）の方向に大焼けがあったが、何とも見分けられなかった。噂では京都の三十三間堂が焼けたという。

三月二日、信州へ向かい、大和国南衆が先に山城までということで、陣立ちをしたが、上下の迷惑は限りなかった。信長の動きは奈良までを巻き込み、人々は大いに迷惑をしたのである。

七日夜大霰《あられ》があった。東福寺には光り物が飛んだという。十一日の夜には大雨が降り、方々に光り物が飛んだ。また日中には大霰と大風があった。そして、筆者のもとへも去る二日に甲州衆との間で一戦が行われ、百余人を討ち取ったと信忠より信長へ注進があったとの情報が入った。二十日には信長の甲州出馬について、十七日間の満寺一味同心の祈禱をするようにと去る四日付けの綸旨が来た。奈良にある興福寺は天皇の綸旨によって、信長の勝利を十七日間祈禱していたのである。武田家の側では諏訪社などに勝利の祈禱を依頼していたであろう。

二十三日の条に、先に天の雲が焼けたと見えたのは、信州の浅間山が焼けたものだとある。昔も甲州・信州以下が破れる時には焼けたが、今度も東国の物の怪だと老人が語った。またこの間に大風や霰があり、火が飛んだり雨が逆になったりしたのは、内裏から信長の敵国の神たちを恐く流したためだという。信長の思う通りになったら勧請するとのことであった。神の力は人力の及ばないところだと感想を述べている。

当時の人々は、戦争を単に人間が戦うだけでなく、神々の戦いだとも考えていた。そして、浅間山は甲斐や信濃の異変を教えてくれるとの考え方もあった。しかしながら、こうした考え方は近世に向けて一気に減退していくのである。

第九章　勝頼の統治

1　重商主義の時代

諏訪春芳

『甲陽軍鑑』は、勝頼の時代になって釣閑斎と跡部勝資の取り成しで、信濃の茶売り商人などが繁盛しており、信玄の時代には八田村新左衛門、信州深志の宗普だけしか入れなかった御弓番所へ、彼らが入るようになったと非難している。すなわち、勝頼時代に商人が跋扈《ばっこ》するようになったのは良くないと主張するのである。

勝頼と最も縁が深い商人は、諏訪の春芳宗富《しゅんぽうそうふ》であろう。『甲陽軍鑑』に、信玄は諏訪の春芳、甲州の八田村（新左衛門）、京の松木桂琳《けいりん》などという地下人《じげにん》・町人を召し寄せ、元亀四年（一五七三）に信長の子息御坊丸を人質に取った時、乳母の宿を春芳と桂琳が番替わりで勤めたとある。ちなみに、同書「甲州武田法性院信玄公御代惣人数之事」には、御蔵前の頭四人として、古屋道忠、古屋兵部、伊奈宗普（足軽七十人）、諏訪春芳（足軽七十人）の後に八田村新左衛門、松木桂琳が出ている。このうち伊奈宗普は信州深志の宗普にあたり、春芳がいかに重要であったかを伝えている。

元亀元年九月二十三日、田辺（諏訪市）の内より神長官（守矢信真）へ年貢前を振り渡した証文を春芳代官の惣助と菅右衛門が出しており、春芳が諏訪に関わり、配下に足軽を持っていたことが判明する。

天正二年（一五七四）八月吉日付けの諏訪社下社の千手堂棟札銘中には、「大守武田大膳大夫勝頼公武運長久、国家安穏」「本願春芳宗富」（『諏訪史料叢書』）とある。翌年四月二十一日に行われた諏訪社下社の千手堂の供養曼荼羅供執行の棟札に、大工高山飛騨守、武田朝臣勝頼の名前とともに、本願春芳軒、同息男小田切神七郎昌親、同跡部新八郎昌光と記され、同年四月吉日付けの諏訪社下社神宮寺の千手千眼観音本堂棟札にも願主春芳の名前が出る。

天正三年十一月付けの宮木（辰野町）諏訪神社棟札銘の表には、沙門春芳軒、小田切神七郎昌長、武王殿（武田信勝）、跡部新八郎昌光などが見え、裏には、

> 本州伊那の上郡、宮木の神祠、頻年《ひんねん》以来、柱の根腐敗し、梁棟《りょうとう》傾斜す。ここにより、諏方（訪）郡高島居住春芳禅人に命じ、宝殿一宇漸く新たに再造、近く已にその功を終える。仰ぎ希《こいねが》うところは聖力邦家を鎮安し、風調い雨順い、神徳長く社稷《しゃりょう》を護り、国泰く民康く、しかのみならず対する所の怨敵万里の外へ退散、累代の武運を億春において紹隆する間、以て祈り以て禱す。
> 維辰天正三暦乙亥《きのとい》（十一月）仲冬如意日　源勝頼誌旃
>
> （諏訪神社所蔵文書）

とある。春芳は高島（諏訪市）の住人だったのである。

天正五年三月三日に諏訪下社宝塔の棟札には、「郡人春芳老翁、源君光禄（録）大夫勝頼公厳命を受け、志を造り、私財権輿を施し捨て（中略）大檀越源君、武運長久、国家安全、群臣帰崇」（『諏訪史料叢書』）と、春芳や大工平氏高山飛驒守などの名前が見える。

春芳は大きな財力を持ち、勝頼に命じられ、諏訪社の造営などにあたっていた。春芳が御蔵前衆であったことからして、これらの造営には武田家の資金も使われたであろうが、春芳も多くの資金を出したと思われる。

春芳が財力を蓄えたのは、諏訪と京都などの遠隔地間を結ぶ商人としての活動をしていたからであった。武田家は集めた年貢を売却して、生活必需品や武器などを購入しなければならなかったが、このために経済に詳しく、また直接商取引に関係している者を御蔵前衆の中に入れた方がよいと判断し、大商人の春芳を御蔵前衆に抜擢《ばってき》したのであろう。武田家にとっては彼の財力そのものも魅力だった。

春芳がモデルだという弥勒菩薩像
（諏訪郡下諏訪町下田）

下諏訪町土田の墓地に安置されている石造弥《み》勒《ろく》菩薩《ぼさつ》像は、もと神宮寺千手堂にあったものであるが、天正二年十月二十八日の日付とともに春芳の名前が刻まれている。この弥勒菩薩像には春芳をモデルにしているとの伝承がある。春芳の名はそれほど地元に生き続けたのである。

商人たち

天正元年八月二十七日、武田家は某（おそらく駿府の住民）に魚の座役等の代官を申し付け、自他国の商人に対して非分がないように役銭を徴収させた。同日、駿府の友野宗善に旧規の如くとして連雀《れんじやく》役（連雀商いをする者に対する公事）・木綿の役等の代官を命じ、同様に役銭を請け取らせた。九月十二日には友野宗善が連雀役代官を勤めるからと今宿の屋敷の地子を免許した。同年十二月二十三日、甲斐の山下外記には塩の座役の所務をするように命じた。

天正二年十一月晦日に武田家は、江戸時代に駿府の豪商として知られた松木氏の先祖である松木与左衛門尉へ、一月に馬二疋宛の商売の諸役、船一艘の役を免除した。天正三年十月一日には駿府商人衆へ、帰参して駿州に住む者には普請役、郷夫、人質、一揆の諸役などを免許すると伝えた。

天正五年二月二十二日に武田家は、高萩の郷（市川三郷町）などの九一色《くいつしき》郷に諸役を免許した。甲斐と駿河を結ぶ交通上の要衝にあたる九一色郷は、近世に全国的な活躍をした商人の故郷で、九一色郷商人が武田領国内の物資流通に果たした役割が大きかった。

同年五月二十七日、武田家は分国中において仮名外郎《ういろう》に支障がないように命じた。外郎家は薬商人として知られる。天正八年正月四日には源十郎へ兄源七郎が死去したので、陳外郎の名跡を相続させた。同年八月二十七日日には外郎源七郎に蔵籾を宛がった。

天正九年四月十六日、武田家は末木東市佑（政清）に淡路守（家重）の跡職を安堵した。

武田家は同年六月十九日、奈良田の郷と湯島の郷（ともに早川町）に商売役を免許した。ここも九一色郷同様に在郷商人の故郷だった。

2　職人の支配

番匠　職人の代表として番匠（大工）があるが、勝頼の時期になると番匠宛ての文書も多く残っている。

元亀四年（天正元）八月二十七日、武田家は青柳（山梨県富士川町）の番匠へ、同年九月五日には和《わ》田平《だびら》（甲府）の番匠へ、それぞれ普請役を免許した。職人と認定された番匠は職人としての役を負う代わりに、百姓が負担する普請役を免除されたのである。

天正元年十二月二十三日、武田家は「御大工水上左近佐」に麹座役を与えた。御大工との表現からして、彼は武田家に直接仕える番匠で、知行として座役が宛がわれたのであろう。

天正二年三月一日には大工土佐守へ、大島（長野県松川町）において大工職を勤めているからと名田を宛がった。彼は大島城の普請などに従事していたのである。なお天正七年三月十六日には、番匠の窪田長右衛門へ大島御城当職の奉公に対して、新恩が与えられた。大島城は武田家の南信濃支配の拠点で、番匠も詰めていたのである。

天正二年九月十一日には壺井惣左衛門尉へ惣大工職が安堵された。名称からして惣大工職は一般の大工の上に立つ役割であろう。

天正三年極月六日には石橋（笛吹市）の新五郎左衛門尉へ重ねて深沢（御殿場市）に行くことを条件に、水役の御細工を免許した。彼は番匠として深沢城の建築や修築にあたっていたと推察される。

武田家は天正三年十二月二十八日に累年御細工の奉公をしているからと牛山五郎次郎に諸役免許をし、天正五年閏七月七日には牛山次郎左衛門へ御細工の奉公により栗林（諏訪市）などで知行を宛がった。

天正五年閏七月十九日、武田家は番匠に小鹿郷（静岡市）の内で細工給を与えた。翌年の十月十七日、高遠番匠の池上一族和泉に普請役を免許した。

天正七年四月五日、武田家は龍雲寺（佐久市）に、蘭若《らんにゃ》（寺院）を再造するため小県《ちいさがた》郡中の番匠の半分を、長沼（長沼）在城衆へ断って二十日召し使うことを許した。これによって、番匠が郡を単位として組織されており、城の修造などに動員されていたことがわかる。

同年八月九日、武田家は渡辺兵部丞に大工職を安堵した。この大工職は特定の寺社などの職業独占に関わるものであろう。

同年十二月二十一日、穴山信君は高山飛騨守へ城の造作覚を出した。この文書では宛所に「殿」がついているが、一般の職人には敬称文言をつけないので、彼は別格の番匠でと考えられる。天正二年八月吉日付けの諏訪下社の千手堂棟札銘中に、「大守武田大膳大夫勝頼公武運長久、国家安穏」「本願春芳宗富」（『諏訪史料叢書』二九）とある。翌年四月二十一日に勝頼が中心になって行われた諏訪下社の千手堂供養曼荼羅供執行の棟札に、大工高山飛騨守が記されている。

天正九年六月十九日、武田家は佐久の龍雲寺善達座元に門前の良匠二人の使用を許可し、同日付けで勝頼は上野箕輪城（高崎市）の内藤昌月へ、龍雲寺門前の番匠三人を同寺方丈造立のため帰国させるよう指示した。

天正九年十一月二十五日、武田家は番匠の次郎右衛門に中田（静岡市）内で増分を宛がい、高山飛騨守の指図に従って御細工の奉公を疎略無くするよう命じた。

他の史料などをも加味すると、一般の番匠は郡を単位に組織され、諸役を免許される代わりに番匠としての役を年二十四日まで負うことになっていた。一方、武田家直属の番匠には知行が与えられていた。そして、武田家が直接支配した番匠の一番上に高山飛騨守がいた。こうした組織がしっかりできたのが勝頼の時代だったといえよう。

金山衆

天正二年九月九日に武田家は信州金山衆に、かねての約束に従って秋に駿河榛原郡において三百貫の地を与えるが、場所は陣中において渡すと朱印状を出した。金山衆は従軍していたのである。

同年十二月二十三日、武田家は黒川金山衆の池田東市や保坂次郎右衛門尉へ、敵の城攻めの時に参陣することを条件に分国における諸商いのため馬一疋の分の役等を免許した。この文書は同じ黒川金山衆の田辺四郎左衛門尉などへ信玄が与えた文書の文言とほぼ同じで、後から申し出たのであろう。

同日、先に印判状を得ていた田辺四郎兵衛尉、芦沢兵部左衛門尉、中村二兵衛、古屋七郎右衛門尉、古屋清左衛門、山本重太夫、高添五右衛門尉、中村大倉、市川与左衛門尉、吉川主馬には安堵状が渡された。

天正五年二月十一日、武田家は黄金が出なくなったからと金山衆に馬一疋分の諸役を免じた。また、天正八年六月十九日には同じ理由で田辺民部右衛門、田辺善左衛門尉、依田兵部左衛門尉、風間一角へ、それぞれ一月に馬一疋分の往還の諸役を免除した。

武田家は、天正九年二月に田辺新兵衛尉へ、五月に田辺善丞へそれぞれ官途状を与えた。領域が拡大できず宛がいなどもできない状況の中で、職人を引きつけ支配するための手段として、官途受領名を与えたのである。

このように、勝頼時代には金山衆宛ての文書も数多く出ている。彼らは城攻めに際して参陣し、武田軍の一翼を担い、商売などによって武田領国の活性化に役立っていた。

秤と枡

武田家といえば、一般的には信玄の代からとされる度量衡の整備が有名である。

江戸幕府のもとで江戸秤《はかり》座を創設した守随《しゅずい》信義の養父茂済《しげなり》は武田家から秤製造と販売の特権を得たとされるが、現存する最古の文書は次の天正二年閏十一月二十四日付け文書である。

定

在府せしめ、御細工の奉公相勤め候の条、町棚壱間宛商売の諸役、御免許有るの由、仰せ出されるものなり。仍て件の如し。

天正二甲戌
閏十一月二十四日（竜朱印）　山県三郎兵衛尉
これをうけたまわる。
守随
鈴木清三郎
同与治郎
長坂善七郎
（守随家文書）

内容からすると、勝頼の代になって初めて細工の奉公を理由にして商売の諸役が免許された可能性が高い。

ついで天正四年二月二十二日に武田家は、吉河（守随）彦太郎他に同内容の文書を出している。その後、天正八年八月十六日に武田家は次の印判状を出している。

（竜朱印）定
一、町棚壱間ずつ、諸商売役の事。
一、利倍役の事。
一、宿次《やどなみ》の諸役の事。付けたり、人足の事。
右三ヶ条の役、御細工の奉公相勤めるの間、一切御赦免なさるるの由、仰せ出されるものなり。仍て件の如し。

天正八年庚辰

八月十六日　　　　釣閑斎

これをうけたまわる。

吉河彦太郎

（「晴信」朱印）

鈴木清三郎

同与次郎

（「晴信」朱印）

長坂十左衛門

（守随家文書）

甲州枡を造った家として知られるのは小倉《こごい》家で、同家に伝わる最古の文書は天正四年二月十六日付けで武田家が小倉惣次郎に宛て、「御細工の奉公疎略無く勤仕候の条、向後宿次の御普請役一切御免許有るの由、仰せ出される所なり」（小倉家文書）と普請役を免許したものである。これと同じ文書が別の小倉家にも伝わるが、宛名を欠いている。

こうしてみると、秤や枡の統制が進んだのも勝頼時代で、その背後には正確な秤や枡を必要とする流通の進展があった。

猟師と毛皮

勝頼は家臣が持つ武具を見た目がよく、実質を伴うものにしようとしていたが、武具材料中で重要なものに皮革があった。しかしながら、それに関わる史料はほとんど無い。そんな中で注目されるのが、天正二年十二月二十五日に武田家が木工允《もくのじょう》に鹿・熊の狩猟を認めた、次の印判状である。

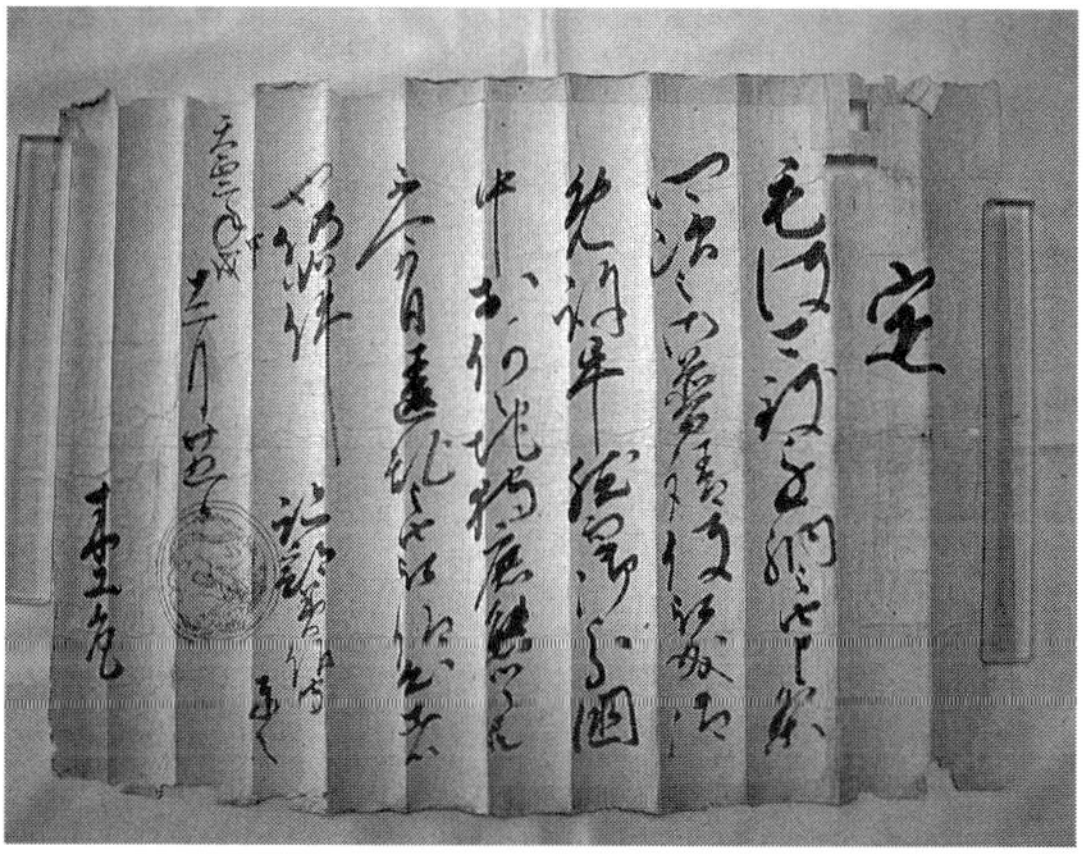

武田家が狩猟を認めた印判状（小沢家文書）

定

毛皮進納致すべきの由申し候の条、郷次《ごうなみ》の御普請役御免許成され畢《おわ》んぬ。然して御分国中何れの地において鹿・熊を狩り候共、違乱あるべからずの由、仰せ出さるるものなり。仍って件の如し。

天正二年甲戌《きのえいぬ》　跡部美作守

これをうけたまわる。

十二月二十五日（竜朱印）

木工允　（小沢家文書）

木工允が武田家に毛皮を納めるということを申し出たので、郷をなす一軒前の家ににかける普請役については免除する。分国中のどこで鹿や熊を狩っても構わないという内容である。

木工允がどのような立場であったかは明らかでないが、狩猟に関わった。彼はこの文書を得て、武田分国中でどこでも狩猟が可能になった。おそらく木工允は武田領国中で自分だけが正規に狩猟を許されたのだと主張することによって、他の猟師たちの上に立ち、彼らを支配しようとしたのであろう。この文書により狩猟に関わる木工允は毛皮の納入と引き換えに、普請役を免除された。当時、獣皮は多くの需要があり珍重された。とりわけ軍事物資としての側面が大きかった。それだけに武田家としてはこれを入手できる意義が大きかった。

武田家は木工允を通じて領国一円の猟師支配も可能になる。猟師は武力ともなりえるので、武田家にとっても都合がよいと判断し、文書を出したのであろう。

宿と市・町

武田家は天正二年四月十日、伝馬役を勤める八日市場（甲府市）の町人等へ来る二十八日の市中諸役を免許し、町人等が集まって宿中を繁栄させていることを賞した。同年八月二日には柳町宿中（甲府市）へ、きれいに家を造作したならば、中新宿のように諸役を免許すると約束した。宿町の繁栄は勝頼にとって大きな関心事だったのである。

天正四年六月二十八日、武田家は八日市場に次の定めを出した。

定

一、[1]獅子の御印判無くんば、一切人足を出すべからずの事。

一、(2)長禅寺の舂稲《つきいね》、停止せらるるの事。
一、(3)長伝馬出すべからずの事。
一、(4)伝馬を勤る衆三拾人の前、町役壱間ずつ御免許。但し定年貢は、拾六の座の領主へ償うべきの事。
一、(5)市の日は、前々の如くたるべき事
一、(6)毎月下旬の拾日は、伝馬役あるべからざるの事。
一、(7)毎月上の二十日は、疎略なく伝馬を勤むべし。但し一日に四疋の外は御赦免。また容赦なく一里一銭取るべきの事。
一、(8)綿ならびに麻布は、内藤源三(昌月)・日貝惣左衛門尉手形に非ざれば、町において商売禁ずべきの事。
　右、具に前にあり。
天正四年丙子
　六月二十八日（竜朱印）　　武藤三河守
　　　　　　　　　　　　　　　これをうけたまわる。
　　　　　　　　　　　　安西平左衛門尉
　　　　　　　　八日市場
　　　　　　　　　　　　　　　　　　　（坂田家文書）

一、三、四、六、七条は伝馬に関わる内容で、武田家がいかに伝馬を重視していたかがわかる。同日、八日市場に伝馬衆を割り付けたことでも、この文書の主たる目的が伝馬衆への指示であったとい

える。
四条によれば十六座が存在し、そこにはそれぞれ領主がいて年貢を取っていた。また、最後の条によって綿や麻布の商売は手形を持つ者だけに許されていたことがわかる。当時の町の実態もこの文書によって浮かび上がってくる。

武田家は天正六年五月十一日、諏訪十日町（諏訪市）に伝馬定書を出し、伝馬役を負担する者を確定し、普請役を免許した。

このように町の繁栄と伝馬とは深くつながっていた。八日市場はその名前からも明らかなように、八のつく日に市が開かれたことにちなみ、十日町も同様の地名である。

勝頼は各地の市に対しても注意を払っていた。天正二年十一月二十一日には、奥山右馬助・同左近丞へ長尾郷（静岡県榛原郡川根本町）における市場定書を出した。

天正五年九月二十四日、武田家は山村良利《やまむらよしとし》へ信濃境目田立《ただち》（長野県南木曽町）出合について定めを与えた。信長領国である美濃と信濃の境目において市が行われていたのである。

天正八年十二月十三日に武田家は富士大宮西町新市（静岡県富士宮市）に定めを出し、日限を決めるとともに市の平和を保証した。同年十二月二十七日には一条信就（一条信龍の子）が青柳新宿（南巨摩郡富士川町）の市の日を定めた。

様々な税金

『信長公記』には、天正十年二月に織田の軍勢が武田領国に攻めてくると、先々から百姓たちが自分の家に火をかけてやって来て、「近年武田四郎新儀の課役等申付け、新関を居《すゑ》、民百姓の悩尽期《なやみじんご》なく、重罪をば賄《まいない》を取りて用捨せしめ、かろき科をば、懲《こらしめ》の由申候て、或は張付《はつつけ》に懸け、或は討たせられ」と訴えた（本書二一二～二一三頁参照）。つまり、勝頼は新たに年貢や賦役を課し、新たな関所を設けて関銭を取ったり、重罪の人からも賄賂を取って許したので、人民が忌避したというのである。

勝頼の側からすると領国の拡大が望めなくなり、戦争の危険が増してくる中での増徴策であろうが、実態はどうだったのだろうか。

天正三年十一月二十八日に武田家は建福寺（伊那市）に徳役を免許した。一般的には富裕税である徳役が課されていたのである。ちなみに、建福寺には天正九年七月十日にその特権が武田家によって再確認されている。徳役については『高白斎記』（『甲陽日記』）に、天文十八年五月七日に徳役を始める談合が落着したとあり、信玄時代から存在していて、勝頼が始めたわけではない。史料的には元亀三年五月八日に信玄が諏訪社下社神宮寺井坊に同社千手堂建立により徳役を免除している。次に前掲建福寺の例があり、天正四年三月六日に勝頼が大泉寺に徳役を免許した。

天正六年二月二十日には武田家が吉江丹波守に、糀子を預けたからにはどこで利倍（高利で貸して利益が倍になること）をしたとしても、従来勤めてきた金子二両と糀子百五十俵の外には、加増の徳役は一切ないとした。この文書は信濃国塩尻町（塩尻市）の問屋が持っていたので、吉江氏は商業で利益を上げていたのであろう。

既に触れたように天正七年十一月十六日、御館の乱で留守をしていた勝頼は跡部勝忠に留守中の仕置について指示したが、その中には「徳役の儀、私曲贔屓偏頗《ひいきへんぱ》なく、正路に申し付け候の事、相理べきの事」（「諸州古文書」）とあり、武田家は徳役の徴収について注意を払っていた。

天正八年閏三月九日には武田家が高遠の龍勝寺へ、「祠堂のため、寺中に於いて利倍の米銭、向後徳役御赦免の事」（龍勝寺文書）と徳役を免除した。天正八年閏三月十八日には光前寺（駒ヶ根市）の華蔵院（慶賢）に徳役を免許した。

このように武田家は裕福な者や高利貸しをする者から税を徴収していたのである。

妻を持つ僧侶からは妻帯役という税を取っていた。信玄時代の永禄四年七月二日に武田家は万福寺（甲州市）と長延寺（かつて甲府にあった）に妻帯役を免除しており、これも既に信玄時代からなされていた。

天正六年八月二十一日に武田家は、白鳥山康楽寺（長野市）に宛てて証蓮寺などの同宿三十七人、善願寺（飯山市）に宛て浄専坊などの同宿二十五人へ妻帯役を賦課する代わりに普請役を免許すると伝えた。罪を犯した者から過料銭を取ることについては、『勝山記』に天文十八年十一月に信玄が小山田氏と談合し、地下に過料銭をかけたことが記されている。ここでも勝頼が独自に新たな税を作ったわけではないのである。

このように、勝頼の時代になってから新たな税が課せられたというのは、事実でない。ただし、領域が拡大せず領国支配が強化されていく中で、徴収が厳密になったため、多くの民衆には税金取り立てが厳しくなったと意識された。民衆は少しでも自分の立場をよくしようと前述のように信長に訴えたのであり、すべての矛盾が武田領国を滅亡させたとされる勝頼の責任にされたのである。

3　裁判の一端——信濃国小池村の場合

戦国大名の領国統治の中でも重要な行為に裁判があり、そこには統治者の資質がよく表れている。ここでは勝頼にまつわる裁判の一端を紹介したい。

水争論

寛永三年（一六二六）十月吉日、信濃国筑摩郡小池村（松本市）の草間三右衛門尉は、諏訪頼水《よりみず》が領していた同郡内田（松本市・塩尻市）と、小池の両村などがかかわった過去の水論・境論などについて、子細を書き記した（草間家文書）。

彼が書き記した最初の争論は永禄四年（一五六一）で、信玄の治世である。ちなみにこの年には上杉謙信と武田信玄の一騎打ちとして喧伝されている、第四回川中島合戦があった。

事件は北内田・小池・白川（松本市南東部）で起きた水争いであった。これについて関係者が甲斐国へ行き様子を申し上げたところ、信玄は配下の二十人衆（徒士《かち》・若党のこと）の内から御検使を派遣した。彼らに深志の城（現在の松本城）に在城していた島田民部丞をも加えて現地へ行き、牛伏川《うしぶせがわ》の水を分ける地点で判定を下した。

それは銘板を二枚持たせ、一枚に同じ大きさの穴を二つ開け、取水口の上の口に伏せ、残りの一枚にも同じように二つの同じ大きさの穴を開け、これを下の口に伏せて、小池側の水の半分、すなわち全体の四分の一の水を白川へ通すというものであった。

次の事件からが勝頼の時代である。

郷境争論

天正四年（一五七六）十月二十四日に争論が起きた。小池では屋敷の北西の方向にある榎《えのき》の大木の根に、七年に一度ずつ境の注連縄《しめなわ》を立てていたが、内田側が小池側の北の三つ石へと境を前進させてきた。小池郷はこれについて代官が郷中の年寄たちを糺明した時に、前々の様子を事細かに申し上げた。その年には裁判中であるからと田畑に天札《てんさつ》（点札。領主が紛争に際して、農地を作っている人が勝手に耕地に立ち入ったり、作物を刈り取ったりすることを禁止するために立てる札）を下ろされて、せっかく自分たちが作った作物を収穫することができなくなった。

現在の牛伏川上流（松本市。フランス式堤防）

判定を求められた武田家は、水上宗富（『甲陽軍鑑』では水上宗浮が深志の留守居として出てくる）・土屋加賀・早川豊前・土橋藤兵衛・高島（諏訪市）在城衆の河西連久を現地に派遣した。彼らは小池にも検分に赴き、現地を視察して判定した結果、原の境を越して、屋敷の角から東に二十間余りの場所に、梨の木から立石にかけての境を立てた。その上、梨の木の根、東は榎の根に炭を埋めて、境の証拠とした。この際には北内田から次郎右衛門・平右衛門、小池から清左衛門・宮内左衛門・三右衛門尉が出て、確認を行った。

当時は郷と郷（村と村）の境が争いの種だった。しかも小池と内田の境には、七年に一度ずつ注連縄が張られていた。七年に一度というのは諏訪社の御柱祭と同じ間隔で、おそらくその影響を受けたのであろう。村境は、よそから悪い神や悪霊などが入り込むのを避け、村の中が平和で神聖な空間であることを視覚的にも精神的にも意識する場所だった。このため不浄なものの進入を禁止する印として注連縄が張られたのである。

地域にとって最も大事な境争論に、甲斐から武田家の家臣が信濃までやってきて、現地でしっかりした裁定を下した。それにしたがって、境目には証拠として炭が埋められた。炭は腐ることがないので、再び境の争論が起きるような時にこれを掘り出せば、境の場所は明確になる。当時の人々の間に積み重ねられていた経験と慣習とによって、このようなことがなされたのである。

山争論

私にとって最も興味深い争論は、天正八年（一五八〇）四月二十九日に内田と小池との間で起きた。

小池の者たちが前々から入っていた内田山で草木を刈ろうとしたところ、内田の領主が制止した。小池方は内田の百瀬志摩定代を通じて、内田の領主である地頭の桃井将監に、「これまで小池の人たちも山へ入って草を刈っていたのだから、入れた方がいい」と口添えしてもらったが、将監は「去年から武田勝頼公に対して加増を申し入れているけれども、知行が下されないのでこのようにした」と聞き入れなかった。

小池の者たちは七月二十七日に甲斐へ行き、武田家に訴えようとしたが、折から越後で上杉謙信が亡くなり、景虎と景勝の間で跡目相続の争い（御館の乱）が起き、武田勢が加勢のために出馬したので、やむなく帰郷した。

この年号は三右衛門尉の記録によるが、実際に御館の乱が起きたのは天正六年から翌年にかけてで、内田山の争論が天正八年に起きたとすると二年の差があって、年号には齟齬《そご》が生じる。この点疑問が残るが、以下に見るように話は具体的であり、内容からしてもこの頃に事件があったことは疑いない。

小池衆が十月七日に再度甲斐国に出かけ右の様子を述べたところ、武田家の役所ではもう一方の当事者である内田衆を呼び寄せて、二十六日に桜井右衛門尉・今井新左衛門（信衡。『甲陽軍鑑』に御旗本武者奉行の二人の内と出る）が奉行となって、御料理の間で決破《けつは》（対決・審理）をしたが、当日は判定を下さなかった。翌日、再び今井新左衛門と安西平左衛門尉（『甲陽軍鑑』に御鑓奉行三人の一人として出る）が奉行となって御弓の間で決破した。しかし、信玄弟の信繁の子である信豊の姪壻で、武田家の中でも有力者であった桃井将監が、訴訟自体を否定する旨を奉行衆に申し入れたため、下知が出ないままに月末になり、小池の人たちは郷里に帰ってきた。

現地調査　翌天正九年正月十一日、小池の者たちは改めて甲府へ行って、奉行衆に申し出た。するとまたしても奉行をかえられ、工藤堅随斎《けんずいさい》（源左衛門のことか）と原隼人助《はやとのすけ》（佑）が奉行になり、馬屋の北の三軒目で再び審理がなされ、早速披露に及んだ。けれども、双方の主張が金槌論（金槌で釘を打つように、何度も同じことを繰り返して言い争うこと。水かけ論）になり、実地検分をすることになった。

検使として甘利氏同心の田辺佐渡の派遣が決まり、二月九日に直ちに松本に旅立った。彼は土屋加賀・土橋源之丞・関口喜兵衛の案内で山々道々を調査し、双方の主張を聞いて帰った。土屋加賀は天正四年の争論にも現地調査のため小池に行った人物なので、土橋源之丞もその時の土橋藤兵衛の関係者であろう。

二月九日に小池の者たちはまたしても甲斐へ赴き、奉行衆へ判決を下してくれるように求めた。すると、奉行衆が田辺佐渡を召し寄せて尋ねたが、判決は出なかった。

温泉から出る

その後も小池の人たちは食い下がった。結局、勝頼が三月十五日に志摩《しま》の湯（甲府市湯村温泉）へ湯治に行った際、権現の舞屋で双方を呼び出して様子を聞くことになった。おそらく小池の人々は勝頼の湯治先まで行って判決を求め、勝頼がこれに応じざるを得なくなったのであろう。

田辺佐渡から、「山道・田畑の様子を検分したところによると、小池の人々の主張が正しいようです」と細かく報告がなされたこともあって、勝頼は小池の人たちへ、「郷に帰って内田山で草木を刈っても良い」との判決を下した。ただし、「御岳で神慮《しんりょ》（神のみ心）を伺ってから帰るように」とつけ加えた。

そこで加賀美の大坊（加賀美山法善寺の住職。南アルプス市。武田家の篤い信仰を受けた）が奉行衆の両人にいろいろと取り成して、「小池の者たちは信濃での神慮を希望しているので、小野神社（塩尻市北小野）で神慮をさせてほしい」と求めた。奉行衆がこれに応じて、「勝頼公の下知はないけれども、小野で神慮をするように」と命じた。小池衆は小野神社で、「山については熊井の境沢を境界にして、この中では一谷一沢残らず刈ってきた」と文書にも書き載せて、神慮を行った。この際、公事（訴訟）相手の内田からは久右衛門・弥右衛門尉・善兵衛、訴訟を行った小池からは次郎右衛門・次郎兵衛・三右衛門が参加した。

これまで見てきた三つの争論は、極めて具体的に細部に至るまで描写されている。武田家の家臣の名前や活動の有様が出ているが、それは他の史料からも確認される。書かれている内容も当時の社会慣行に合致しているので、御館の乱の年号が誤りがあり、記録は事件があってから大分下った寛永三年（一六二六）に書かれたものではあるが、この史料自体は武田家の時代の事実を伝えていると私は判断する。

たとえば、本書で問題にしている天正八年（一五八〇）以後の内田と小池の山争論についても、永禄四年（一五六一）五月十日に武田信玄が桃井六郎次郎に内田を宛がった文書が知られるので（「続錦雑誌」）、桃井将監がこの地の地頭であった裏付けが取れる。

鐘と習俗

勝頼が三月十五日に内田と小池の山争論の判決を下し、御岳で神慮をしてから帰るようにとつけ加えたことは注目される。誓いに際して御岳金桜《みたけかなざくら》神社の鐘を鳴らすことは『甲陽軍鑑』に見えており、戦国時代には鐘などの金属を鳴らして誓約することが一般的であった。

勝頼は両者の言い分を聞き、調査員を現地に派遣した上で判決を下した。もし原告もしくは被告のどちらかが嘘をついていれば、判決は異なったものになるので、関係者が嘘を言っていないと証明する必要がある。神に誓いして虚偽でないことを確認せよとの命令である。

この命令に対して信濃の住人である小池衆は、信濃に鎮座する小野神社での神慮を希望し、加賀美の大坊の取り成しを得て、小野神社で神慮を行った。したがって小野神社でも、御岳の鐘と同じ誓いの鐘の風習があったといえる。鐘を鳴らして神に誓う習俗は当時広く存在した。百姓たちは戦国大名に信濃の人間だから信濃でこれを行いたいと堂々と主張し、認めさせている。当時の人々にとって国の意識はそれほど強く、勝頼もこれを容認せざるを得なかったのである。ここでも勝頼は社会の意識に従っていたことがわかる。

御岳金桜神社（甲府市御岳町）

戦国時代、誓いごとに甲斐や信濃で武士など身分が高い者は諏訪社上社（長野県諏訪市）に伝わった宝鈴を用いていた。『諏訪神使御頭之日記』天文四年（一五三五）条によれば、この年、信玄の父信虎と諏訪を統一した碧雲斎《へきうんさい》（諏訪頼満。頼重の祖父）が堺川に参会し、和平のために宝鈴を鳴らした。『高白斎記』の天文十一年十月七日条によれば、新たに武田信玄の支配下に入った諏訪の西方衆《にしかたしゅう》（諏訪湖の西方に住む土豪たち）が、信玄への服属を誓って宝鈴を鳴らしている。また同書天文十七年四月四日条には、高遠頼継が信玄に服属し、同様に宝鈴を振ったことが記されている。この地域の人たちは信玄に服属した誓いのために宝鈴を鳴らしてしていたのである。天正十年（一五八二）八月十七日に諏訪社上社の神長である守矢信真が、家康のために武運長久を祈禱したに際、宝鈴を用いた。

近世になると起請の鐘として用いられることはほとんど無くなり、江戸時代にたくさんまとめられた諏訪地方の地誌などには、何の記載もない。少なくとも近世中期以降、諏訪社の宝鈴を誓いに用いる風習は、完全に忘れられたようである。

既に触れたように、小野神社の別当寺（神仏習合に基づいて神社に設けられた神宮寺の一つ）であった長久寺には、武田勝頼が永禄七年（一五六四）十一月に寄進した梵鐘があった。小池の住民たちが訴え出た天正八年の裁判は、勝頼が判決を下したので、勝頼の寄進した鐘が撞かれた可能性がある。小野神社の鐘については前記の草間家文書だけに、誓いに用いられたことが書いてある。近世に大量の文書や記録が作られながら記載がないことは、誓いの鐘としての使用が近世には失われたためであろう。

ここに現れている武田勝頼の姿は、我々が一般的にイメージしている戦国大名と大きく異なる。

公の立場

勝頼は戦争に疲れ休みをとるために温泉に入ってゆったりしていたところ、信州の百姓たちが温泉にまでやって来て、山の争論の裁決をしてほしいと求められた。勝頼は現在でいうならば、山梨県・長野県・群馬県・静岡県の知事を兼ねる重要な立場にある。小池の百姓たちの動きは、私や読者の皆さんが県庁にいる知事のところへ、約束も取りつけないで突然訪ねて行って、自分は県民だが会ってほしい、このことについてはどうだと直接要求を突きつけるようなものである。仮に私がそんなことをしても、おそらく知事には会ってもらえないだろう。

しかも状況は、知事が職場を離れてたまたま休みをとって温泉に入っているところである。自分がその立場だったら、おそらく対応はしないと思うが、勝頼はこれに応じた。温泉から出て即座に裁判をすることにして、しっかりした理由に基づいて判決を行い、自分の親戚を負けにして、百姓の言い分を通しているのである。

個人的な感想であるが、現代だと政治の中枢にいる者ほど犯罪を犯しても検挙率が少ないように感じる。政治家の倫理観のなさにはあきれる。また、政治が極めて個人的な縁故関係に左右されているように思われる。田中角栄のおかげで新潟県は良くなったという話を聞くが、これは見方を変えると一国の総理大臣が、地縁・血縁関係で国の政治をしたことになる。現在の政治家の方が勝頼より私的関係を重視しており、裁判にもそれが影響を与えているのではないだろうか。それに比べると、勝頼はいかにも公に身を置いているといえよう。

我々は戦国大名と聞くと、何となく絶大な力を持ち、思うがままに家臣を動かし、百姓に対しても強圧的な態度で応じるように思いがちだが、この事例からして、それは間違いだといえる。武田勝頼は百姓の上に立って領国統治をしており、強権を発動できるのではなく、年貢を出す百姓たちや社会の正義に縛られていた。戦国大名といえども百姓の意志を無視して、自分勝手に、公としての立場を捨てて行動はできなかったのである。

第十章　勝頼の人柄と文化

1　手紙などから

天正三年（一五七五）五月、勝頼は長篠合戦を前にして次の書状を送った。宛名は不明であるが、ひらがな書きなので女性か子供、内容からして妻か側室の女性に宛てたものであろう（本書では読みやすくするために一部漢字化してある）。

長篠合戦をひかえて

この程は、御訪れも候はず候。機嫌いかが候や。これのみ心もと（許）なふ思い参らせ候。温気《うんき》のことに候間、油断無く養生尤もに候。幸い法印そこもとに候間、うち置かず薬御用い候べく候。またここほど何方も存分のままに候。長篠も本意程あるまじく候。心安かるべく候。なおこの程機嫌いかがいかが、聞かまほしく候。詳しく返事待ち入り参らせ候。かしく。

返す返す近き頃は機嫌いかが御いり候や、朝夕案じ入り参らせ候。必ず必ず、油断なく薬を用い申し候て、もっともにて候。委しく申したく候へども、取り乱しおおかた成らず候間、草々。

(奥封上書)

「　みかは《三河》　なかし《長篠》のより

かい《甲斐》にて　かつ《武田》頼

□□□□へまいる　」

(山下家文書)

意味は次のようになる。

このところ訪れていないが、ご機嫌はいかがか、これだけを心配している。梅雨期にあたり蒸し暑い日が続くが、油断なく養生せよ。幸い法印（法印の位を有する医者）がそちらにいるので、病気を放置しておかず、薬を用いよ。こちらは何事も思うがままに進んでいる。長篠も間もなく思う通りになるだろうから、安心していなさい。なおこの程のご機嫌はいかがか聞きたい。詳しい返事を待っている。かしく（女性の手紙に用いる挨拶の語）。

繰り返し、近頃のご機嫌はいかがか、朝夕案じておる。必ず必ず、油断なく薬を用いることが肝心である。詳しく申したいが、取り乱しているので、思うようにならない。草々。

長篠合戦に向けての動陣中だというのに、女性に対してこれだけ細かい配慮をすることができる武将は、並大抵の人間であるまい。私には勝頼が従来いわれてきた猪突猛進型の武将とはとても思えない。

祖母との関係

天正六年十月十五日に武田家は高遠の番匠である池上清左衛門尉へ、「太方様《おおかた》（大方。貴人の母の敬称）へ年来別して奉公致すの由、言上候の間、五貫文の所下し置き候。いよいよ御細工の御用疎略致すべからずの由、仰せ出さるるものなり」（池上家文書）と、細工給五貫文を宛がった。そしてその二日後、和泉に郷次の普請役を免許した（同）。この二点の文書に関係して、同年十月吉日に勝頼の祖母が清左衛門に、ひらがな書きで出した書状を訳すと、次のようになる。

長い年月にわたって知行も無しで奉公してくれたので、御屋形様（勝頼）へお願いをして五貫文の所を下されることになった。これから以前にも増して奉公するように。知行の執行には跡部美作と小原丹後に命じたので、連判の書で下される。いよいよ御上様への御奉公をするようにせよ。御曹司様（信勝）へも末々までも無事に奉公すると伝えておいたので、安心するように。先に武田家から出した所領の印判状にこの文書を添えて、後日の証文とする。（池上家文書）

文書を所蔵した伊那市長谷の池上氏は、高遠の鉾持《ほこじ》（伊那市）に在住した番匠の池上氏と縁戚関係

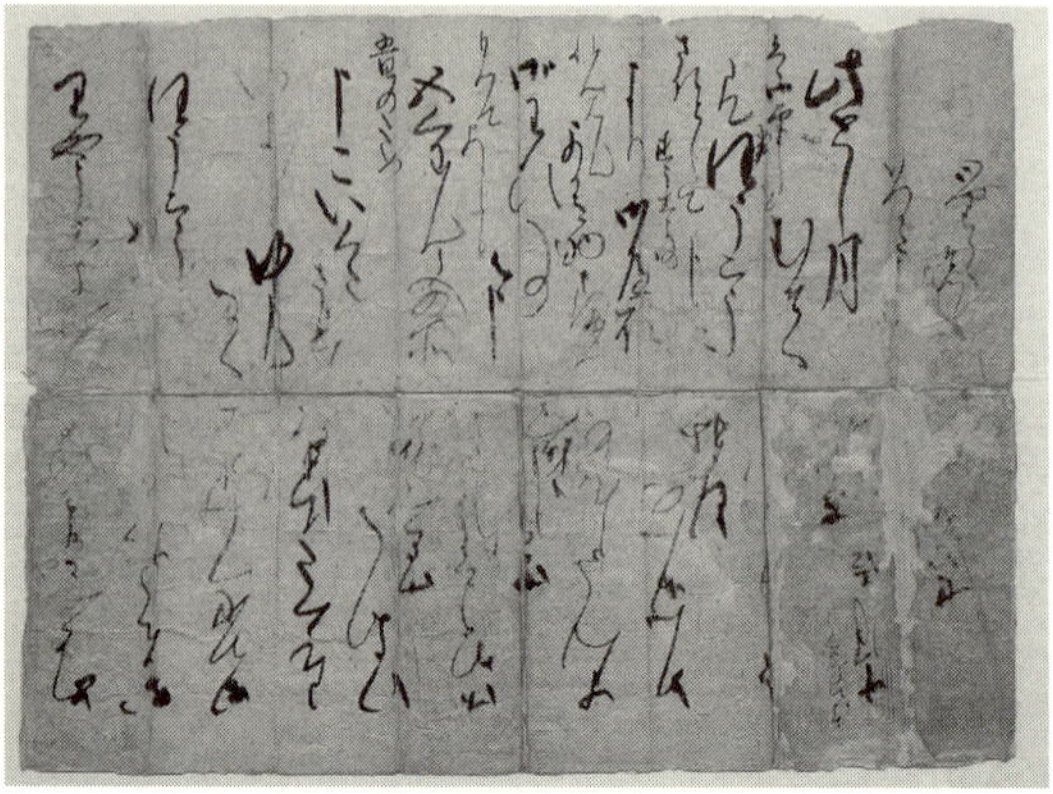

勝頼祖母の印判状（池上家文書）

を持った番匠であった。池上清左衛門への二通の文書から、勝頼の祖母が池上氏の宛がいに働いたことがわかる。

勝頼の祖母とは、勝頼生母（諏訪御料人）の母で諏訪頼重の妻、小見の方といわれているが定かでない。少なくともこれらの文書によって、勝頼の祖母は高遠に住み、番匠に面倒を見てもらっていたことが確実である。高遠は勝頼が最初に領した場所なので、おそらくその折に彼女もここに来たのであろう。そして、彼女は直接勝頼と連絡をつけることができたのである。

ちなみに彼女ははんこを用いて文書を出している。印文は不詳であるが、武田家に関係する女性の唯一の印判状である。印判を持つことは、彼女が度々それを用いて文書を書いていた可能性を示す。文字を書き、印判状を出せる女性が祖母だということは、勝頼の育った環境を物語るのではないだろうか。

祖母は勝頼に自分の関係者へ知行を与えることを求めることができ、一方で勝頼のことも心配していた。血の通った者同士のつながりが、この文書からも垣間見えてくる。

2　高い教養

勝頼は天正七年三月に、伊勢天照大神宮御宝殿へ次の祈願文を出した（なお以下の読みについては氏岡真士氏の御教示を得た）。写が伝わっているのみで、実物はない。『妙心寺史』によると鉄山宗鈍に起草させたものだという。起草を鉄山に依頼したことは両者の関係が密であり、鉄山も勝頼の意を汲んで文章を練り、それを勝頼が確認していたはずである。

北条氏政追罰の願文

敬白、それ天地開闢《かいびゃく》の後、日月未だ地を転ぜず、神有り徳有り。その故に己に直くして道を行うものは、幸いを天に受け、それ他を僻《へき》して利を貪《むさぼ》らば、罪を天に蒙《こうむ》れり。抑《そもそ》も日域の主、天照皇太神は、その濫觴《らんしょう》より以来、神徳ますます卲《まさる》なり。詳《つまび》らかに古を詩書に考し、以てその字の徳を明らむるに、二人和するをこれ天と謂い、日を召すの心これを照という。神はすなわち鏡なり。濁りを諱《い》み、中略するこれを神と謂う。この故に和して違う無く、召して陰無く、清うして濁り無く、垂跡《すいじゃく》すること胡漢の現わるるが如し。これに依りて仰ぎて天照太神と号し奉る。忝《かたじけな》くも吾が朝の天たるや地たるや、感応すること昭々霊々、大明にして私無きものなり。誠に天下の談士も庸人《ようじん》も孺子《じゅし》も、これを崇敬せざる無し。

ここに氏政《（北条）》なる佞士あり。（我は）隣をもってよしみを懐き、朱陳《しゅちん》（という白楽天の詩にある村のような姻戚関係）の交わりを結び、しかのみならず誓いは神明に鑑《かんが》み、或いはその手に薔薇《ばら》（の露で清めることを）し以て榊《さかき》を取り、或いはその身に菡旧（菖）（カンタンの香りを帯びることを）し以て神灰を納め、互いにその信を守り、聊《いささ》か国家を泰山《たいざん》（のような安定状態）に措かんと欲す。

然り而してに本年冬小春（十月）、彼の佞士は鼠心《そしん》蜂発し、盟に狽《ばい》し鱗を鍛じ、翻覆《ほんぷく》の手を挙ぐるが若きに至り、塞上・金（城）湯（池）を犯すこと星火の如し。ああ天罰神罰、かれそれ奈何《いかに》せん。ここに幕下の諸将議して、これを討たんと欲す。

臣は躬《みずから》に曹操《そうそう》の智計無しといえども、猥りに自ら諸将に示して云わく、「臣躬《みずから》神徳を守るに、かれ漫《みだ》りに神命に負く。その性智は寔《まこと》に庸人《ようじん》・孺子《じゅし》より愚かなるものかな。凡そそれ巧言令色にして、その暴悪を行うものは、天それ鑑《かんが》めざらんや、神それを罰せざらんや、ただ座して亡ぶを待つに如かずと、これを伐つといずれぞ」。諸将は理において黙して去れり。

然りといえども彼の兇儔《きょうじゅう》の境を犯せるの日、これを思惟するに寝れど席に安んぜず、つらつら謂以《おも》（以為）えらく宜しく先ず天運を仰ぐべしと。故に即ち今この良辰《りょうしん》において、謹んで禊事を修め、厳かに神楽を奏で、以て神聡に達し奉らん。

伏して尚《こいねが》わくは忽ちこの神徳を守れる愚臣を擁護して、速やかに彼の神命に負ける佞士を追罰せんことを。且つまた素懐を東賊の本邦に遂ぐるに至りては、必ず要地を割取し、以て永《とこし》えに神徳を増すべきものなり。烏沙巾の上に偽りあるべからず。この旨は霊鑑もて瑞相あるべし。特に本地定光仏の応化もて、内は胎蔵界《たいぞうかい》の日輪、外は金剛界《こんごうかい》の月輪、ならびに下土を照々見せよ。

元よりこれ法々無二の境界なれば、仏は即ち神、神は即ち人にして、毫釐《ごうり》も差無く、人道纔《わず》かに乱れば、神道仏道もまたともに亡びん。これを以て人の臧否《ぞうひ》、神仏いかでか賞罰を加えざらんや、はたまたそれ霊験なくんば、先ず天なり照なり神なりと謂わん。清徳は渾泥《こんでい》の土に棄てられんことは必ずなり。ああ神は正直を以てその心と為す、抑も眼前の正邪は、なんぞ胡蝎の威力をしてこれを治めざらんや。

夙夜《しゅくや》惟だ寅みて、天の永き命を祈る（この二句は、それぞれ書経（舜典、召誥）に基づく）、的に来機に赴き、祈願に負むくなかれ。仍て愚信を陳べて以て聞こゆ、再拝再拝、武運長久、国家安全。

天正七年己卯嘉月（三）如意珠日　　源勝頼　判

伊勢天照大神宮御宝殿

（臨済寺所蔵「仏眼禅師語録」上）

臨済寺所蔵の「鉄山集」にも収録されているが、その注記では同年十一月十二日製とある。既に触れたように御館の乱に勝頼が上杉景勝に味方したため、北条家と武田家との関係は悪くなり、三月二十四日に御館の乱が景虎の自刃で終結すると、完全に決別した。したがって、この文書が作られたのは十一月十二日であろう。

私の能力では文章もきちんと読めず、訳も心もとないが次のようであろう。

敬って申し上げる。天地の開けはじめてより以後、日月はいまだに地を転じていない（「鉄山集」

では日月はいまだに他に転じていないとなる)。神がいて徳がある。自分に対して心素直に道を行う者は、幸いを天から受ける。これに対して他に偏って利を貪る者は、罪を天から受ける。

日本の主である天照皇太神は、その始まりから神徳の力が優れていた。詳細に古のことを詩書で考え、その字の徳を明らかにすると、二人が和することを天といい、日を召す心を照という。神はすなわち鏡のようなものである。濁るのを忌み、中略することを神という。この故に和して違うことが無く、召して陰が無く、清くして濁りなく、仏・菩薩が人々を救うために仮に日本の上の姿をとって現れることは、胡漢が現れるのと同じである。そこで仰ぎ奉って天照太神と号している。恐れ多くも本朝の天であっても地であっても、仏の働きかけを受け止めることは昭々霊々、大明で無私なるものである。誠に天下のことを談ずる侍であっても、平凡な人であっても、子供であっても、天照大神を崇敬しない者はいない。

ところで、北条氏政という心のねじ曲がった武士がいる。私は隣の国に住む者として彼とよしみを懐いて、白楽天の詩にある朱陳という村のような姻戚関係の交わりを結び、加えて誓いは神明を過去の例や手本などに照らして考えて行い、手を薔薇の露で清めてから榊を取り、その身にカンタン(ショウガ科の植物)の香りを帯びて神灰を納め、互いにその信を守り、少し国家を泰山のような安定状態に置こうと欲した。

ところが本年冬の十月、北条氏政は鼠のようにこそこそと悪事を企む心を発し、盟約に背いて、鱗を鍛え、心を裏返しに覆して手をあげる状況になり、塞上・金城湯池(守りが堅固で容易に攻め落とせない城。勝頼の領土）を犯すことは星火のようである。ああ天罰神罰、彼をどのようにしたら良いだろうか。ここに私の幕下の諸将は議して、彼を討とうと望む。

　私に曹操のような智計はないが、諸将に次のように告げた。「私は自ら神徳を守っているのに、彼は心の赴くままみだりに神命に背いている。その性智は本当に凡庸で子供よりも愚かである。言葉を飾り、表情をとりつくろうような暴悪を行う者に対して、天がそのままにして置くだろうか、神が罰さないことがあろうか、ただ座して北条氏政の亡ぶを待つか、それとも討つ方が良いのか」。この理によって諸将は黙って去った。

　しかしながら、彼ら凶暴な輩（北条氏政の軍）が国境を侵して来た日、いろいろ考えると寝ることもできない。様々に考えた末、先ず運を天に任せるのが良いという結論になった。そこで今この良い時に謹んで禊事を修め、厳かに神楽を奏で、その上で聡い神にお達し申し上げる。

　伏してお願いするのは、忽ちにこの神徳を守っている愚臣（勝頼）を擁護して、速やかに神命に背いている佞士（氏政）を追罰していただくことである。またまた、かねてからの願いによって東賊（北条軍）が本邦（甲斐）に侵入するような場合には、必ず相手側の要地を取って、永遠に神徳が増すようにすべきである。烏沙巾の上に偽りがあってはならないので、この旨は天や神仏がご覧になって奇瑞の様相を示していただきたい。とりわけ本地である定光仏が世の人を救うために、相手の性質・力量に応じて姿を変えて現れ、内は胎蔵界の日輪、外は金剛界の月輪、ならびに下土を照らし出していただきたい。

もともとこれは法々無二の境界なので、仏は即ち神であり、神は即ち人にして、少しも違いはない。人として行うべき道がわずかであっても乱れたならば、神道・仏道もまたともに亡びることだろう。ここを以て人の良いところと悪いところを見て、どうして神仏が賞罰を加えないことがあるだろうか。それともまた霊験がないならば、天も照も神も、清徳は跳ね上がった泥の土に棄てられることは必然である。神なる者は正直をもってその心となす。いったい眼前で行われている正邪は、神の威力を尽くしてこれを治めないことがあろうか。

朝早くから夜遅くまでただひたすらに、天の永き命を祈っている。確かに機に赴いて、私の祈願に背くことのないようにして欲しい。そこで、愚かな私が信ずるところを述べ、聞いていただきたい。再拝再拝、武運長久、国家安全。

源勝頼　謹んで白す

この願文は北条氏政の追罰を求めたものであるが、この格調の高さ、背後に持つ知識の深さは、さすがに鉄山である。しかし、鉄山に指示し、最終的には勝頼が花押を据えているわけで、勝頼の学識の高さも示していよう。

あふれる学識

前掲の願書には勝頼の強い憤りがみられるが、彼は熊野三所大権現に対しても、次のような願文を出した。

帰命頂礼《きみょうちょうらい》、日本第一熊野三所大権現は、すなわち弥陀・薬師・観音これなり。かつて衆生済度《しゅじょうさいど》の為、摩竭陀《まがだ》国より、吾が朝に飛行し、忝《かたじけな》くも国家を鎮護す。つらつら三所の秘要をはるかに観るに、自ら利するは仏宝僧の三宝、他を化するは天地人の三仁、さらに自他無く、三仏一体、々々三所大権現、立ちて鼎《かなえ》を分かつ。

おおよそこの邦に命ずるもの、誰か肯《がえ》んじてこれを仰がざらんや。故に今月如意珠（意のごとく願望を成就させてくれるという宝珠）の日、寅《つつし》みて九州宝鼎を扛《あ》げて八功徳水を盛り、十真如花を献ず。伏して冀《こいねが》わくは玄鑑《げんかん》を垂れんことを。

右を祝する意趣は、隣壌の佞士平氏政（北条）、改年の先、親族に事え、互いにその鉾《ほこ》を交じえ、既にして儀するに和平を以てし、誓うこと（礪山《れいざん》）帯河ならんと。王公これを察し、鬼神これを威す。然り而《しこう》してに今また佞孽《げつ》を未萌《みほう》に息するを得ずして、終に吾が邦河陽の東南に向かいて、無明の烽火を挙ぐ。時これ十月、（四）序は三冬に属す。讒《さん》波起こりて多子の浦濁り、咲烟《しょういん》凝りて富士の雪紫なり。ああ悲しいかな、かれ已ってするに時か命か、神明に鑑《かんが》み以て猥りに神徳を減じ、仏陀に誓い以て呂忠に仏法を昧うす。然れども此の如くんば則ち三仏いずれかこれを救わんや、三所権現いずれかこれを罰せざらんや。運は全く天には在らず、只だ自己に在るものなり、この辰《とき》に丁たってこれを亡ぼすこと掌を指すが如し。これ天下の公言なり、一人の私言に非ず。

然るといえども臣は新羅《しんら》の苗裔たるを忝うし、箕裘《ききゅう》の塵に墜ちず、志を文武に研く。蓋《けだ》し新羅は中華に在りて、亦た東方の君子の国にして、文武かね備えり、将雑古より書に出づと云う。それ天を亡ぼすは君子の道にあらず亡ぼす。これを以て譖臣いやしくも東方君子の国に生まるるに、胡克面それ天亡ぼすを亡ぼせんや。この故に房矢嚢弓もって渉りてここに居るのみ。

然らば此の如きといえども彼の兇徒命に負き逆を行えば、則ち君子といえども亦た豈《あに》これを討たざらんや。かれ即ち神明徳を滅じ以て暴悪を為す。臣即ち君子の道を守り以て文武を備う。

ああ三所よ冥慮《めいりょ》もて、詳らかに此の理に党し、宜しく将に守護を加えんとすべし、日にあらずして旗旄《きぼう》もて前に導き、騎卒もて後に擁し、幢《どう》を以てを侫士の本邦に建て、鍔《つば》を扣え箙《えびら》を敲き、万喜もて一笑に供するものなり。然らば乃ち神に薦《すす》むるに彼の（『春秋左氏伝』の隠公三年にいうように）澗溪《かんけい》の毛を以てし、永く宗廟を修飾せしむるべし。霊鑑限りあらず、速やかに察納して以て襯臣《ちん》の願う所を成せ。至祝《ししゆく》至禱《しじゆ》、矯首《きょうしゆ》再拝、三宝証明、諸天同鑑。

天正七年竜集《りゆうしゆう》己卯吉日良辰　　武田大膳大夫　判

熊野三所大権現御宝前

（「仏眼禅師語録」上）

意味は次のようなものであろう。

源勝頼が謹んで申し上げます。

帰命頂礼（頭を地につけて仏を礼拝し、帰依の気持ちを表すこと）、日本第一として知られる熊野三所大権現なるものは、すなわち弥陀・薬師・観音である。かつて衆生を迷いの苦しみから救って、悟りの世界に渡し導こうとして、マガダ国から吾が朝に飛行してきて、恐れ多くも国家を鎮護している。よくよく三所の奥義をはるかに観てみると、自ら利するは仏法僧の三宝、他を化するは天地人の三仁、さらに自他なく、三仏一体で、三所大権現が立って鼎を分かったようになっている。

おおよそこの国に生まれた者で、誰が熊野三所大権現に背を向け、仰がない者があるだろうか。故に今月如意珠の日に、謹んで九州宝鼎を扛げて八功徳水を盛り、十真如花を献ずる。伏して強く願うのは神仏に人の行動を照らし見ていただくことである。

心身を清らかにして神を祭る意趣は、隣の国に住む佞士である平氏の北条氏政のことである。彼は去る年、私と親族の関係を結び、互いに鉾を交じえ、仮に泰山が削りとられて砥石のように小さくなり、黄河の流れが帯のように細いせせらぎとなっても、永遠に和平は変わらないと誓った。王公はこれを察し、鬼神がこれを威した。ところが、今またよこしまな心の災いを未然に止めることができずに、ついに我が甲斐国に対して真理を悟ることができないままに敵対の烽火を上げた。

時は十月で四季の内の三冬に属す。北条氏政が私を誹《そし》ったことにより武田と北条の間には波が立ち田子の浦が濁り、敵対のために上げた烽火の煙は固まって富士の雪が紫色になってしまった。ああ悲しいことである。彼との間を隔てているのは時か命か。神明に照らし合わせて考えると筋道が立たずに神徳を滅じ、仏陀に誓いながらも偽りのない心からすると仏法を暗くしている。

しかしながら、このような状態では三仏のいずれがこれを救うだろうか。三所権現のいずれがこれを罰しないだろうか。運は全く天にあるのではなく、ただ自己にある。この時に当たって彼を滅ぼすことは掌を指すようなもので、これは天下に対する公言で、一人の私言ではない。

しかしながら、私は恐れ多くも新羅三郎義光の子孫なので、父祖の行の塵芥に落ちるようなことをせず、志を文武に磨いている。私が思うのに新羅は中華にあって、また東方の君子の国で、文武をかね備え、人を率いる者も率いられる者も古から出ていると書はいう。天が亡ぼそうとするのを亡ぼさせない（天の意志に逆らう）のは君子の道でない。そこで、系譜ある武田家の者としていやしくも東方君子の国に生まれたのに、異民族のように「天が亡ぼす」ことをさせようか。それを防ぐための多くの矢と袋の弓もって北条と渡り合ってここにいるのみである。

このような状態で、彼の凶徒（北条氏政）が天命に背いて逆を行ったならば、君子といってもまた何でこれを討たないようなことがあるだろうか。彼は神の明徳を滅じて暴悪をなしている。私はそれに対処するため君子の道を守り文武の備えを行っている。

ああ熊野三所大権現よ、その深い思し召しによって、事細かに私の主張する理に与していただき、宜しく私に対して守護してほしい。間もなく軍旗をもって前に導き、騎卒を後に従えて、我が旗を敵の北条氏政の国に建て、刀の鍔をひかえ弓矢を入れる箙《えびら》を叩いて、皆が喜んで一笑に供す。神が推挙してに薦《すす》むるに彼の『春秋左氏伝』の隠公三年にいうように澗溪の草で、永く祖先の御霊屋を修飾させて欲しい。神仏の霊妙な照覧には限りがない。速やかに私の主張を察して受け入れていただき、北条氏政の官職を取り上げてほしい。精一杯身を清めて神に祈り、頭を下げて再び拝す。三宝（仏）よ我れにその力を示し給え、諸天も同じように先例と照らし合わせて力を示し給え。

これも氏政の追罰を祈ったものであるが、同じく文章の背後にある文化程度は極めて高い。仮に草案を鉄山に依頼したとしても、これほどの願書を書かせることができるだけでも、勝頼がいかに深い学識を有し、文化人と結んでいたか推察できる。

一方でこうした願文に、神仏に頼る勝頼の姿が浮かび上がる。織田信長などに比較すると、神仏に依存しなければならなかったところに、彼の限界もあったといえよう。時代の流れからすると、勝頼の方が神仏の意識では信長より遅れていたかもしれない。

能と茶

甲府市の御岳金桜神社には、武田勝頼と弟の仁科五郎信盛が奉納したという鼓胴が伝わっている。室町時代の作で、木の胴体に漆を塗り、蒔絵によって筏の絵と武具の絵が描かれている。大胴の筏散蒔絵が勝頼のもので、「弥左衛門尉」の銘がある。信盛の小胴は武具散蒔絵で、「阿古」の銘がある。また、同社には勝頼が奉納した能面もある。面には戦国から安土桃山時代において能面史上の中心的家柄であった井関家と出目家の銘が記されている。

このことからして、少なくとも勝頼は能を楽しみ、あるいは自らも舞っていた可能性がある。能は当時の文化として広く普及していたが、勝頼も日本全体の文化とつながっていた。武田家では中央の作品を入手し、それがステータスシンボルとして使われていたのである。

当時の文化の代表として茶の湯がある。新府城の本丸からは茶臼が出ている。また陶磁器として青磁では盤・酒海壺《しゅかいこ》・琮形瓶《そうがたへい》などが出土しているので、勝頼が日常に茶を嗜み、床の間には骨董品を置いていたことが明らかである。日本全体につながる茶の文化を体得していたわけである。

猪突猛進型の武将と思われがちな勝頼は、その遺品からだけでも、相当な文化人であったことが伝わってくる。また、そうした全国につながる文化を自らの内に持っていなくては、戦国大名として統治することも叶わなかったのである。

参考文献

史料集

『山梨県史　資料編』（四～七）（山梨県、一九九九～二〇〇四年）

＊山梨県に関する中世史料を集めた史料集である。史料は所蔵者別に編纂されており、広い視野から勝頼を考えるのに都合よい。また、別冊で写真集が用意されているので、文字などの確認ができる。

柴辻俊六・黒田基樹編『戦国遺文　武田氏編』全六巻（東京堂出版、二〇〇二～〇六年）

＊武田氏に関係した史料を編年体で編纂している。このため時間を追って勝頼の行動を研究するのに最適である。

杉山博・下山治久編『戦国遺文　後北条氏編』全七巻（東京堂出版、一九八九～二〇〇〇年）

『信濃史料』第一一～一三巻（信濃史料刊行会、一九五九年）

＊古い本ではあるが長野県に関する史料を年月を追って集めている。勝頼が諏訪氏を称し、最初に高遠を領したこともあり、欠くことのできない史料集である。

『静岡県史　資料編』第七～八巻（静岡県、一九九四年・九六年）

清水茂雄他『武田史料集』（人物往来社、一九六七年）

『上越市史　別編1・2』上杉氏文書集（新潟県上越市、二〇〇三年・二〇〇四年）

＊本書では御館の乱について多くのページを割いたが、目下最新かつ最良の上杉氏に関する史料集である。編

年体なので使いやすい。
佐藤八郎他校訂『甲斐国志』五冊（雄山閣、一九六八年）
酒井憲二編『甲陽軍鑑大成』全七巻（汲古書院、一九九四〜九八年）
磯貝正義・服部治則校注『甲陽軍鑑　戦国史料叢書』全三巻（人物往来社、一九六五〜六六年）
清水茂雄他『武田史料集』（人物往来社、一九六七年）

武田勝頼

内藤末仁『武田勝頼』（中央図書出版、一九六三年）
上野晴朗『落日の武将武田勝頼』（山梨日日新聞社、一九八二年）
上野晴朗『定本武田勝頼』（新人物往来社、一九七八年）
＊視点は古くなったが、勝頼論の先駆けをなした内容で、『甲陽軍鑑』からの思いが強く出ている。
網野善彦監修・山梨県韮崎市教育委員会編『新府城と武田勝頼』（新人物往来社、二〇〇一年）
＊新府城を中心として勝頼にも触れた論稿が並ぶ。現在の研究視点がよくわかる。
柴辻俊六『武田勝頼』（新人物往来社、二〇〇三年）
＊目下最新の武田勝頼に関する総合的な本である。史料を丹念に集めた好著である。
柴辻俊六・平山優編『武田勝頼のすべて』（新人物往来社、二〇〇七年）
萩原三雄・本中眞編『新府城の歴史学』（新人物往来社、二〇〇八年）
＊『新府城と武田勝頼』の続篇で、新府城についての最新の研究状況が反映されている。

長篠合戦

高柳光寿『戦国戦記　長篠之戦』（春秋社、一九六〇年）
太向義明『長篠の合戦』（山梨日日新聞社出版局、一九九六年）
小和田哲男他『長篠・設楽原の戦い』（吉川弘文館、二〇〇三年）
鈴木眞哉『鉄砲隊と騎馬軍団』（洋泉社、二〇〇三年）
藤本正行『長篠の戦い――信長の勝因・勝頼の敗因』（洋泉社、二〇一〇年）

その他

伊藤富雄『戦国時代の諏訪』（永井企画出版、一九八〇年）
柴辻俊六『武田氏の研究』（戦国大名論集）（吉川弘文館、一九八四年）
笹本正治『武田氏三代と信濃』（郷土出版社、一九八八年）
笹本正治『戦国大名武田氏の信濃支配』（名著出版、一九九〇年）
萩原三雄編『定本山梨県の城』（郷土出版社、一九九一年）
笹本正治『武田氏と御岳の鐘』（山梨日日新聞社出版局、一九九六年）
笹本正治『戦国大名の日常生活――信虎・信玄・勝頼』（講談社、二〇〇〇年）
笹本正治『武田信玄』（ミネルヴァ書房、二〇〇五年）
鴨川達夫『武田信玄と勝頼』（岩波新書、二〇〇七年）
笹本正治『真田氏三代』（ミネルヴァ書房、二〇〇九年）
武田氏研究会編『武田氏年表　信虎・信玄・勝頼』（高志書院、二〇一〇年）

あとがき

口絵に掲載した「武田勝頼・同夫人・信勝画像」は、天正十年（一五八二）の武田家滅亡により、慈眼寺《じげん》（笛吹市）の尊長《そんちょう》が、同年四月に勝頼の遺品として高野山持明院に納めたものである。そのことは次の彼の書状によって明らかである。

今度当国落居、勝頼公御生害、是非に及ばず候。貴院御力落としの段察しせしめ候。ここにより、その山において御弔いの儀仰せ置かれ候。尤も早々登山仕るべきの処、散々相煩い候故、延引罷り過ぎ候。この空円房幸い根来寺住山に罷り上り候条、御道具ならびに金子指し登せ申し候。勿論注文は別紙有り。我ら快気次第罷り登り申すべく候。委曲面上の時を期し候。恐惶謹言。

（天正十年）
卯月十五日　　尊長（花押）
慈眼寺

高野山
引導院
御同宿中

（持明院文書）

そして別紙注文の最初に、「勝頼公ならびに御台所・御曹司寿像　一幅」と記されている。それにしても尊長のように勝頼を弔おうと、わざわざ高野山に遺物を届ける人がいたのは、彼が慕われていたことを示そう。

本書の中で縷々述べたように、勝頼は武力一辺倒で、猪突猛進型の武将ではなかった。むしろ貴族的な、文化人であったと私は考える。

それなのになぜ武田勝頼はこれまで評価が低かったのであろうか。甲斐の人たちにとっては勝利を続け、甲斐が分捕り品であふれた父信玄の時代と比較して、織田信長軍によって攻め込まれ、逆に大きな被害を受けた責任者として糾弾の気持ちがあろう。それは『甲陽軍鑑』史観ともいうべきものである。『甲陽軍鑑』においては武田信玄こそ礼賛されるべき人物で、それを際立たせるためにその父親と子供は劣った人物として描かれている。この本の影響力は現在に至るまで、大変大きく、そこに記されていることを史実だと考える人は依然として多い。

また、武田家を滅ぼした側の主張もそのまま受け入れられている。すなわち『信長公記』史観である。歴史は常に勝者側が敗者を裁くような形で書き続けられる。私たちは敗者の史料を持たないがゆえに、勝者の主張をそのまま信じ、それが真実だと思いがちである。民衆の視点を標榜しながらも、実質は支配者の視点からしかものが考えられない者もいる。

武田勝頼について少しでも事実に近づこうとしたが、どこまで近づけたかは心もとない。その最大の原因は時間のなさである。思いもかけぬことに昨年十月から信州大学副学長（広報・情報担当）・附属図書館長になってしまった。この年齢になって急に生活環境が一変してしまった。学生のために、大学のためにと駆けずり回ってはいるが、私の思いと評価とは別である。本人はどんなに努力しているつもりであっても、外部からは成果しか評価の対象ではない。また、自らがその立場にいない者は、ただ批判だけをするのが常である。改めて勝頼のことを思った。

勝頼が望んで武田家を継いだわけではないとしても、また彼がどんなに努力して武田家のために、また領国民のために動いたとしても、結局は武田家を滅ぼしたという部分にのみ光が当てられてしまう。民衆は都合のよいときには支配者をたたえるが、都合が悪くなれば即座に関係ないとして切るのである。

私には、勝頼が当時の統治者として決して劣っていた人物だと思えない。むしろ極めて優秀な人物だと判断する。しかしながら、時代が向かっていた天下統一というレースの中では、トップは一人だけで、その一人が他を圧するためには二番手、三番手に来るような者を倒し、他の者に圧力を加えねばならなかった。まさに勝頼はその二番手、三番手に位置する者だった。新羅三郎の流れをくみ、東国を代表する戦国大名の信玄の子であり、何より広い領国を持っていただけに、勝頼を倒さなければ織田信長の地位は確立しなかった。勝頼が優秀でなかったのならば、信長が軍事力で一気に片付ける必要もなかったといえよう。

兄義信の死によって、人生の行路が大きく変わり、武田家の家督を継ぐという重責を担った勝頼が、夫人と嫡男と共に口絵の画像に描かれた時、家族一緒で幸せだという感じをどれだけ持てたことだろうか。

妻に先立たれ、子供たちが県外に羽ばたいて一人家に残り、能力もないのに副学長という立場にあって、時間と神経を削って生きている私は、その立場や置かれた環境が異なるものの、なぜか勝頼に親近感を感ずる。今後とも彼とはつきあっていきたいものである。

二〇一〇年一二月一九日

笹本正治

重版にあたって

原稿を書いてから九年が過ぎた。この間に、武田勝頼および武田家滅亡に関する研究は大きく進んだ。私は定年より一年早く信州大学を辞め、長野県立歴史館館長に就任した。毎日高速道路を一時間以上かけて職場に通うこともあって、私的な時間は本当に少なくなり、研究もままならない。このため、武田勝頼についても公的立場と私的立場、公と私の関係を考えるようになった。細部を追い求め、自分の興味に従っていたのでは学問にならない。館長としては県民や人類の未来に向けて「歴史学」を発信していきたいものである。

（二〇一九年五月一日）

武田勝頼年譜

和暦	西暦	齢	関係事項	一般事項
大永 元	一五一三		11・3晴信（信玄）誕生。	コルテス、アステカを征服。
享禄 三	一五三三		この年、勝頼の母諏訪氏誕生。	
天文 三	一五三四			イエズス会設立。
七	一五三八		この年、晴信の長男義信誕生。	
一〇	一五四一		6・14晴信が父信虎を駿河に追放して家督を継ぐ。この年、晴信の次男龍宝（龍芳）誕生。	1・13毛利元就・陶隆房らが安芸で尼子詮久を破る。
一一	一五四二		7・1武田軍が諏訪郡に攻め入る。7・21諏訪頼重没。9・25武田軍が高遠頼継軍を破る。12月諏訪御料人入輿。	4・8幕府撰銭令を公布。
一二	一五四三		1・19晴信の姉禰々御料人没。5月上原城修築し、板垣信方が諏訪郡代となる。	8・25ポルトガル人が種子島に鉄砲を伝える。
一四	一五四五		4・17高遠城落城、頼継武田方に降伏。	ポトシ銀山、採掘開始。
一五	一五四六	1	この年、武田勝頼誕生。	4・20北条氏康が河越夜戦で大勝。

一六	一五四七	2	3・8晴信が高遠城改修の地鎮祭を行う。6・1晴信が「甲州法度之次第」を制定。	
一九	一五五〇	5	9・19晴信が村上義清に砥石城で敗れる。12・7義信元服。	9月ザビエル山口で布教。
二一	一五五二	7	1・8義信具足始め。8・16高遠頼継没。	1・10上杉憲政が北条氏康に平井城を追われ、越後の長尾景虎（上杉謙信）を頼る。
二二	一五五三	8	7月義信が将軍より偏諱を得る。8月中旬第一回川中島合戦。	1・6小笠原長時が上杉謙信を頼る。
弘治元	一五五五	10	7・19第二回川中島合戦。11・6勝頼の母没。	ドイツでアウグスブルクの宗教和議。
三	一五五七	12	8月第三回川中島合戦。12・28義信が父と連名で淵才茂庵主に判物を出す。この年、弟の盛信誕生。	4・3毛利元就が大内義長を自殺させる。
永禄元	一五五八	13	この年、将軍義輝が景虎と晴信に和議を催促。	9・1木下藤吉郎が織田信長に仕官。
三	一五六〇	15	2・2諏訪社上社の造宮役を信濃国中に催促。7・13信玄が成慶院を宿坊とする。	5・19織田信長が桶狭間で今川義元を破る。
四	一五六一	16	7・2信玄が万福寺と長延寺に妻帯役を免許。9・10川中島で信玄と謙信が戦う（第四回川中島合戦）。	3・7謙信が小田原城を包囲。
五	一五六二	17	6月高遠城主となる。9・23埋橋弥次郎に伊那郡埋	フランスでユグノー戦争が起こ

			橋の年貢を納めさせる。	る。
六	一五六三	18	6・28信玄と義信が美和神社に三十六歌仙を奉納。	秋、三河で一向一揆蜂起。
七	一五六四	19	11月小野神社へ梵鐘寄進。	1・8北条氏康が里見義弘を下総国府台で破る。
八	一五六五	20	11・13信長の養女を娶る。11月信玄が信玄十一軸で諏訪社の神事再興を命じる。この年、義信が東光寺に幽閉される。	5・19将軍足利義輝が三好義継・松永久秀らに殺される。
一〇	一五六七	22	10・19義信自害。11・1長男信勝誕生。11・21信長子信忠と信玄娘松姫の婚儀が持ち上がる。	10・10松永久秀が三好三人衆を東大寺に破る。大仏殿炎上。
一一	一五六八	23	3・27正親町天皇が東大寺大仏殿再興の綸旨を下す。11・1高野山成慶院を高遠領の高野山宿坊に定める。	9・26信長が足利義昭を奉じて入京。11・12大村純忠が大村にヤソ会堂を建立。
一二	一五六九	24	5・16武田軍駿河に攻め入り古沢新城を攻撃。8・24信玄が上野に入る。9・10武田軍が武蔵鉢形城を囲む。10・1武田軍が小田原に迫る。10・4武田軍のしんがりをつとめる。10・6三増峠合戦に参陣。11・22信玄が再度駿河に侵入。12・6駿河蒲原城攻めに参陣。12・10信玄が徳秀斎に書状、勝頼に触れる。12・16諏訪社上社に蒲原城合戦での戦勝を謝す。	3・1信長が京都・奈良・天王寺境内に撰銭令を出す。4・8フロイスが織田信長から京都居住を認められる。
元亀 元	一五七〇	25	1月信玄が駿河侵攻を行う。駿河花沢城攻めに参陣。	6・28信長と家康が近江姉川で

			4・10信玄が将軍足利義昭に勝頼の官途を願う。5・14武田軍が吉原と沼津で北条氏政・今川氏真の連合軍と戦う。9・23神長官への証文を春芳代官の惣助と菅右衛門が出す。	浅井長政・朝倉義景を破る。9・12本願寺の顕如が諸国の門徒に檄文を発して信長と戦う。12・14信長と浅井・朝倉が勅命と義昭の斡旋で和睦。
二	一五七一	26	1・16武田軍が深沢城を落城させる。2月信玄が遠江に攻め入る。3月父とともに信濃から三河に入り足助を攻め落す。武田軍が高天神城を攻撃。2〜3月頃高遠から甲府へ移る。9・16簾中没。	5・12信長が伊勢長島の一向一揆と戦う。9・12、信長が延暦寺を焼き討ち。レパントの海戦。
三	一五七二	27	1・14本願寺顕如が信玄と勝頼に太刀や黄金などを贈る。5・8信玄が諏訪下社神宮寺井坊に徳役を免許。5・13信玄が将軍足利義昭より天下静謐のために尽力を命じられる。8月頃信玄が山村良利・良候父子らを飛騨に侵入させる。9・29信玄が遠江攻撃の山県昌景を出発させる。10・1信玄が浅井長政と朝倉義景に書状。10・3信玄が遠江に出立。11・14秋山信友軍が岩村城を奪取。11・24信玄が正親町天皇の意を受け臨済寺再興の指示。12・3朝倉義景が越前に軍を引く。12・22武田軍が三方原で勝利。	閏1・3上杉謙信が上野厩橋城に入り武田信玄と利根川を挟んで対峙。8・18上杉謙信が越中の一向一揆を攻撃。9月信長が足利義昭に異見一七ヶ条を出す。12・13朝倉義景、近江より越前に撤兵。フランスで聖バルテルミーの虐殺。
天正元	一五七三	28	2・15武田軍が三河の野田城を攻め落とす。2・27	1・1村上義清没。4・4信長

信玄が野田を発って長篠城に入る。4・12信玄没。4・23内藤昌秀へ同心被官などを安堵する血判起請文。4・25飛騨の河上富信が謙信重臣河田長親に信玄死去の風聞を伝える。4・29河田長親が上杉謙信へ信玄が死んだ噂を伝える。5・6本願寺坊官の下間頼廉に信玄の名で遠江の平定を伝える。5・9徳川家康が久能城の根小屋や駿府城近くに放火。5・13将軍義昭が信玄からの誓書を受け取る。5・17信玄の名前で大和の岡周防守へ上洛すると伝える。6・21大藤与七へ親父式部丞の軍功を賞す。6・26謙信が長尾憲景へ信玄の死を伝える。6・27三輪次郎右衛門尉に所領を安堵。6・30奥平貞能などに所領を安堵。7・14北条氏政が長延寺実了師慶に書状。7・23長篠へ徳川勢が来襲。7・30奥平貞勝・奥平貞能へ出陣を伝える。8・19高野山成慶院へ巻数の礼状。8・20奥平貞能・貞昌父子が家康に臣従。8・25山県昌景へ書状。8・27青柳の番匠に普請役を免許。某を魚の座役等の代官とする。9・5和田平の番匠に普請役を免許。9・7織田信長が毛利輝元と小早川隆景に信玄の死を伝える。9・8真田信

が義昭を二条城に囲み、上京に放火。7・18信長が義昭を槇島城で降伏させ、河内国若江城に逐う。8・20朝倉義景自殺。8・27信長が小谷城を攻撃、浅井久政・長政が自殺。9・26信長が伊勢長島の一向一揆を攻撃。10月吉川元春が鳥取城で山名豊国を降伏させる。11・16信長軍が河内国若江城の三好義継を亡ぼす。12・26松永久秀が織田信長に降伏し、大和国多聞山城を明け渡す。

二
一五七四
29

綱へ長篠に軍勢を出すよう命令。9・12連雀役代官の友野宗善に地子免許。9・21甲斐の三宮美和神社へ願文。本願寺光佐が勝頼の家督相続を祝す。10・1信玄と連名の形をとって越中の勝興寺へ書状。11・1駒井肥前守・浦野宮内左衛門尉へ軍役条目を出す。12・23甲斐の山下外記に塩の座役の所務を命じる。御大工水上左近佐に麹座役を宛がう。

1・27美濃岩村を攻撃し、明知城を取り巻く。2・1信長が救援軍を派遣。2・5信長が岩村に向けて出馬。2・6丹波国の荻野悪右衛門尉へ書状。3・1大工土佐守に名田を宛がう。3・5信虎が高遠で没。3・7信濃龍雲寺の北高全祝に信虎葬儀への参加をうながす。3・24平尾三右衛門尉に信玄の判物内容安堵。3・19徳川家康が上杉謙信に駿河攻めの協力を求める。3・28逍遙院大益に寺産を安堵。一蓮寺に禁制。跡部勝資に屋敷地を宛がう。3・29木曾の山村良利・同良侯に知行安堵。岡部元信に知行を宛がう。4・10八日市場の町人等に市中の諸役を免許。4・13内藤昌秀へ二二日に岩村田へ着陣することを求める。4月遠江に出陣。5・1諏訪社上社

1月越前に一向一揆が起こる。3・19羽柴秀吉が近江国長浜に入り、百姓への条規を定める。4・2本願寺の顕如が挙兵。7・28上杉謙信が越中を平定し、加賀に進出。9・29信長が伊勢長島の一向一揆を鎮圧。閏11月信長が分国中の道路・橋の修築等を命ずる。

オスマン軍がチュニスを占領。

の神長官等に神前への勤仕を命じる。5・5逍遥軒（武田信廉）が信虎の掛真（絵）を描き、大泉寺に納める。5・22高天神城を包囲。5・28真田幸隆へ書状。6・9遠州中村の郷の百姓を集めて居住させる。6・14信長父子が遠江に出陣。6・19横地郷に禁制。6・21信長父子岐阜に帰る。7・18和田城主の和田業繁へ知行を宛がう。7・9法多山尊永寺一乗院の寺領を安堵。本間八郎三郎にも知行を安堵。7・19小幡民部助と浦野新八郎へ知行を宛がう。8・1小幡信真へ北条氏政に備え兵を出すことを依頼。8・2柳町宿中へ家の造作により諸役を免許。8・14上州一宮貫前神社に西上州での勧進を許可。8・18上州一宮に太刀等を寄進。8・24本願寺の下間頼慶に対織田信長について書状。8月吉日諏訪下社の千手堂棟札できる。9・9信州金山衆に知行を与える。9・11壺井惣左衛門尉に惣大工職安堵。10・28諏訪春芳をモデルとすると伝わる石造弥勒菩薩像できる。11・4佐野房綱に書状。閏11・19松鶴軒と小山田菅右衛門尉に関東情勢について情報を求める。11・21長尾郷における市場定書。11・30駿府の松木与左衛

			門尉へ商売の諸役等を免許。山造に普請役を免許。11・24守随他に商売役を免許。12・23金山衆の池田東市や保坂次郎右衛門尉に諸商売の役免許。田辺四郎兵衛尉、芦沢兵部左衛門尉、中村二兵衛、古屋七郎右衛門尉、古屋清左衛門、山本重太夫、高添五右衛門尉、中村大倉、市川与左衛門尉、吉川主馬、鶴田内匠助、禰津惣右衛門尉に安堵状。12・25木工允に鹿・熊の狩猟を認める。	
三	一五七五	30	3・6高野山に信玄三回忌の卒塔婆を建てる。4・5内藤昌秀へ四月一二日に甲府に来るよう書状。4・12信玄三周忌の供養。4・15武田軍が足助城を包囲。4・19足助城開城。4・21長篠城を取り囲む。4・21諏訪下社の千手堂供養曼荼羅供執行。4・28越中の杉浦氏へ加賀・越中・能登の守備を依頼。4・29吉田城を攻め、二連木城を開城。4・30下条信氏に戦果を伝える。4月吉日諏訪下社神宮寺千手千眼観音本堂棟札できる。5・6小幡信真へ軍役条目を出す。渋川郷に高札。5・6武田軍が二連木・牛久保を攻める。5・11長篠城を攻撃。5・13織田信長が後詰めのため出陣。5・15鳥居強右衛門が岡	3・14織田信長が徳政令を発して、門跡・公家の借物を廃棄。3・27琉球使船が鹿児島に着く。5・22小早川隆景が備中国松山城で三村政親を滅ぼす。7・12信長が近江国勢多橋を修築。7・17長宗我部元親が土佐国を平定。8・14信長が越前国の一向一揆を平定。9・20近衛前久が薩摩に下向。10・21信長が本願寺顕如と和睦。この頃、朝鮮で党争が始まる。

崎城で長篠の様子を信長に知らせる。5・18信長が徳川勢とともに設楽原に陣を張る。5・20釣閑斎（長坂光堅）と三浦員久へ戦況について書状。5月長篠合戦を前にして女性に手紙。5・21長篠合戦で敗北。5・25信長が岐阜に帰る。6・1武田信友などへ書状。6・3清野刑部左衛門尉に高天神城の守備を堅固にするよう命ずる。上野の外郎七郎兵衛に諸役を免許。6・7天野藤秀へ光明城の在番を命ずる。光明城落城。6・13信長が上杉謙信に長篠での勝利を伝える。7・2長篠で討ち死にした山家昌矩の名跡を弟左馬允へ継がせる。7・7鈴木市之進・田中八兵衛に先判を安堵。7・9和田河内守に重恩を宛がう。7・13山村良利に知行を宛がう。7・19小笠原信嶺に知行を宛がう。河野兵部助にも知行を宛がう。8・10岡修理亮に近日中に遠江に出陣すると伝える。保科筑前守に遠江出陣にあたり条々を出す。8・24諏訪原城開城。9・7小山城後詰めのために大井川まで兵を進める。9・21岡部元信へ小山城に数日籠城の感状を出す。佐野新四郎・佐野左京亮・佐野孫右兵衛尉・狩野次郎兵衛・杉山小兵衛・和大夫正左衛

ジャワでマタラムのイスラム王国が始まる。

			門尉・朝倉六兵衛・原河大和守・佐野市右衛門尉・原河又太郎にも。9月下旬帰国。10・1駿府商人衆へ帰参者の普請役等を免許。10・16伝馬定を蒲原に出す。11月岩村城を支援するために出馬。宮木諏訪神社棟札できる。11・14信長が京を出立。11・21美濃岩村城落城。11・28建福寺に徳役を免許。12・6石橋の新五郎左衛門尉に水役の御細工を免許。12・2足利義昭が上杉謙信に武田・北条・本願寺との和睦を求める。12・16小泉昌宗に軍役条目を出す。12・23河原宿・寺尾宿・落合・中条・鮎沢の各郷に、今後は獅子朱印をもって竹木・藁・縄等の御用を命じると伝える。12・27田中城を守る三浦員久他に条目を出す。12・28牛山五郎次郎に諸役免許。	
四	一五七六	31	1・6春日虎綱へ三河方面への軍事行動延期を伝える。2・14棠沢郷・沼津郷・竹下郷に伝馬定を出す。2・16小倉惣次郎に宿次の普請役免許。2・22吉河（守随）彦太郎他に商売の諸役等免許。3・6大泉寺に徳役を免許。3・21厚原郷・根原郷に伝馬定を出す。4・16信玄の葬儀を恵林寺で行う。5・16信玄の寿像等を高野山成慶院へ送る。6・1要害城の	2・8足利義昭が備後鞆に移り、毛利輝元に援助要請。2・23信長が安土城を築いて移る。4・14顕如が再挙したので、信長が石山本願寺を攻囲。5・6松浦隆信・鎮信が竜造寺隆信に屈服。5月上杉謙信が顕如と同盟する。

			普請を命じる。6・22下間頼充と信長の軍事行動や義昭の帰洛について協議。7・23義昭が謙信に勝頼と協力し京都回復に力を尽くすことを求める。6・28八日市場に定。八日市場に伝馬衆を割り付ける。8・6北条氏政が義昭の命に従い上杉・武田両氏と和すことを承諾。8・21細工の奉公により岩間右衛門に諸役免許。8月徳川家康が駿河山西へ軍勢を動かしたので出陣。9・16一色藤長に書状を出す。10・15万福寺教雅が越後三条談義所に長篠敗戦の状況を伝える。10・24本願寺の東老軒に書状。この年、小池と内田の境争論。	7・13毛利輝元の水軍が信長水軍を破って本願寺に兵糧を入れる。7・21京都の南蛮寺で献堂式。11・17上杉謙信が越中・飛州口を押さえ、加賀・能登に進出。
五	一五七七	32	1・22北条氏政の妹が甲府へ入輿。2・11金山衆に馬一疋分の諸役を免許。2・22九一色郷に諸役を免許。3・3諏訪下社神宮寺宝塔の棟札できる。3・27菅原神社の鰐口を小幡氏が奉納。5・27分国中で外郎に構いが無いように命じる。6月富士御室浅間神社に願文を出す。7・5遠江出陣のため軍役条目を出す。閏7・7牛山次郎左衛門に御細工の奉公により知行を宛がう。閏7・15一蓮寺に寺中法度を出す。閏7・19遠江出陣。番匠に小鹿郷で細工給を宛	2・13信長が紀伊雑賀一揆を攻撃。3・21鈴木孫市ら雑賀衆が信長に降伏。6月信長が安土城下に楽市・楽座などの町掟を出す。8・8信長が柴田勝家らを加賀に派兵。8・17松永久秀が信長に叛いて大和信貴山城に籠もる。9・15上杉謙信が能登七尾城を攻略。9・23謙信が加賀

六

一五七八

33

がう。9・24清野刑部左衛門尉他に明日の進軍を伝える。山村良利へ信濃境目田立出合について定。

10・20遠江小山から兵を引き上げる。

1月小田原に肴を送るため瀬名から小田原間の伝馬手形を出す。2・2「下諏方春秋両宮御造宮帳」ができる。2・5長享二年七月の「春秋之宮造宮之次第」写ができる。2・7「下諏方春宮造宮帳」ができる。2・12各郷村などへ諏訪社の造営手形を出す。2・20諏訪禰宜大夫が諏訪頼豊に役銭覚書を出す。吉江丹波守に加増の徳役免許。2・22筆取安楽房、矢崎房清などが根々井郷に役銭納入手形を出す。2・28三沢平太に造営銭を受け取らす。2月吉日「上諏方造宮帳」「上諏方大宮・同前宮造宮帳」の清書帳ができる。3・9駿河の田中城が徳川の攻撃を受ける。3・13上杉謙信没。今城砦が徳川の攻撃を受ける。3・18上条宜順・鯵坂長実が諸将の誓書を景勝に提出。3・24上杉景勝が春日山城の本丸に入る。3・25北条氏照が謙信卒去につき釣閑斎に尋ねる。3・27織田信長が謙信卒去の情報を羽柴秀吉へ伝える。3・30景勝が深沢利重へ上野国境の防備を

湊川で柴田勝家らを破る。

2月別所長治が播磨国三木城に挙兵。4・18吉川元春・小早川隆景が上月城を攻囲し、羽柴秀吉と対峙。7・3毛利勢が上月城を攻略、尼子勝久自害。9・29北条氏政が武蔵国世田谷新宿を楽市とし、国質等を禁止し、市日を定める。10・17荒木村重が顕如と結んで織田信長に叛き、摂津国有岡城に籠もる。11・6九鬼嘉隆らの織田水軍が毛利水軍を木津川口で破る。11・19信長が荒木村重を有岡城に攻め、高山右近らを降伏させる。11・12、島津義久が大友宗麟の軍を日向耳川で破る。明の張居正が全国で土地測量を

指示。5・5大場で景勝方と景虎方が衝突。5・11諏訪十日町に伝馬定書。5・13景虎が春日山城から退去し御館に移る。5・17景虎軍が約六千の兵で春日山城を攻め撃退される。5・21景勝勢が景虎に味方する軍勢を猿ヶ京で撃退。5・27井上庄等を諏訪造営につき甲府に呼び寄せる。5・29景虎が蘆名盛氏に支援を求める。6・11景勝勢が御館を攻める。6・12景勝が直峰城を奪取。武田信豊が景勝に書状を出す。6・14岡部元信へ高天神城につき書状。6・22信濃の長沼に陣を置く。6・24新発田長敦に書状。6・29武田信豊が景勝へ路次の普請につき書状。7・9景勝が山岸秀能等に勝頼との和議が成ったことを報せる。7・23景虎・景勝の和親を媒介しようと越後府内に在陣。8・19景勝に起請文を送る。8・20景勝に和平媒介成就について書状を送る。8・21白鳥山康楽寺に妻帯役賦課につき普請役を免許。8・22徳川家康が田中城に兵を出す。8・23西条治部少輔へ軍役の定書を出す。8・28越後在陣をやめてに帰国の途につく。9・12下諏訪井坊・武居祝に諏訪造営領を寄進。9・24景勝へ書状を送る。

開始。明がポルトガルに広東貿易を許可。

七	一五七九	34	9・26景勝勢が景虎勢と大場口で戦い勝利。10・1春日信達が新発田長敦等に別状ないと書状。10・15池上清左衛門尉へ細工給五貫文を宛がう。10・17高遠番匠の和泉に郷次の普請役を免許。10月吉日勝頼の祖母が番匠清左衛門に書状。10月中頃駿河に入り、晦日までに遠江に侵攻。10・24景勝軍が御館の館際まで攻め寄せ百余人を討ち取る。11・2小山・相良へ進み、翌日に横須賀城を攻撃。11・25帰国の途につく。12・16金剛峯寺惣分沙汰所が引導院を武田家一家の宿坊とする。12・23景勝へ妹との婚儀について書状。 1・8北条氏直と間で年始の贈答。1・9吉川元春へ対信長について書状。1・20景勝勢が高津を落とす。2・1景勝が御館総攻撃を命じる。2・6「上諏方造宮帳」「上諏方大宮同前宮造宮帳」の取帳ができる。2・8弥彦の祝などに小野神社の造宮を勤仕させる。2・17飯山領の大滝甚兵衛尉へ所領を与える約束をする。2・21大泉寺と龍雲寺に分国曹洞門法度の追加を出す。2・21上杉景勝に返書を書く。2・25市川信房に小菅より赤沢の往復のため人民を	5・11織田信長が安土城天守閣に移居。8・24明智光秀が丹波を平定し、町人・百姓らの還住を促す。8・29徳川家康が室の築山殿を殺害、翌月一五日に嫡男信康を自刃させる。9・2荒木村重が有岡城から尼崎城に移る。9・25里見義頼が領内の商船の諸役を免許。10・30宇喜多

居住させる。2月吉日諏訪下社明年の常楽会の頭役を大境に命じる。3・11北条氏に備え内藤昌月を上野の箕輪城に派遣。3・1大工土佐守に名田を宛がう。3・17景勝が御館の景虎を攻撃。景虎は鮫ヶ尾城に逃れる。3・24景虎自刃。3月高野山引導院を宿坊とする。4・5龍雲寺小県郡中の番匠の半分を召し使うことを許可。4・6吉川元春に書状。5・23富士北山山作衆・木剪に往還の諸役を免許。5・25景勝に情勢を尋ねる。7・3景勝に越後平定を祝す。7・13松鷂軒へ飯山を含めた知行を与える。飯山在城の大井角助に宛がう。8・9渡辺兵部丞に大工職を安堵。8・20上杉景勝へ条目を出す。9・5北条と徳川の同盟成立。9・17景勝に誓書を送り伊豆侵略を告げる。徳川勢が懸川に出陣。9・25駿府に援軍を出す。9・26跡部勝忠と市川元松が甲斐から越後に居住する者の貫高などを書き上げる。10・8三楽斎と梶原政景へ対北条氏について書状。10・20菊姫が春日山城に入輿。10・21孕石元泰に田畑の開発を命ずる。10・27依田信蕃に藤枝鬼岩聞の堤普請を命ずる。11・2悉松斎に城内の用心普請等につ

直家が毛利氏と断ち、信長方に転じる。この年、オルガンティーノが安土に教会を建設。ネーデルランド北部七州がユトレヒト条約を結成。

八

一五八〇

35

き書状を送る。11・12伊勢天照大神宮御宝殿に北条氏政討伐の願書を出す。11月吉日熊野三所大権現御宝前に北条氏政に対する勝利を祈願する。11・16跡部勝忠に信濃と越後の国境、および木曾妻籠口の警固を命ずる。11・16跡部勝忠に留守中の指示をする。11・18景勝の求めに誓書を渡す。12・15結城晴朝に書状を送る。12・21穴山信君が高山飛驒守へ城内造作覚を出す。

1・4陳外郎源十郎に陳外郎の名跡を相続させる。1月武蔵に出陣し二月一九日までに帰陣。1・18小幡縫殿助へ旧領安堵。2・24小菅刑部少輔へ知行を宛がう。3・1堀籠甚之丞に知行を宛がう。3・6宗徳寺に禁制。原昌栄へ忠節を求める。赤見伊勢守に飯山内等を宛がう。3・10河田長親に関東情勢などを伝える。北条氏政が織田信長に子息氏直との縁組みを申し出る。3・16小川可遊斎に知行を宛がう。閏3・24下野の那須資晴に北条氏政の背後を突くように求める。氏政は信長と連携して武田を滅ぼすことを表明。閏3・9龍勝寺へ徳役を免許。閏3・18光前寺の華蔵院に徳役を免許。4・26長坂光堅と跡

1・17羽柴秀吉が別所長治らを自刃させ、播磨三木城を攻め落とす。3・17織田信長が勅命を奉じて本願寺顕如を赦免する。閏3・5顕如が坊官と共に誓書を出して信長と和議。閏3・17筒井順慶が大和諸寺の梵鐘を徴発して鉄砲を鋳造。4・9顕如が石山本願寺より紀伊鷺森に退去。6月イギリス商船が平戸に来航。8月信長が摂津・河内等の城割を命じ、筒井順慶は郡山

部忠勝が長井昌秀に黄金五〇枚の催促。4・29内田と小池との間で山論が起きる。5・3徳川家康が駿河の田中城を攻撃し、五日に撤退。5・15北条氏照と西原で合戦。**5月下旬頃**伊豆で北条氏政と対陣、三枚橋城の普請。6・11佐竹義重に関東平定の軍を動かすことが専要と伝える。6・12箕輪城の内藤昌月へ援軍は無用と伝える。6・19田辺民部右衛門、田辺善左衛門尉、依田兵部左衛門尉、風間一角へ往還の諸役を免許。6・27沢半右衛門尉などに沼田攻略後知行を与えると約束。7・2信龍斎・信真父子に沼田への援軍を命じる。7・20北条氏政が対武田のため陣触を出す。8・9今泉但馬守と秋の備えの相談。武田信豊が宇都宮国綱に同様の連絡。8・16佐竹義重に新田表を共に攻めることを伝える。秋山下野守に箕輪衆のことなどを伝える。吉河彦太郎他に商売の諸役等免許。8・17松鷂軒(禰津常安)に飯山城普請を命じる。8・27外郎源七郎に蔵籾を宛がう。8・29工藤銀七郎等へ来る五日に上州へ出馬すると連絡。9・19徳川勢が高天神城周辺に陣取り砦の普請を開始。9・20上州出馬。10・3鑁阿寺や足

以外の大和諸城を破却する。9・26信長が大和の寺社等に指し出しを命じる。**11月**柴田勝家が加賀の一向一揆を平定。

モンテーニュが「随想録」を書き始める。

スペインがポルトガルを併合。

九	一五八一	36	利学校に禁制を出す。12・7〜9沼田城攻略に功があった者に恩賞を与える。12・13富士大宮西町新市に定。12・27一条信就が青柳新宿の市の日を定める。 1・22真田昌幸が築城の人夫を出すよう求める。1月高天神城の岡部元信が城兵の助命を求めた矢文を放つ。1・25織田信長が岡部の求めを拒絶するよう家康に伝える。2月金山衆の田辺新兵衛尉へ官途状。3・10駿河へ出兵するので二〇日までに甲府へやってくるよう命令。3・17北条軍が甲斐に入り棡原で合戦。3・22高天神城が徳川軍の攻撃によって落城。3・15小池と内田の山論を裁く。4・16末木東市佑に淡路守の跡職を安堵。5月金山衆の田辺善丞へ官途状。6・2穴山梅雪が土屋昌恒に書状を送る。6・19奈良田の郷と湯島の郷に商売役を免許。龍雲寺に門前の良匠三人の使用を許可。6・28家康が見附に出陣。7・1家康が遠江相良で砦の普請を開始。7・4栗田永寿に定を出す。7・10建福寺の徳役免許再確認。8・20穴山梅雪へ求めがあればすぐ出馬すると伝える。8・28北条勢撤退。10・27伊豆戸倉城代の笠原政晴が勝頼に服属を申し入れる。10・29	2・23バリニァーノが織田信長に謁見。2月長宗我部元親が一条内政を伊予法華津に逐う。3・9上杉景勝が佐々成政留守の越中小井出城を攻撃。8月織田信長が高野聖千余人を捕らえて処刑。9・3信長が子の信雄等に伊賀惣国一揆を平定させる。10・2信長が前田利家に能登を支配させる。10・25羽柴秀吉が因幡国鳥取城を攻略、吉川経家自殺。11・17秀吉が淡路を攻略。11月朝鮮国王が日本国王の招請により京極晴広に勘合銅印を与える。 イギリスでレヴァント通商会社設立。

一〇	一五八二	37	穴山梅雪、信濃・上野の諸卒を援軍として派遣し、自らも伊豆に出馬。11・5伊豆玉川表で合戦。11・6土屋昌恒が浦野民部右衛門尉へ勝頼の新府へ移居を伝える。11・16佐竹義重出陣。11・20北条勢と戦う。11・25番匠の次郎右衛門に増分を宛がう。11・27興国寺城が北条方の忍びによって奇襲される。小弓公方足利頼淳が太田道誉に勝頼への軍事協力を求める。12・18織田信長が甲州進攻の準備。12・19攻撃の馬を収める。12・4佐竹義重に北条氏の背後を突くように再度求める。12・19伊豆から帰国。12・24諏訪上社の神長官へ新館へ移る守符などの礼状。 1・25木曾義昌が苗木久兵衛を通じて織田信忠に申し入れ。2・1木曾義昌が信長の味方になると表明。2・2新府城から出馬。2・3織田信長が武田領国攻撃のために軍勢を動かす。2・6下条九兵衛が逆心、岩村口から河尻秀隆軍勢を入れる。2・11織田信忠が岐阜を出る。2・14織田軍が清内路口より伊那へ侵入。飯田城から坂西織部・保科正直が逃げ出す。2・15市田で武田勢敗北。2・16鳥居峠で武田軍が敗れる。遠江で小山城が自落。信忠が平谷に陣取る。	オランダが独立宣言。 1・28大友・大村・有馬の三氏がローマ法王に少年使節を派遣。5・4勧修寺晴豊が村井貞勝から信長の関白等推任を申し渡され、安土に下向して推薦したが、信長は拒否。5・7信長が子の信孝に四国出陣を命じる。6・2明智光秀が本能寺で信長を自殺させる。6・4羽柴秀吉が毛

2・17信忠が陣を飯田に移す。大島城陥落。2・19勝頼夫人が武田八幡神社に勝頼の勝利を祈願。北条氏政が信濃の情報の実否を尋ねる。2・20上杉景勝に改めて景勝の応援を求める。織田信長が高遠城への道筋に付城を築かせる。北条氏政が武田領への侵攻を開始。徳川勢が田中城を攻撃。2・21徳川軍が用宗城を包囲し、家康は駿府まで兵を進める。2・23織田信長が河尻秀隆に書状。2・25駿河国江尻在城の穴山梅雪斎が織田方に寝返る。2・26北条氏政・氏直が駿河に出陣。2・27徳川勢の攻撃に用宗城開城。2・28上原の陣所を焼いて新府に帰る。伊豆戸倉城陥落。駿河の三枚橋城も自落。織田信長が河尻秀隆へ書状。徳川家康が懸川まで進む。2・29には穴山梅雪が家康に内覚という形で、降伏条件を示す。久能城が攻略される。3・1信忠が貝沼原に進む。徳川家康が穴山梅雪の服属を公表。駿河の深沢城が自落。3・2高遠城落城、仁科信盛以下四百以上討ち死に。北条勢が吉原まで進む。3・3新府城に火を放つ。安中氏が高島城を明け渡す。深志城も明け渡す。家康軍が甲斐へ乱入。家康が円蔵院・

利輝元と和睦して清水宗治を自刃させ、六日に高松を発する。6・13羽柴秀吉・織田信孝が山崎で明智光秀を破る。7・3徳川家康が浜松を発し、甲斐・信濃に進出。8・10家康が甲斐新府城に移り若神子の北条氏直と対峙。

教皇グレゴリウス一三世がグレゴリ暦を制定。

マテオ＝リッチがマカオに至る。

この頃、ジャワにマタラム王国建国。

南松院・大聖寺・竜華院らに禁制を出す。3・4穴山信君が家康に謁する。3・5織田信長が安土城を出発。徳川軍が江尻城を確保。上杉景勝の援軍が信濃の牟礼に着陣。3・7織田信忠が武田逍遙軒・龍宝・一条信龍など、武田一門・親類・家老の者などを成敗。3・8徳川勢が沢まで入り、家康も興津に入城。信長が犬山に進む。3・9徳川勢が身延山久遠寺に、家康も万沢に進む。3・11信長が岩村に着陣。勝頼父子などが自刃。徳川家康が穴山信君と共に甲府で織田信忠と会見。3・17織田信長が松井友閑に書状。4・15尊長が勝頼の遺品を高野山持明院に納める。

人名索引

あ行

か　行

さ　行

た　行

な　行

は　行

ま　行

や　行

ら　行

《著者紹介》

笹本正治（ささもと・しょうじ）

1951年　山梨県生まれ。
1974年　信州大学人文学部卒業。
1977年　名古屋大学大学院文学研究科博士課程前期修了。
現　在　長野県立歴史館館長。博士（歴史学）（名古屋大学）。
著　書　『戦国大名武田氏の研究』思文閣出版，1993年。
『蛇抜・異人・木霊——歴史災害と伝承』岩田書院，1994年。
『真継家と近世の鋳物師』思文閣出版，1996年。
『中世の災害予兆——あの世からのメッセージ』吉川弘文館，1996年。
『鳴動する中世——怪音と地鳴りの日本史』朝日新聞社，2000年。
『山に生きる——山村史の多様性を求めて』岩田書院，2001年。
『異郷を結ぶ商人と職人』中央公論新社，2002年。
『災害文化史の研究』高志書院，2003年。
『戦国大名と信濃の合戦』一草舎，2005年。
『武田信玄——芳声天下に伝わり仁道寰中に鳴る』ミネルヴァ書房，2005年。
『中世の音・近世の音——鐘の音の結ぶ世界』講談社学術文庫，2008年。
『真田氏三代——真田は日本一の兵』ミネルヴァ書房，2009年。
『修験の里を歩く——北信濃小菅』高志書院，2009年。
『甲信の戦国史——武田氏と山の民の興亡』ミネルヴァ書房，2016年，ほか多数。

ミネルヴァ日本評伝選
武《たけ》田《だ》勝《かつ》頼《より》
——日本にかくれなき弓取——

2011年2月10日　初版第1刷発行　〈検印省略〉
2019年6月10日　初版第2刷発行

定価はカバーに
表示しています

著　者　笹　本　正　治
発行者　杉　田　啓　三
印刷者　江　戸　孝　典

発行所　株式会社　ミネルヴァ書房
607-8494　京都市山科区日ノ岡堤谷町1
電話（075）581-5191（代表）
振替口座　01020-0-8076番

共同印刷工業・新生製本

ISBN978-4-623-05978-2
Printed in Japan

刊行のことば

歴史を動かすものは人間であり、興趣に富んだ人間の動きを通じて、世の移り変わりを考えるのは、歴史に接する醍醐味である。

しかし過去の歴史学を顧みるとき、人間不在という批判さえ見られたように、歴史における人間のすがたが、必ずしも十分に描かれてきたとはいえない。二十一世紀を迎えた今、歴史の中の人物像を蘇生させようとの要請はいよいよ強く、またそのための条件もしだいに熟してきている。

この「ミネルヴァ日本評伝選」は、正確な史実に基づいて書かれるのはいうまでもないが、単に経歴の羅列にとどまらず、歴史を動かしてきたすぐれた個性をいきいきとよみがえらせたいと考える。そのためには、対象とした人物とじっくりと対話し、ときにはきびしく対決していくことも必要になるだろう。

今日の歴史学が直面している困難の一つに、研究の過度の細分化、瑣末化が挙げられる。それは緻密さを求めるが故に陥った弊害といえるが、その結果として、歴史の大きな見通しが失われ、歴史学を通しての社会への働きかけの途が閉ざされ、人々の歴史への関心を弱める危険性がある。今こそ歴史が何のためにあるのかという、基本的な課題に応える必要があろう。評伝という興味ある方法を通じて、解決の手がかりを見出せないだろうかというのも、この企画の一つのねらいである。

狭義の歴史学の研究者だけでなく、多くの分野ですぐれた業績をあげている著者たちを迎えて、従来見られなかった規模の大きな人物史の叢書として、「ミネルヴァ日本評伝選」の刊行を開始したい。

平成十五年（二〇〇三）九月

ミネルヴァ書房

ミネルヴァ日本評伝選

企画推薦
梅原猛
ドナルド・キーン
佐伯彰一
角田文衞

監修委員
上横手雅敬
芳賀徹

編集委員
石川九楊
伊藤之雄
猪木武徳
今谷明
今橋映子
熊倉功夫
佐伯順子
坂本多加雄
武田佐知子
竹西寛子
西口順子
兵藤裕己
御厨貴

上代

*俾弥呼 古田武彦
日本武尊 西宮秀紀
*仁徳天皇 若井敏明
雄略天皇 吉村武彦
継体天皇 若井敏明
*蘇我氏四代 遠山美都男
推古天皇 義江明子
聖徳太子 仁藤敦史
斉明天皇 武田佐知子
*小野妹子・毛人・毛野 大橋信弥
*額田王 梶川信行
弘文天皇 遠山美都男
天武天皇 新川登亀男
持統天皇 丸山裕美子
阿倍比羅夫 熊田亮介
*藤原四子 木本好信
*柿本人麿 古橋信孝
*元明天皇・元正天皇 渡部育子
聖武天皇 本郷真紹
光明皇后 寺崎保広

平安

*孝謙・称徳天皇 勝浦令子
藤原不比等 荒木敏夫
橘諸兄・奈良麻呂 遠山美都男
吉備真備 今津勝紀
*藤原仲麻呂 木本好信
道鏡 吉川真司
*藤原種継 木本好信
*行基 吉田靖雄
*桓武天皇 井上満郎
嵯峨天皇 西別府元日
宇多天皇 古藤真平
醍醐天皇 石上英一
村上天皇 京樂真帆子
花山天皇 上島享
*三条天皇 倉本一宏
藤原薬子 中野渡俊治
*藤原良房・基経 瀧浪貞子
*紀貫之 神田龍身
源高明 所功
*安倍晴明 斎藤英喜
*藤原道長 朧谷寿
*藤原伊周・隆家 倉本一宏
藤原定子 山本淳子
*藤原彰子 朧谷寿
清少納言 三田村雅子
和泉式部 ツベタナ・クリステワ
大江匡房 小峯和明
*阿弖流為 樋口知志
坂上田村麻呂 熊谷公男
*源満仲・頼光 元木泰雄
平将門 西山良平
藤原純友 寺内浩
最澄 吉田一彦
円珍 岡野浩二
*空也 石井義長
奝然 上川通夫
*源信 小原仁
慶滋保胤 吉原浩人
*後白河天皇 美川圭
*式子内親王 奥野陽子
建礼門院 生形貴重

鎌倉

*藤原秀衡 入間田宣夫
平時子・時忠 元木泰雄
平維盛 根井浄
守覚法親王 阿部泰郎
藤原隆信・信実 山本陽子
源頼朝 川合康
*源義経 近藤好和
源実朝 神田龍身
*九条兼実 加納重文
九条道家 上横手雅敬
北条時政 野口実
熊谷直実 佐伯真一
*北条政子 関幸彦
*北条義時 岡田清一
曾我十郎・五郎 杉橋隆夫
北条時頼 山本隆志
北条時宗 近藤成一
平頼綱 細川重男
竹崎季長 堀本一繁
西行 光田和伸
鴨長明 浅見和彦
藤原定家 赤瀬信吾
*京極為兼 今谷明
*兼好 島内裕子
重源 横内裕人
*運慶 根立研介
快慶 井上一稔
法然 今堀太逸
栄西 中尾良信
明恵 西山厚
*親鸞 末木文美士
恵信尼・覚信尼 西口順子
覚如 今井雅晴
*道元 船岡誠
叡尊 細川涼一
*忍性 松尾剛次
*日蓮 佐藤弘夫
一遍 蒲池勢至
*夢窓疎石 原田正俊
*宗峰妙超 竹貫元勝

南北朝・室町

後醍醐天皇 上横手雅敬

*護良親王　新井孝重
*懐良親王　森　茂暁
*赤松氏五代　渡邊大門
*北畠親房　岡野友彦
楠正成　兵藤裕己
楠木正行・正儀　生駒孝臣
*新田義貞　山本隆志
*光厳天皇　深津睦夫
足利尊氏　市沢　哲
*足利直義　亀田俊和
佐々木道誉　下坂　守
細川頼之　亀田俊和
円観・文観　田中貴子
足利義詮　早島大祐
足利義満　川嶋將生
*足利義持　吉田賢司
足利義政　木下昌規
*大内義弘　平瀬直樹
伏見宮貞成親王　松薗　斉
*山名宗全　山本隆志
細川勝元・政元　古野　貢
畠山義就　呉座勇一
足利成氏　阿部能久
世阿弥　西野春雄
雪舟等楊　河合正朝
宗祇　鶴崎裕雄
*満済　森　茂暁
一休宗純　原田正俊
蓮如　岡村喜史

戦国・織豊

北条早雲　家永遵嗣
*北条氏政　黒田基樹
大内義隆　藤井　崇
斎藤氏三代　木下　聡
*毛利元就　岸田裕之
*毛利輝元　光成準治
*小早川隆景・秀秋　光成準治
*六角定頼　村井祐樹
*今川義元　小和田哲男
*武田信玄　笹本正治
*武田勝頼　笹本正治
*真田氏三代　笹本正治
*三好長慶　天野忠幸
松永久秀　天野忠幸
*宇喜多直家・秀家　渡邊大門
*上杉謙信　矢田俊文
大友宗麟　鹿毛敏夫
島津義久・義弘　福島金治
*長宗我部元親・盛親　平井上総
浅井長政　長谷川裕子
吉田兼倶　西山　克
山科言継　松薗　斉
*雪村周継　赤澤英二
正親町天皇・後陽成天皇　神田裕理
足利義輝・義昭　山田康弘

織田信長　三鬼清一郎
織田長益　八尾嘉男
*明智光秀・秀満　小和田哲男
豊臣秀吉　藤井讓治
豊臣秀次　矢部健太郎
*北政所おね　田端泰子
*淀殿　福田千鶴
蜂須賀正勝・家政　三宅正浩
前田利家　東四柳史明
山内一豊・忠義　長屋隆幸
*黒田如水　小和田哲男
*蒲生氏郷　藤田達生
石田三成　堀越祐一
細川ガラシャ　田端泰子
*支倉常長　田中英道
千利休　熊倉功夫
*長谷川等伯　宮島新一
顕如　神田千里
教如　安藤　弥

江戸

*徳川家康　笠谷和比古
本多忠勝　柴　裕之
*徳川家光　野村　玄
徳川吉宗　横田冬彦
*後水尾天皇　久保貴子
後桜町天皇　所　京子
*光格天皇　藤田　覚
崇伝　杣田善雄

*春日局　福田千鶴
宮本武蔵　渡邊大門
*池田光政　倉地克直
保科正之　八木清治
シャクシャイン　岩崎奈緒子
*田沼意次　藤田　覚
細川重賢　安高啓明
*二宮尊徳　小林惟司
*末次平蔵　岡美穂子
*高田屋嘉兵衛　生田美智子
*林羅山　鈴木健一
吉野太夫　渡辺憲司
熊沢蕃山　川口　浩
*山崎闇斎　澤井啓一
山鹿素行　前田　勉
*北村季吟　島内景二
伊藤仁斎　澤井啓一
貝原益軒　辻本雅史
*ケンペル　B・M・ボダルト＝ベイリー
新井白石　大川　真
荻生徂徠　柴田　純
*雨森芳洲　上田正昭
石田梅岩　高野秀晴
白隠慧鶴　芳澤勝弘
前野良沢　松田　清
平賀源内　石上　敏
本居宣長　田尻祐一郎
杉田玄白　吉田　忠
木村蒹葭堂　有坂道子
*大田南畝　沓掛良彦

菅江真澄　赤坂憲雄
*鶴屋南北　諏訪春雄
良寛　阿部龍一
*山東京伝　佐藤至子
*滝沢馬琴　高田　衛
平田篤胤　山下久夫
国友一貫斎　太田浩司
シーボルト　宮坂正英
本阿弥光悦　岡　佳子
小堀遠州　中村利則
狩野探幽・山雪　山下善也
尾形光琳・乾山　河野元昭
*二代目市川團十郎　田口章子
伊藤若冲　狩野博幸
浦上玉堂　高橋博巳
*佐竹曙山　成瀬不二雄
葛飾北斎　岸　文和
酒井抱一　玉蟲敏子
孝明天皇　青山忠正
*和宮　辻ミチ子
徳川慶喜　大庭邦彦
島津斉彬　原口　泉
横井小楠　沖田行司
*古賀謹一郎　小野寺龍太
*永井尚志　高村直助
*岩瀬忠震　小野寺龍太
*栗本鋤雲　小野寺龍太
大村益次郎　竹本知行
河井継之助　小川和也

＊西郷隆盛　家近良樹
＊由利公正　角鹿尚計
＊塚本明毅　塚本　学
＊月　性　海原　徹
＊吉田松陰　海原　徹
＊高杉晋作　海原　徹
＊久坂玄瑞　一坂太郎
ペリー　遠藤泰生
ハリス　福岡万里子
オールコック　佐野真由子
アーネスト・サトウ　奈良岡聰智

近代

＊明治天皇　伊藤之雄
＊大正天皇　F・R・ディキンソン
＊昭憲皇太后・貞明皇后　小田部雄次
大久保利通　三谷太一郎
山県有朋　鳥海　靖
木戸孝允　落合弘樹
井上　馨　伊藤之雄
＊松方正義　室山義正
北垣国道　小林丈広
板垣退助　小川原正道
長与専斎　笠原英彦
大隈重信　五百旗頭薫
伊藤博文　坂本一登
井上　毅　大石　眞
＊井上　勝　老川慶喜

＊桂　太郎　小林道彦
＊渡邉洪基　瀧井一博
＊乃木希典　佐々木英昭
星　亨　小林道彦
林　董　奈良岡聰智
＊児玉源太郎　小林道彦
＊高宗・閔妃　木村　幹
山本権兵衛　室山義正
＊金子堅太郎　松村正義
高橋是清　鈴木俊夫
小村寿太郎　簑原俊洋
＊犬養　毅　小林惟司
原　敬　季武嘉也
＊加藤高明　櫻井良樹
牧野伸顕　小宮一夫
田中義一　黒沢文貴
内田康哉　高橋勝浩
平沼騏一郎　堀田慎一郎
＊鈴木貫太郎　小堀桂一郎
宇垣一成　北岡伸一
＊宮崎滔天　榎本泰子
＊浜口雄幸　川田　稔
幣原喜重郎　西田敏宏
関　一　玉井金五
水野広徳　片山慶隆
広田弘毅　井上寿一
安重根　上垣外憲一
＊グルー　廣部　泉
＊永田鉄山　森　靖夫
東條英機　牛村　圭
今村　均　前田雅之

蒋介石　劉　岸偉
石原莞爾　山室信一
近衛文麿　庄司潤一郎
＊岩崎弥太郎　武田晴人
伊藤忠兵衛　末永國紀
＊五代友厚　田付茉莉子
大倉喜八郎　村上勝彦
＊安田善次郎　由井常彦
渋沢栄一　武田晴人
中野武営　佐賀香織
益田　孝　鈴木邦夫
山辺丈夫　宮本又郎
武藤山治　阿部武司・桑原哲也
池田成彬　松浦正孝
西原亀三　森川正則
小林一三　橋爪紳也
大倉恒吉　石川健次郎
大原孫三郎　猪木武徳
＊河竹黙阿弥　今尾哲也
イザベラ・バード　加納孝代
＊林　忠正　木々康子
＊森　鷗外　小堀桂一郎
＊二葉亭四迷　ヨコタ村上孝之
＊夏目漱石　佐々木英昭
徳冨蘆花　半藤英明
巌谷小波　千葉信胤
樋口一葉　佐伯順子
＊島崎藤村　十川信介
泉　鏡花　東郷克美
上田　敏　小林　茂

＊有島武郎　亀井俊介
北原白秋　平石典子
菊池　寛　山本芳明
芥川龍之介　髙橋龍夫
＊宮沢賢治　千葉一幹
高浜虚子　坪内稔典
与謝野晶子　佐伯順子
＊種田山頭火　村上　護
＊斎藤茂吉　品田悦一
＊高村光太郎　湯原かの子
石川啄木　先崎彰容
萩原朔太郎　エリス俊子・栗原飛宇馬
＊原阿佐緒　秋山佐和子
＊狩野芳崖・高橋由一　古田　亮
川村清雄　落合則子
＊小堀鞆音　小堀桂一郎
竹内栖鳳　北澤憲昭
黒田清輝　高階秀爾
中村不折　石川九楊
横山大観　高階秀爾
＊橋本関雪　西原大輔
小出楢重　芳賀　徹
土田麦僊　天野一夫
岸田劉生　北澤憲昭
濱田庄司　濱田琢司
＊山田耕筰　後藤暢子
松旭斎天勝　川添　裕
中山みき　鎌田東二
佐田介石　谷川　穣
＊ニコライ　中村健之介

＊出口なお・王仁三郎　川村邦光
＊新島　襄　太田雄三
新島八重　佐伯順子
木下広次　冨岡　勝
海老名弾正　西田　毅
嘉納治五郎　クリストファー・スピルマン
柏木義円　片野真佐子
津田梅子　田中智子
＊澤柳政太郎　新田義之
河口慧海　高山龍三
山室軍平　室田保夫
大谷光瑞　白須淨眞
＊久米邦武　髙田誠二
フェノロサ　伊藤　豊
井上哲次郎　井ノ口哲也
三宅雪嶺　長妻三佐雄
＊岡倉天心　木下長宏
志賀重昂　中野目徹
徳富蘇峰　杉原志啓
＊竹越与三郎　西田　毅
内藤湖南・桑原隲蔵　礪波　護
＊廣池千九郎　橋本富太郎
岩村　透　今橋映子
＊西田幾多郎　大橋良介
＊金沢庄三郎　石川遼子
柳田国男　鶴見太郎
厨川白村　張　競
＊村岡典嗣　水野雄司

大川周明　山内昌之
西田直二郎　林　淳
*折口信夫　斎藤英喜
シュタイン　瀧井一博
*西周　清水多吉
*福澤諭吉　平山　洋
成島柳北　山田俊治
福地桜痴　山田俊治
*村山龍平　早房長治
島田三郎　武藤秀太郎
田口卯吉　鈴木栄樹
*陸羯南　松田宏一郎
黒岩涙香　奥　武則
長谷川如是閑　織田健志
*吉野作造　田澤晴子
山川均　米原　謙
*岩波茂雄　十重田裕一
*北一輝　岡本幸治
*穂積重遠　大村敦志
中野正剛　吉田則昭
*満川亀太郎　福家崇洋
*エドモンド・モレル　林田治男
*北里柴三郎　福田眞人
高峰譲吉　木村昌人
田辺朔郎　秋元せき
*南方熊楠　飯倉照平
*石原純　金子　務
*辰野金吾　河上眞理・清水重敦
*七代目小川治兵衛　尼崎博正

本多静六　岡本貴久子
ブルーノ・タウト　北村昌史

現代

昭和天皇　御厨　貴
高松宮宣仁親王　後藤致人
*李方子　小田部雄次
吉田茂　中西　寛
マッカーサー　柴山　太
鳩山一郎　楠　綾子
*石橋湛山　増田　弘
重光葵　武田知己
市川房枝　村井良太
*池田勇人　藤井信幸
高野実　篠田　徹
和田博雄　庄司俊作
朴正熙　木村　幹
*田中角栄　新川敏光
宮沢喜一　村上友章
竹下登　真渕　勝
*松永安左エ門　橘川武郎
鮎川義介　井口治夫
*出光佐三　橘川武郎
*松下幸之助　米倉誠一郎
渋沢敬三　井上　潤
*本田宗一郎　伊丹敬之
*井深大　武田　徹
*佐治敬三　小玉　武

幸田家の人々　金井景子
*正宗白鳥　大嶋　仁
*大佛次郎　福島行一
*川端康成　大久保喬樹
*薩摩治郎八　小林　茂
坂口安吾　千葉一幹
太宰治　安藤　宏
松本清張　杉原志啓
安部公房　鳥羽耕史
*三島由紀夫　島内景二
井上ひさし　成田龍一
R・H・ブライス　菅原克也
柳宗悦　熊倉功夫
バーナード・リーチ　鈴木禎宏
熊谷守一　古川秀昭
川端龍子　岡部昌幸
藤田嗣治　林　洋子
*井上有一　海上雅臣
*手塚治虫　竹内オサム
古賀政男　藍川由美
*吉田正　金子　勇
武満徹　船山　隆
*八代目坂東三津五郎　田口章子
*力道山　岡村正史
*西田天香　宮田昌明
安倍能成　中根隆行
サンソム夫妻　平川祐弘・牧野陽子
*天野貞祐　貝塚茂樹

和辻哲郎　小坂国継
矢代幸雄　稲賀繁美
石田幹之助　岡本さえ
*平泉澄　若井敏明
*早川孝太郎　須藤　功
安岡正篤　片山杜秀
青山二郎　田野　勲
島田謹二　小林信行
田中美知太郎　川久保剛
前嶋信次　杉田英明
*唐木順三　澤村修治
亀井勝一郎　山本直人
知里真志保　北原治郎太
*保田與重郎　谷崎昭男
石母田正　磯前順一
*福田恆存　川久保剛
井筒俊彦　安藤礼二
佐々木惣一　伊藤孝夫
小泉信三　都倉武之
*瀧川幸辰　伊藤孝夫
式場隆三郎　服部　正
大宅壮一　有馬　学
清水幾太郎　庄司武史
*フランク・ロイド・ライト　大久保美春
*中谷宇吉郎　杉山滋郎
今西錦司　山極寿一

*は既刊
二〇一九年六月現在